高速铁路新技术系列教材——机车车辆

动车组技术

（第2版）

刘转华　　杨瑾　　刘泉新　　主编

西南交通大学出版社
·成都·

图书在版编目（CIP）数据

动车组技术 / 刘转华，杨瑾，刘泉新主编. -- 2 版.
-- 成都：西南交通大学出版社，2024.12 -- ISBN 978-7-5774-0224-6

Ⅰ.U266

中国国家版本馆 CIP 数据核字第 2024U5U083 号

Dongchezu Jishu (Di 2 Ban)
动车组技术（第 2 版）

刘转华　杨　瑾　刘泉新 / 主　编

策划编辑 / 何明飞　张君宁
责任编辑 / 何明飞
责任校对 / 韩　林
封面设计 / 曹天擎

西南交通大学出版社出版发行
（四川省成都市金牛区二环路北一段 111 号西南交通大学创新大厦 21 楼　610031）
营销部电话：028-87600564　028-87600533
网址：http://www.xnjdcbs.com
印刷：四川森林印务有限责任公司

成品尺寸　185 mm×260 mm
印张　13　字数　323 千
版次　2010 年 6 月第 1 版　2024 年 12 月第 2 版
印次　2024 年 12 月第 11 次

书号　ISBN 978-7-5774-0224-6
定价　38.00 元

课件咨询电话：028-81435775
图书如有印装质量问题　本社负责退换
版权所有　盗版必究　举报电话：028-87600562

第 2 版前言 Preface

动车组技术的发展和应用对于现代铁路运输具有重要意义，它不仅提高了运输速度和效率，还减少了能源消耗和环境污染，提升了乘客的出行体验。通过从世界高速铁路技术发达国家引进高速动车组，经过吸收、消化、再创新，中国铁路形成了具有自主品牌的"和谐号"CRH 系列高速动车组，而后又根据需求完全自主研发了"复兴号"CR 系列高速动车组。在先进、成熟、经济、适用、可靠的方针指导下，中国高速铁路在系统集成、轻量化、高速转向架、交流传动、高速受流、高速制动、网络控制、人机工程、节能环保等方面达到了世界先进水平。

本书根据我国动车组技术的发展情况，对第一版教材进行修订和更新，第一章从我国铁路发展出发，系统阐述了我国铁路从无到有、从弱到强、从世界末流到世界一流、从依赖引进到自主创新的发展历程，对机车车辆的发展及我国在动车组方面的发展进行了阐述。第二章介绍了世界上具有代表性的高速铁路，并着重阐述了我国高速铁路网络概况以及"和谐号""复兴号"动车组的发展。第三章介绍了国内外地铁轻轨的发展概况，以及城际市域列车的主要技术参数和特点。第四章针对我国 CRH_1、CRH_2、CRH_3 及 CRH_5 型动车组，就引进的关键技术从总体技术、轻量化技术、转向架技术、交流传动技术、高速受流技术、高速制动技术、控制和管理技术、人机工程技术及节能环保技术等九大关键技术方面进行了全面阐述。第五章从动车组技术发展、摆式列车技术、磁悬浮列车技术、真空管道式高速列车、新能源列车等方面对我国高速铁路的未来发展做了展望。

参与本教材编写修订工作的人员主要有：西南交通大学刘转华副教授，福建水利电力职业技术学院杨瑾老师和刘泉新老师。

由于编者的水平和所掌握的资料等条件有限，疏漏之处在所难免，恳请各位读者批评指正，编者十分感谢。

编 者
2024 年 10 月

第1版前言 Preface

铁路运输在国民经济中占有非常重要的地位，随着铁路的飞速发展，我国通过引进、消化、吸收和再创新，设计制造了具有自主知识产权的CRH系列动车组。2008年8月1日北京奥运会前夕，代表当今世界先进水平的国产时速350 km动车组，在京津城际铁路成功投入运营，并保证了持续安全稳定，标志着我国铁路移动技术装备现代化取得了具有划时代意义的巨大成效。

本书从我国铁路发展出发，系统阐述了我国铁路从无到有、从弱到强、从世界末流到世界一流、从依赖引进到自主创新的发展历程，着重对机车车辆的发展及我国在动车组方面的发展成就进行了阐述。

系统介绍了世界上具有代表性的高速铁路，从发展历程、运营网络、高速列车及其特点四个方面对日本新干线、法国TGV和德国ICE这三个世界高速铁路代表国家高速铁路概况进行了全面阐述，引出了我国实现铁路跨越式发展"引进、消化、吸收、再创新"的总方针，并对我国高速铁路网及CRH系列动车组进行了重点介绍。

针对我国CRH_1、CRH_2、CRH_3及CRH_5型动车组，就引进的关键技术从总体技术、轻量化技术、转向架技术、交流传动技术、高速受流技术、高速制动技术、控制和管理技术、人机工程技术及节能环保技术等九大关键技术方面进行了全面阐述。

从动车组技术发展、摆式列车技术、磁悬浮列车技术等方面对我国高速铁路的未来做了展望。

本书由西南交通大学峨眉校区机械工程系铁道车辆教研室负责编写，其中徐飞老师负责第一章的编写，刘转华副教授和唐阳老师负责第二章和第三章的编写，王海军老师负责第四章的编写。全书由刘转华副教授和唐阳老师负责修改、定稿。

编写过程中，铁道车辆专业的兰天野、袁浩智、朱江、杨玉竹、曾清福等几位学生参与了部分相关资料的搜集整理，在此表示衷心的感谢。也参考了其他关于高速铁路技术的系列教材内容、大量期刊文章以及众多铁路相关网站，在此对相关作者表示诚挚的感谢。

由于编者水平有限，疏漏之处在所难免，恳请各位读者批评指正。

编 者
2010年1月

二维码目录 List of QR Code

序号	项目	二维码名称	资源类型	页码
1	第1章 我国机车车辆发展概况	我国铁路发展历史回顾	微课	002
2		我国机车车辆的发展历程	微课	009
3		我国动车组的发展历程	微课	040
4	第2章 高速铁路及高速列车概况	高速铁路总述	微课	048
5		中国CRH、复兴号	微课	057
6	第3章 地铁轻轨概况	国外地铁轻轨概况	微课	076
7		中国地铁轻轨概况	微课	080
8	第4章 "和谐号""复兴号"动车组关键技术	总体技术	微课	087
9		动车组轻量化技术	微课	122
10		动车组转向架	微课	125
11		交流传动技术	微课	135
12		高速受流技术	微课	143
13		高速制动技术	微课	149
14		动车组控制和管理系统	微课	161
15		动车组人机工程技术	微课	171
16		动车组节能环保技术	微课	176
17	第5章 我国高速列车展望	动车组技术的发展	微课	180
18		发展摆式列车	微课	182
19		发展磁悬浮技术	微课	184
20		发展真空管道式高速列车	微课	192
21		发展新能源列车	微课	194
22		我国高速列车发展方向	微课	197

目 录

Contents

第1章 我国机车车辆发展概况 ········· 001
  1.1 我国铁路发展历史回顾 ········· 002
  1.2 我国机车车辆的发展历程 ········· 009
  1.3 我国动车组的发展历程 ········· 040

第2章 高速铁路及高速列车概况 ········· 047
  2.1 高速铁路总述 ········· 048
  2.2 中国CRH、CR ········· 057

第3章 地铁轻轨概况 ········· 076
  3.1 国外地铁轻轨概况 ········· 076
  3.2 中国地铁轻轨概况 ········· 080

第4章 "和谐号""复兴号"动车组关键技术 ········· 087
  4.1 总 体 技 术 ········· 087
  4.2 动车组轻量化技术 ········· 122
  4.3 动车组转向架 ········· 125
  4.4 交流传动技术 ········· 135
  4.5 高速受流技术 ········· 143
  4.6 高速制动技术 ········· 149
  4.7 动车组控制和管理系统 ········· 161
  4.8 动车组人机工程技术 ········· 171
  4.9 动车组的节能环保技术 ········· 176

第 5 章　我国高速列车展望 ··· 180
　5.1　动车组技术的发展 ··· 180
　5.2　发展摆式列车 ·· 182
　5.3　发展磁悬浮技术 ··· 184
　5.4　发展真空管道式高速列车 ·· 192
　5.5　发展新能源列车 ··· 194
　5.6　我国高速列车发展方向 ··· 197
参考文献 ··· 199

第1章

我国机车车辆发展概况

铁路是国家的重要基础设施，是国家的大动脉，是大众化交通工具。中国幅员辽阔，内陆深广，人口众多，资源分布及工业布局不平衡，铁路运输在各种运输方式中占有的优势更加突出，在经济社会发展中具有特殊的地位和重要作用。目前，中国大量的长距离物资运输和中长途旅客运输主要由铁路承担，每年完成的旅客周转量约占全社会旅客周转量的1/3，完成货物周转量约占全社会货物周转量的45%。

我国铁路迄今已有100多年的历史：从第一条营业铁路——上海吴淞铁路——1876年通车之日算起，已有148年；从自办的第一条铁路——唐胥铁路——1881年通车之日算起，也有143年了。

我国机车车辆装备制造业经过几十年的努力，从小到大，从弱到强，现已成为机车车辆出口大国。机车车辆的大发展支持了铁路运输业的迅猛发展，加速了我国现代化进程。改革开放以来，中国机车车辆制造业实现了历史性的大发展。进入20世纪90年代以来，围绕铁路"客运提速、货运重载"的需要，机车车辆工业积极开发新技术、新产品，生产规模在世界机车车辆生产领域名列前茅。

发展动车组是适应经济飞速发展的必然选择，是解决铁路运输瓶颈的重要途径，是提高我国机车车辆装备技术平台的主要手段。我国高速列车从自主研发到"引进、消化、吸收、再创新"的道路已取得了成功，大量速度250 km/h、300 km/h、350 km/h的动车组成功上线运行，高速列车水平已经步入了世界先进行列。

学习目标

1. 了解我国铁路的发展历史和重要事件。
2. 了解我国机车车辆发展的历史背景和重要里程碑。
3. 熟悉我国机车车辆发展的技术特点和创新成果。
4. 了解我国动车组的发展历程和未来发展趋势。

1.1 我国铁路发展历史回顾

铁路信息和知识开始传入中国，大约是在1840年第一次鸦片战争前后。当时的有识之士，如林则徐、魏源、徐继畬等人先后著书立说，介绍铁路知识，特别是太平天国干王洪仁玕在1859所著的《资政新篇》中，强调近代交通运输对巩固政权和建设国家的重要性，提出了发展铁路交通运输的建议。在这期间，帝国主义列强纷纷谋求在中国修建铁路，以便把它们的侵略势力从中国沿海伸向内地，并为此展开了种种活动，如1865年英商在北京宣武门外修建了一条长约0.5 km的展览铁路，广为宣传，但都遭到清政府的拒绝。

中国铁路始建于1876年，当时中国已进入半封建、半殖民地社会，对铁路这种先进的生产工具从拒绝到接纳，经历了争论和漫长的等待。铁路从旧中国的商办、官督商办、官办、列强攫夺、借款筑路的艰难发展，到新中国国家铁路、地方铁路的飞速发展；从单一的运输企业到一个"大而全"的"小社会"，从铁路机械设备完全依赖进口，到引进消化，再到自主知识产权"中华牌"出口到国外等翻天覆地的变化，都是和当时的生产力发展相联系的，都带有深深的时代烙印。

中国铁路迄今已有100多年的历史了，百余年来，中国的铁路事业经历了新旧两个根本性质不同的社会。无论从政治上还是从经济上，这都决定了在其发展历程中必然会遭遇到两种截然不同的命运和前途。

1.1.1 开创时期（1876—1893年）

1876年7月3日，由英、美合谋，英国在华的代理人——怡和洋行背着清政府诡称修建从吴淞到上海的一条"寻常马路"，擅自在中国的土地上修建了中国第一条营业性铁路：上海吴淞铁路，从上海起到吴淞镇止，长14.5 km，轨距762 mm，轨重13 kg/m。随后，清政府出银28.5万两，分3次交款赎回，于1877年10月拆除。运行于吴淞铁路的蒸汽机车如图1.1所示。

图1.1 运行于吴淞铁路上的"天朝号"蒸汽机车

1879年，洋务派首领李鸿章为了将唐山开平煤矿的煤炭运往天津，奏请修建唐山至北塘的铁路。清政府以铁路机车"烟伤禾稼,震动寝陵"为由,决定将线路缩短,仅修唐山至胥各庄一段,胥各庄至芦台间开凿运河,连接蓟运河,以达北塘海口。为避免机车震动寝陵,决定由骡马牵引车辆。

然而用骡马牵引车辆根本不能发挥出铁路应有的效用,1881年唐胥铁路通车时,中国工人凭借时任工程师的英国人金达的几份设计图纸,采用矿场起重锅炉和竖井架的槽铁等旧材料,试制成功了一台0-3-0型的蒸汽机车,如图1.2所示。这是中国历史上制造的第一台机车。

图1.2 "龙号"机车

唐胥铁路自唐山起至胥各庄止,全长9.7 km,采用1 435 mm的轨距和15 kg/m的钢轨,于1881年建成,为中国自办的第一条铁路。这条铁路是为了开发开平煤矿,在清政府洋务派主持下,由开平矿务局负责集资修建。1886年,成立开平铁路公司,开平铁路公司是中国自办的第一个铁路公司。

1.1.2 帝国主义争夺路权,中国铁路缓慢发展时期(1894—1948年)

1894年,清政府在中日甲午战争中战败后,割地赔款,国力大损。英、俄、法、日、德、比、美等帝国主义国家乘机对清政府施加压力,攫取中国的铁路权益。他们或强行擅筑,或假借"合办",或通过贷款控制,一万多千米的中国路权被吞噬和瓜分,形成帝国主义掠夺中国路权的第一次高潮。随后,他们按照各自的需要,分别设计和修建了一批铁路,标准不一,装备杂乱,造成了中国铁路的混乱和落后局面。在清政府时期(1876—1911年)修建铁路约9 400 km。其中帝国主义直接修建经营的约占41%;帝国主义通过贷款控制的约占39%;国有铁路,包括中国自力更生修建的京张铁路和商办铁路及赎回的京汉、广三等铁路仅占20%左右。

1911年,辛亥革命推翻了清政府,建立了中华民国。但革命果实被大地主、大买办阶级的代表北洋军阀袁世凯篡夺。他在1912年宣布"统一路政",解散了各省商办铁路公司,把各省已经建成和正在兴建的铁路全部收归国有,用以抵借外债,因而形成了帝国主义掠夺中国路权的第二次高潮。从1912年到1916年各国夺得的路权共超过13 000 km,只是由于当时帝国主义正在进行世界大战,他们没有力量把得到手的路权变为现实。北洋政府时期(1912—1927年),在关内修了约2 100 km铁路,大都是原有铁路的展筑和延续;在东北修了约1 800 km铁路,多数是日本帝国主义采用借款、垫款或"合办"等方式修建和控制的,还有一些是官商合办的铁路。

1928年,南京国民党政府执政以后,主要以官僚买办资本与帝国主义垄断资本"合资"方式修建铁路,从而出现了帝国主义掠夺中国路权的第三次高潮。从1928年到1937年在关内修建了约3 600 km铁路;在东北以官商合营方式修建约900 km铁路(1928—1931年)。从1927年到1945年,在西南、西北"大后方"修建约1 900 km铁路。在这期间,日本帝国主义妄想独霸中国,1931年发动了"九一八"事变,侵占了整个东北地区,成立了伪满政府。继而于1937年又发动了"七·七"事变,掀起了全面侵华战争,中国铁路大部分沦于敌手。从1931到1945年,日本侵略者在东北共修建了5 700 km铁路;从1937到1945年,在华北、华中和华南的占领区修建了约900 km铁路。综上所述,南京国民党政府时期(1928—1948年),在中国大陆上共修建铁路约13 000 km。

1.1.3 中华人民共和国成立,抢修和恢复铁路运输生产时期(1949—1952年)

早在中华人民共和国成立以前,铁路反复遭受战争破坏,解放区军民在中国共产党领导下进行了艰巨的抢修、抢通斗争。1946年7月在东北地区成立了东北铁路总局,管理全区约5 000 km铁路。以后随着解放战争的逐步发展,先后组建铁道团、游击纵队,同铁路职工一起抢修了大量铁路。1949年1月,成立了中国人民革命军事委员会铁道部,统一管理全国各解放区铁路,5月又组建了中国人民解放军铁道兵团,作为抢修铁路的突击力量,加快抢修速度,有力地支援了解放全中国的战争。

1949年10月1日中华人民共和国成立后,原军委铁道部改组为中央人民政府铁道部,统一管理全国铁路的运输生产、基本建设和机车车辆工业。当时的主要任务是接管新解放的铁路,进行民主改革,继续抢修、抢通全国铁路,修复机车车辆、通信信号设施,支援解放战争和恢复国民经济。1949年,一年共抢修恢复了8 278 km铁路。到1949年年底,全国铁路营业里程共达21 810 km,客货换算周转量3.14×10^{10} t·km。

1950年开始,国家进入三年经济恢复时期。在这期间,全国对战时临时修复通车的线路、桥梁、隧道,特别是京汉、粤汉两大干线,进行了大规模的复旧工程。如津浦铁路淮河大桥、京汉铁路黄河大桥相继修复,"南京号"渡轮也在1950年5月复航。1952年6月18日,满洲里至广州间开行了第一列直达列车,全程4 600 km畅通无阻。与此同时,全路开始了新线建设工程,一些主要干线和关键区段相继开工,并且部分竣工通车。

在此期间,对机车车辆工业做了调整,确定各厂产品方向,增添设备,改善作业条件,同时修复了1 400多台机车、近900辆客车和7 000多辆货车。1952年7月26日,四方机车车辆厂(简称四方厂)完成了第一台完全由中国独立制造的"解放型"蒸汽机车的总组装和试运行,并于8月1日进行了该车的落成典礼。

1950年6月,全路颁布和实施了统一的《铁路技术管理规程》,从此彻底改变了旧中国铁路管理分散、各自为政的状况。

在完成以上艰巨任务的同时,铁路职工还参加了抗美援朝的斗争,并取得了伟大的胜利。到1952年底,全国铁路营业里程增加到22 876 km,客货换算周转量达8.02×10^{10} t·km。

1.1.4 中国铁路网骨架基本形成时期(1953—1978年)

1953年开始,国家进入有计划发展国民经济的时期,到1980年铁路经过了五个五年计划的建设,取得了辉煌的成绩。

1953—1957年为第一个五年计划时期，铁路部门以学习苏联和推广中长铁路经验为方针，全面改造旧中国铁路落后的管理制度。同时继续在全路开展"满载、超轴、五百公里运动"，树立先进典型，推广先进经验，从而大大提高了运输效率。在新线建设方面将重点放在西南、西北地区，以改变旧中国铁路布局不合理的局面。在此期间，除旧中国遗留下来的铁路已全部修通外，对一些主要干线区段增修了第二线，并建成跨越长江的第一座武汉长江大桥。到1957年底，全国铁路营业里程达26 708 km，客货换算周转量达1.707×10^{11} t·km。

第二个五年计划开始时，出现了国民经济"大跃进"的形势，铁路部门曾错误地废除了许多规章制度，破坏了集中统一的领导，一度导致运输秩序混乱，设备和各项工作的质量严重下降。1961年开始贯彻中央"调整、巩固、充实、提高"方针后，经过三年调整，扭转了被动局面，并加速了西南地区的铁路建设，建成了干线12条、支线30条。宝鸡到凤州铁路电气化改造的完成，揭开了中国铁路牵引动力改革的新篇章。同时，有5个机车车辆工厂相继建成投产，机车保有量较前增加46.7%，客车增加25.5%，货车增加62.1%。到1965年底，全国铁路营业里程达34 406 km，客货换算周转量达3.174×10^{11} t·km。

第三、四两个五年计划时期，正值"文化大革命"时期。铁路集中统一的领导体制再度遭到破坏，铁路运输曾一度陷于半瘫痪状态，但是由于铁路职工的努力，工作还是取得了一定的成绩。在此期间，建成了一批重要干线和包括南京长江大桥在内的19座特大桥梁；宝成铁路于1975年7月全线实现了电气化；内燃机车和电力机车已开始批量和小批量生产。到1975年底，全国铁路营业里程达45 992 km，客货换算周转量达5.199×10^{11} t·km。

中国共产党十一届三中全会以后，国家工作的重点转移到社会主义现代化建设上来，并提出"调整、改革、整顿、提高"的方针，铁路工作又逐步恢复和发展，到1980年年底铁路营业里程达49 940 km，全国铁路网骨架基本形成，客货换算周转量达7.087×10^{11} t·km。

国民经济恢复以后，为了适应运输需要，铁道部门除由仿制到自行设计制造蒸汽机车和客货车辆以外，从1958年起还研制和发展新型牵引动力，并批量生产内燃、电力机车。

1.1.5 贯彻改革开放政策，中国铁路步入新的发展时期（1979—2002年）

十一届三中全会以来，国民经济进入了新的发展时期。1982年中国共产党十二届代表大会提出到20世纪末工农业生产总值要翻两番的目标，并指出"铁路运输已成为制约国民经济发展的一个重要原因，运输能力同运输量增长的需要很不适应。为了改变这种局面，铁路必须进行一系列的重点建设，加快发展速度，提高运力"。根据这个精神，铁路把基本建设的重点放在加强既有铁路的技术改造上，并适当地安排一些必要的新线建设，提出"北战大秦，南攻衡广，中取华东"的战略。同时加速牵引动力的改造，提高机车车辆的修造能力，着重铁路各项运输设备的配套，以提高运输能力，解决运输薄弱环节。这一重大决策，体现在从1981年开始的第六个"五年计划"和1986年开始的第七个"五年计划"里。

第六个五年计划时期（1980—1985年），铁路完成的基本建设投资创造了新中国成立以来的纪录，其中既有铁路改造的投资占33.2%。双线铺轨1 870 km，使营业铁路中的主要干线大都建成双线，改建和新建电气化铁路2 483.5 km，内燃牵引的铁路增加3 421 km。机车保有量中内燃、电力机车的比重增至34.6%，因而在完成的牵引任务中，内燃、电力机车已占39.1%。在运输组织方面，进行了许多改革，如组织单元重载组合列车，提高货物列车的重量；扩大旅客列车编组，挖掘运输潜力；采用零担运输集中化，减少沿零列车和办理沿零的车站，提高运行速度；改革机车乘务制度，实行长交路轮乘制，充分发挥机车运力；发展集装箱和集装化运输，提高货运效率等。到 1985 年底，全国铁路营业里程达 52 119 km，客货换算周转量突破 $1×10^{12}$ t·km。

1986 年开始进入第七个五年计划时期（1986—1990 年），铁路实行了投入产出承包经营责任制后，更加调动了全路职工的积极性。京秦、大秦（第一期工程）等双线电气化铁路相继竣工。全长超过 14 km 的大瑶山隧道顺利打通，使南北主要大干线——京广铁路双线全线通车，大大提高了通过能力。兰新铁路修到了阿拉山口，完成了横贯中国大陆东西的钢铁运输线。其他旧线改造和机车车辆工业也取得了很大进展。

进入 20 世纪 90 年代，中国铁路进入了提速时代，截止至 2002 年共进行了四次大提速。从 1997 年开始，中国铁路掀起了 6 次大规模的提速热潮，越来越多的线路区段从速度不足 100 km/h 逐步提高到 120 km/h、140 km/h、160 km/h。伴随着提速，"夕发朝至""一站直达"等一系列运输新产品应运而生，乘坐火车出行的旅客人数逐年增加。

1997 年 4 月 1 日第一次提速，主要在京广、京沪、京哈三大干线进行。允许速度超过 120 km/h 的线路延长为 1 398 km。这次提速调图，提速列车最高运行速度达到了 140 km/h；全国铁路旅客列车旅行速度由 1993 年的 48.1 km/h，提高到 54.9 km/h；首次开行了快速列车和夕发朝至列车。

1998 年 10 月 1 日第二次提速，重点还是上述三大干线。允许速度超过 120 km/h 的线路延长为 6 449 km，速度超过 140 km/h 的线路延长为 3 522 km，速度超过 160 km/h 的线路延长为 1104 km。这次提速调图，快速列车最高运行速度达到了 160 km/h；全国铁路旅客列车平均旅行速度达到 55.2 km/h，直通快速、特快客车平均速度达到 71.6 km/h；首次开行了行包专列和旅游热线直达列车。

2000 年 10 月 21 日第三次提速，主要提速范围是陇海、兰新、京九和浙赣线。允许速度超过 120 km/h 的线路延长为 9 581 km，速度超过 140 km/h 的线路延长为 6 458 km，速度超过 160 km/h 的线路为 1 104 km。全国铁路旅客列车平均速度达到 60.3 km/h。新的列车车次调整为三个等级，即特快旅客列车、快速旅客列车、普通旅客列车。

2001 年 10 月 21 日第四次提速，范围主要是京九线、武昌—成都(汉丹、襄渝、达成)、京广线南段、浙赣线和哈大线。允许速度超过 120 km/h 的线路延长为 13 166 km，速度超过 140 km/h 的线路延长为 9 779 km，速度超过 160 km/h 的线路为 1 104 km。全国铁路旅客列车平均旅行速度达到 61.6 km/h；进一步增开了特快列车，树立了"夕发朝至"列车等客货运输品牌的形象。

铁路提速是一个系统的工程，它的影响也不仅仅体现在"快"上，会对社会生活的许多方面产生影响，包括运行速度的提高、服务质量的提升、行车安全的提高、促进地区平衡、加快经济发展等。

1.1.6　跨越式发展新时期（2003 年至今）

2003 年，铁道部提出了"推动我国铁路跨越式发展"的总战略。从此，中国铁路进入了跨越式发展的新时代。

2004 年 4 月 18 日实施了第五次提速。提速后，京沪、京广、京哈等干线铁路提速区段列车最高速度可以达到 160 km/h；同时铁道部对列车运行图进行了大的调整，增开北京至上海、杭州、南京、哈尔滨、武汉、西安、长沙等 19 对一站到达的直达特快旅客列车。几大干线的部分地段线路基本达到速度 200 km/h 的要求；提速网络总里程超过 16 500 km；全国铁路旅客列车平均旅行速度达到 65.7 km/h。

"十五"期间，大规模铁路建设全面展开。到 2005 年底，全国铁路总营业里程达到 75 000 km。在这两年中，全国铁路共安排以客运专线和煤运通道建设为重点的新开工项目 89 个，新建铁路规模达到 10 500 km、改建铁路规模达到 9 400 km，其中京津、武广、郑西、石太、武合、合宁、甬台温、温福、福厦、广深港、广珠等客运专线建设规模达到 3 243 km。这标志着我国铁路网不仅规模有大的扩展，而且标准和水平有质的飞跃。

"十一五"期间，我国开始建设快速客运网络，强化煤炭运输通道，加强港口和口岸后方通道建设，继续扩展西部路网，优化和完善东中部路网，建设集装箱运输系统，加强主要枢纽建设。截至 2009 年底，我国铁路营业里程达到 86 000 km，超过俄罗斯，跃居世界第二位。2010 年，全国铁路营业里程达到 90 000 km 以上，快速客运网总规模将达到 20 000 km 以上。

"十二五"期间，全国铁路按照国家"自主创新、重点跨越、支撑发展、引领未来"的科技方针，紧密围绕铁路建设和运输需要，深入开展关键技术攻关，在高速铁路、重载铁路、提速铁路、高原铁路等领域取得了系统性创新成果，建立了覆盖高速、重载、提速及高原四大领域完备的铁路技术体系，建成了世界上类型最全的铁路网。截至 2015 年末，我国铁路网总里程达到 12.1 万千米，位居世界第二；其中高速铁路运营里程达到 1.9 万千米，占世界高铁运营总里程的 60%以上。我国铁路总体技术水平已步入世界先进行列，部分技术成果达到世界领先水平。

"十三五"期间，全国铁路营业里程由"十二五"末的 12.10 万千米增加到 14.63 万千米、增长 20.9%，高铁由 1.98 万千米增加到 3.79 万千米，翻了近一番。"四纵四横"高铁网提前建成，"八纵八横"高铁网加密成型；国家铁路完成货物发送量 157.8 亿吨、较"十二五"增长 1.7%，完成旅客发送量 149 亿人次，其中动车组发送 90 亿人次，较"十二五"分别增长 41%、152%。高速、高原、高寒、重载铁路技术达到世界领先水平，复兴号高速列车迈出从追赶到领跑的关键一步。

"十四五"期间，我国铁路发展处于完善网络和提升效能的关键阶段，将全面推进铁路高质量发展。"十四五"时期要统筹推进中西部地区铁路建设，特别是西北地区空白区域新线建设，提高革命老区、民族地区和欠发达地区的铁路网络密度，支持资源丰富、人口密集区域的地方开发性铁路建设。到 2025 年，铁路高质量发展取得新成效，设施网络更加健全完善。多层次铁路网络加快形成，路网覆盖范围进一步扩大，"八纵八横"高速铁路主通道基本建成，集装箱等专业化货运网络进一步完善，长江干线重要港口全面接入铁路专用线，沿海港口重要港区铁路进港率大幅提升，铁路运营里程达到 16.5 万千米。构建多向入藏通道，完善新疆对外通道，加快边境地区铁路建设。拓展路网覆盖，提升中欧班列运输能力，加强通道建设，补齐关键短板。加快形成"八纵八横"主通道，有序拓展区域连接线。建设城市群、都市圈多层次轨道交通网。整体推进重点城市群轨道建设，加快构建多网融合体系，统筹既有线利用和新线建设。

在引进国外技术以前，在高速列车方面，我国主要立足于自主研发，取得不少的成果（如"中华之星"电动车组)，但交流传动等核心技术仍未成熟,列车稳定性不佳。由于历史原因，中国铁路技术装备的整体水平只相当于发达国家19世纪70至80年代的水平,如果仅依靠自身力量,则可能需要十几年或更长时间追赶,也无法适应目前的经济发展。2004年,国务院及铁道部确定了推进铁路技术装备现代化"引进先进技术、联合设计生产、打造中国品牌"的方针。而实现铁路跨越式发展的重点任务即为对速度200 km/h以上的高速列车引进整体技术,实行"消化、吸收、再创新",并在法律上取得自主知识产权。

在引进国外高速列车先进技术后,为落实《国家中长期科学和技术发展规划纲要(2006—2020年)》的要求,通过高速铁路核心技术体系的自主创新满足中国铁路发展的需要,在2008年2月26日,科技部与铁道部共同签署了《中国高速列车自主创新联合行动计划合作协议》。

根据协议,中国高速列车自主创新联合行动计划主要有四个方面的目标:

(1)在引进技术消化吸收再创新的基础上,实现自主创新,自行发展关键技术,研制速度350 km/h及以上高速列车;

(2)建立并完善具有自主知识产权的速度350 km/h及以上中国高速铁路技术体系,并取得较强的国际竞争力;

(3)发挥科技部及铁道部两部联合优势,构建高速列车技术创新链和产业学术研究联盟,增强自主创新能力;

(4)促进创新技术投产,建立中国高速列车产业链和产业群,提升中国制造相关重大装备的能力。

2007年4月18日,我国第六次铁路大提速正式展开,CRH1、CRH2、CRH5动车组大规模上线运行,列车运行速度达200 km/h。其中京哈、京广、京沪、胶济线部分区段速度达到250 km/h,我国从此进入了高速铁路时代。货运方面,在既有提速干线开行速度120 km/h、载重5 000 t货运重载列车。通过此次提速,我国铁路客货运输能力分别增长18%和12%。自此之后,我国在既有线上不再大规模地进行提速,而是转向高速客运专线的建设。

随着京津城际铁路、石太客运专线、武广客运专线、郑西客运专线的开通,大量速度250 km/h、300 km/h、350 km/h的动车组已经上线运行。

2009年10月,俄罗斯运输部、铁路股份公司与中国铁道部签署了关于在俄罗斯境内组织及发展快速和高速铁路运输的谅解备忘录,计划在海参崴到哈巴罗夫斯克间用中国技术兴建高速铁路。紧接着,美国GE公司与中国铁道部签署了《动车组及内燃机战略合作谅解备忘录》,美方将学习我国高速铁路领域的先进技术。

2009年12月9日,CRH3C动车组在武广客运专线试运行,速度达到了394.2 km/h,打破了两车重联下的世界高速铁路最高运营速度。标志着我国动车组制造水平已经达到世界先进水平。

2012年,世界上第一条高寒地带区的高速铁路——哈大高铁正式通车。

2015年,我国铁路营业总里程达12.1万千米,位居亚洲第一、世界第二;其中高铁1.9万千米,位居世界第一。

2016年9月,中国高铁标准被纳入世界通用标准,从中国标准变成世界标准。

2017年7月9日世界首条修建在湿陷性黄土地区与高原区的连接中国中部和西部速度350 km/h的沪兰高速铁路开通运营。

2020年,中国铁路营业里程达14.6万千米,高铁3.8万千米,位居世界第一。2020年底,中国铁路与40余个国家和地区合作开展铁路规划、设计和建造,技术装备输出遍布全球100多个国家和地区。其中,由中国已经通过铁路、公路深度链接了"一带一路"大发展战略下的共建国家，蒙内铁路、亚吉铁路、中泰铁路、匈塞铁路、雅万高铁等一条条互联互通的繁荣之路不断筑成。中老铁路北起昆明，南至万象，它是第一条采用中国标准、中老合作建设运营，并与中国铁路网直接连通的境外铁路，全长1035千米。

截至2021年9月，我国与"一带一路"共建国家货物贸易额累计达到10.4万亿美元，进出口总额增长23%以上，中欧班列开行数量和运量均超2020年全年总量。2021年12月3日，全长1035千米，采用中国标准的中老两国互利合作的旗舰项目、高质量共建"一带一路"的标志性工程——中老铁路通车。2023年10月17日，印度尼西亚雅万高速铁路正式开通运营，雅万高铁是"一带一路"倡议的标志性工程和印尼国家战略项目，也是中国高铁全系统、全要素、全生产链走出国门的"第一单"。中国的国际化之路，正在高速迈向新的纪元。

1.2 我国机车车辆的发展历程

中华人民共和国成立以来，我国自主研制开发了"韶山"系列电力机车，"东风"系列内燃机车，并形成了系列化、型谱化、标准化。根据国家统计局数据，近年来中国铁路机车产量自2017年起呈现下降趋势。2021年中国铁路机车产量上升，达到1 105辆，较2020年增长4.3%。2022年全国铁路机车产量为1 463辆，产量同比增长34.8%。2023年1—4月全国铁路机车产量为132辆。2016—2022年，中国动车组产量波动下降。根据国家统计局数据，2022年中国动车组产量为760辆，较2020年有较大的下降，降幅达到25.6%。2023年1—4月，动车组产量为120辆，累计下降25.5%。从铁路机车的保有量看，2016—2022年基本保持稳定，2019年以来，全国铁路机车保有量稳定在2.2万台左右。2022年全国铁路机车拥有量为2.21万台。全国主要干线全部实现内燃、电力机车牵引，国家铁路中的蒸汽机车已经全部被淘汰。目前，中国铁路电气化率超过70%，客货列车由电力机车牵引，电力机车数量也超过内燃机车。近几十年来，电气化铁路的比重大大增加。电力机车具有节能环保、大功率、高速度的优势，这对于追求速度的中国铁路来说非常重要。"和谐号""复兴号"动车组的大规模运行，机车车辆工业为铁路运输装备现代化提供了强大的支持，为我国经济建设作出了巨大的贡献。

1.2.1 蒸汽机车

1946年，哈尔滨机务段的工人用27个昼夜修复了原哈尔滨机务段304号蒸汽机车，于1946年10月30日由中共中央东北局批准命名为"毛泽东号"机车，如图1.3所示。1949年该机车随解放军入关，配属在丰台机务段。"毛泽东号"机车在超轴、安全、节煤、正点等方面都成绩卓著。到1976年10月30日，该机车安全行走$3×10^6$ km，1985

图1.3 "毛泽东号"蒸汽机车

年铁道部将该机车作为展品陈列在铁道部科学技术馆。

中华人民共和国成立后，随着铁路运输事业的迅速发展，对机车的需求日益增加，自行制造机车是当务之急。由于当时的铁路牵引动力还是蒸汽机车，机车的制造即从蒸汽机车起步，沿着仿制旧型，改造旧型，进而自行设计新型机车的道路循序渐进。

1952年7月，四方厂制造出新中国第一台蒸汽机车，定名为解放型，代号JF，构造速度80 km/h，全长（机车加煤水车）22 634 mm，如图1.4所示。这种机车随后成批生产，到1960年停止生产时，共制造了455台。

图1.4 解放型蒸汽机车

1956四方厂试制出第一台胜利型客运蒸汽机车，代号SL，构造速度110 km/h，全长（机车加煤水车）22 618 mm，如图1.5所示。这种机车到1959年停止生产时，共制造了151台。

图1.5 胜利型蒸汽机车

1956年，大连机车车辆厂（现为中车大连机车车辆有限公司，以下简称大连厂）在解放型机车的基础上，又进行现代化改造，设计了建设型干线货运蒸汽机车，代号JS，并于1957年试制出第一台。该机车性能有了较大的提高，达到了较先进的水平，构造速度85 km/h，全长（机车加煤水车）23 337 mm，如图1.6所示。到1988年止，共生产建设型机车1 916台。

图1.6 建设型（解放改进型）蒸汽机车

1957年，大连厂对胜利型机车进行现代化改造，设计了人民型蒸汽机车，代号RM，并于 1958 年由四方厂试制生产。该车构造速度 110 km/h，全长（机车加煤水车）23 252 mm，如图 1.7 所示。人民型机车到 1966 年停止生产，共制造 258 台。

图 1.7　人民型蒸汽机车

1956 年 9 月，中国自己设计的第一台蒸汽机车试制成功，定名为和平型，如图 1.8 所示。1957 年，大连厂设计了工建型工矿及调车用蒸汽机车，代号 GJ，如图 1.9 所示。

图 1.8　和平型蒸汽机车　　　　图 1.9　工建型蒸汽机车

1958 年，济南机车厂设计并制造了跃进型调车用蒸汽机车，代号 YJ，如图 1.10 所示。

1960 年，唐山机车车辆厂（现为中车唐山机车车辆有限责任公司，以下简称唐山厂）设计并试制出第一台上游型工矿蒸汽机车，代号 SY。由于性能良好，经济适用，结构可靠，受到普遍欢迎，共生产 1 600 多台。机车全长 21 519（21 643）mm，构造速度 80 km/h，轴式为 1—4—1。上游型机车还出口到美国作为旅游用车，如图 1.11 所示。

图 1.10　跃进型蒸汽机车　　　　图 1.11　上游型工矿用蒸汽机车

1960 年，由大同机车厂（现为中车大同电力机车有限责任公司，以下简称大同厂）设计，长春机车工厂试制成功了星火型地方铁路用蒸汽机车，代号 XH。

1964年，大同厂对和平型机车进行了重新设计和改进，新产机车定名前进型，代号QJ。机车全长26 063 mm，构造速度80 km/h，模数牵引力324 kN，轴式1—5—1。前进型机车先后由大连厂、大同厂等小批量生产。1964年，大同厂对其又进行了一系列改造，使机车的最大轮周功率达到2 190 kW，机车全长也增加到29 180 mm。1988年停止生产，共制造4 708台，是我国制造数量最多的一种主型货运蒸汽机车。图1.12为前进型蒸汽机车。

图1.12 前进型蒸汽机车

此外，我国在20世纪50年代末、60年代初还生产过少量的工建型、蓉建型、红旗型等适合工矿调车使用的蒸汽机车。

我国煤炭资源丰富而石油资源缺乏，蒸汽机车技术成熟可靠，在战争时期缺少燃油时具有重要的战略意义，因此我国一度成为世界上仅有的大规模使用蒸汽机车的国家。但是随着机车技术的发展，由于蒸汽机车的烟尘会造成比较严重的环境污染、能源利用率低下、速度低、操作烦琐、工作条件差，蒸汽机车已逐步被内燃、电力机车取代。1988年12月21日，大同厂停止蒸汽机车生产（见图1.13）。2005年12月9日，集通铁路大板机务段的最后一台前进型蒸汽机车退役，蒸汽机车从此完全退出了铁路干线运营，这标志着中国蒸汽机车历史的结束。

图1.13 最后一台干线蒸汽机车——前进7207下线

1.2.2 内燃机车

我国从1958年开始制造内燃机车，先后有东风型等3种型号机车最早投入批量生产。

1969年后相继批量生产了东风4等十余种新机型,同第一代内燃机车相比,其在功率、结构、柴油机热效率和传动装置效率上,都有显著提高;而且还分别增设了电阻制动或液力制动和液力换向、机车各系统保护和故障诊断显示、微机控制功能;采用了承载式车体、静液压驱动等一系列新技术;机车可靠性和使用寿命方面的性能有很大提高。东风11G客运机车的速度达到了170 km/h。在生产内燃机车的同时,还先后从罗马尼亚、法国、美国、德国等国家进口了不同数量的内燃机车,随着铁路高速化和重载化进程的加快,正在进一步研究设计、开发制造与之相适应的内燃机车。

中国第一台自己制造的内燃机车是1958年大连厂在苏联ТЭ3型电传动内燃机车基础上仿制成功的"巨龙"号电传动内燃机车,后经过改进设计定型,命名为东风型并成批生产。"巨龙"号电传动内燃机车如图1.14所示。

图1.14 "巨龙"号电传动内燃机车

同年,北京二七机车厂(现为中车北京二七机车有限公司)试制成功"建设"号电传动内燃机车,戚墅堰机车车辆厂(现为中车戚墅堰机车有限公司,以下简称戚厂)也试制成功"先行"号电传动内燃机车,但这两种机车都没有批量生产。

四方厂也于1958年开始设计,1959年试制成功中国第一台液力传动内燃机车,当时命名为"卫星"号,代号NY$_1$。后经过长期试验和多次改进,定型为东方红型,于1966年成批生产,如图1.15所示。

图1.15 东方红型内燃机车

中国设计制造的内燃机车目前有"北京""东方红""东风"及"和谐"四个系列，质量达到世界先进水平。

北京型是二七机车厂1970年开始试制、1975年批量生产的四轴干线客运内燃机车，是中国铁路1997年提速前的主型客运机车，共制造了358台。机车标称功率1 500 kW，最大速度120 km/h，车长15 045 mm，轴式为B_0—B_0，如图1.16所示。

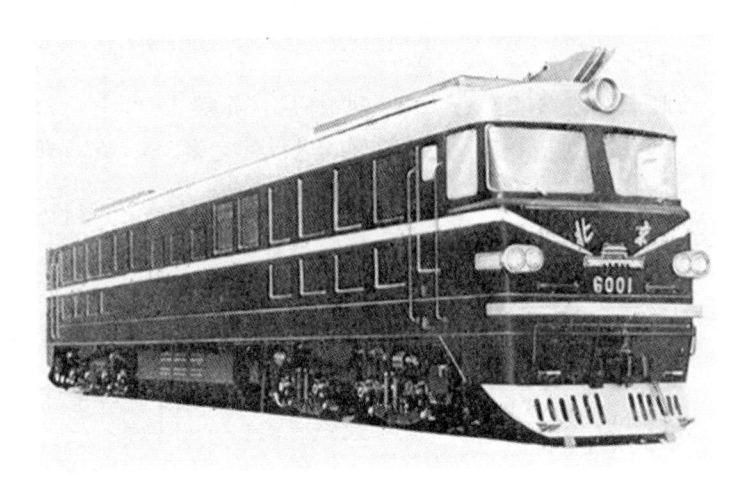

图 1.16　北京型内燃机车

东方红型内燃机车的型号较多，均为液力传动机车，有东方红1型、东方红2型、东方红3型、东方红4型、东方红5型、东方红6型、东方红7型、东方红21型等。

东方红1型是四方厂1959年试制、1964年批量生产的干线客运内燃机车，机车按双机连挂设计，也可以单机使用。前73台的机车标称功率是1 060 kW，最大速度140 km/h，车长16 550 mm，轴式为B_0—B_0。后36台的机车标称功率增加到1 220 kW，最大速度降为120 km/h，其他指标不变。

东方红2型于1966年由四方厂按客运内燃机车设计制造，机车功率为1 470 kW，只试制了一台。1972年资阳内燃机车厂（现为中车资阳机车有限公司，以下简称资阳厂）和四方厂共同设计，1973年资阳厂试制投产的东方红2型，已改为调车用的内燃机车，机车标称功率为650 kW，最大速度为62 km/h，车长12 400 mm，轴式为B_0—B_0。

东方红3型是四方厂1976年开始制造的干线客运内燃机车，机车标称功率是730×2 kW，最大速度为120 km/h，车长17 970 mm，轴式为B_0—B_0。机车的动力装置是两套相同而独立的机组，可以使用其中任何一套或两套同时工作。1987年，该厂还制造了两台机车标称功率为820×2 kW的东方红3型。

东方红4型从1969年到1977年共制造了5台，没有进行大批量生产，机车功率为3 308 kW。

东方红5型是调车和小运转内燃机车，由资阳厂于1976—1988年制造。机车标称功率是590 kW，调车时最大速度为40 km/h，小运转时最大速度为80 km/h，车长13 700 mm，轴式为B_0—B_0。

东方红6型是资阳厂1981年专为上海黄浦港生产的内燃机车，机车功率是1 740 kW，轴式为B_0-B_0，只生产了1台。

东方红 21 型是高原米轨通用型内燃机车，由四方厂于 1976 年设计、1977 年试制投产，1982 年又进行改进。机车标称功率为 640 kW，最大速度为 50 km/h，车长 12 000 mm，轴式为 $B_0—B_0$。

东风系列是电传动内燃机车，也是中国内燃机车的主力，保有量占国产内燃机车总数的一半以上。"东风"是个大家族，有东风 1、东风 2、东风 3、东风 4、东风 5、东风 6、东风 7、东风 8、东风 9、东风 10、东风 11 等系列型号。

东风型内燃机车是大连厂 1964 年开始成批生产的干线货运机车，共生产 706 台，曾用代号 ND。当两台机车重联使用时，可由任一机车的司机操纵机车。机车标称功率为 1 500 kW，最大速度为 100 km/h，车长 16 685 mm，如图 1.17 所示。

图 1.17 东风型内燃机车

东风 2 型内燃机车是戚厂 1964—1974 年制造的调车内燃机车，共生产 148 台，曾用代号 ND_2，机车标称功率为 650 kW，最大速度 95 km/h，车长 15 140 mm。

东风 3 型内燃机车与东风 2 型构造基本相同，仅牵引齿轮传动比由 4.41 改为 3.38，机车标称功率也降为 1 050 kW。它是大连厂 1969 年开始成批生产的干线货运机车，共生产 226 台，车长 16 685 mm。

东风 4 型内燃机车是大连厂 1969 年开始试制的大功率干线客货运内燃机车，1974 年转入批量生产。

东风 4B 型内燃机车是 1984 年由大连厂、资阳厂、大同厂生产的干线客货运内燃机车，机车标称功率增加到 1 985 kW，货运最大速度 100 km/h，客运最大速度 120 km/h，车长 20 500 mm。

东风 4C 型内燃机车代号 DF_{4C}，分客运、货运两种，除牵引齿轮传动比不同外，两者结构完全相同。东风 4C 型是在 B 型内燃机车的基础上开发研制的升级产品，提高了机车的经济性、可靠性，延长了使用寿命，使机车具有 20 世纪 80 年代世界先进水平。机车标称功率增加到 2 165 kW；最大速度，货运为 100 km/h，客运为 120 km/h；车长 20 500 mm。

东风 4CK 型内燃机车代号 DF_{4CK}，是资阳厂开发的干线客运内燃机车，采用 A1A—A1A 轴式，牵引电机全悬挂、轮对空心轴驱动转向架。机车标称功率 2 165 kW，最大速度 160 km/h，最大试验速度 176 km/h，车长 20 500 mm。

东风 4D 型内燃机车代号 DF$_{4D}$，是一种以成熟设计、成熟技术和成熟零部件集合而成的干线客货运内燃机车。机车标称功率为 2 425 kW，货运时最大速度 100 km/h，客运时为 145 km/h，车长 20 500 mm。

东风 4E 型内燃机车代号 DF$_{4E}$，是四方厂生产的干线客货运内燃机车，机车功率 2×2 430 kW，最大速度 100 km/h。

东风 5 型内燃机车代号 DF$_5$，1974 年设计试制，1985 年由大连厂批量生产，适用于编组站和区段站进行调车作业，也可作为小运转及厂矿作业的牵引动力。机车标称功率为 1 210 kW，最大速度为 60 km/h，车长 18 000 mm。

东风 5B 型内燃机车代号 DF$_{5B}$，是大连厂在原东风 5 型的基础上变形设计而成的，动力装置改而采用 12V240ZJF 型柴油机，机车车体采用外走廊式，适合于调车作业和厂矿使用。机车标称功率 1 500 kW，最大速度 100 km/h，车长 18 000 mm。

东风 6 型内燃机车代号 DF$_6$，是大连厂研制的大功率、高性能干线客货运内燃机车。机车动力装置 16V240ZJD 型柴油机是与英国里卡多咨询工程公司合作改进的，而它的传动装置是与美国 GE 公司合作改进的。机车上采用了微机控制、电阻制动系统等多项世界先进技术。机车的牵引性能、经济性和耐久可靠性均进入世界先进行列。机车标称功率为 2 425 kW，最大速度 118 km/h，车长 21 100 mm。

东风 7 型内燃机车代号 DF$_7$，由北京二七机车厂 1982 年设计、1985 年正式生产，适用于大型枢纽编组站场调车及工矿小运转作业。机车启动加速快、油耗低、噪音小、作业效率高、运行安全可靠、操纵和维修方便。机车标称功率 1 470 kW，最大速度 100 km/h，车长 17 800 mm。

东风 7B 型内燃机车代号 DF$_{7B}$，是北京二七机车厂生产的东风 7 型电传动内燃机车系列产品的一种，柴油机装车功率 1 840 kW，适用于干线货运、大型枢纽、编组站场、工矿企业的调车和小运转作业。该机车能多机重联，机车双向操纵，最大速度 100 km/h，机车全长 18 800 mm。

东风 7C 型内燃机车代号 DF$_{7C}$，是北京二七机车厂生产的东风 7 型电传动内燃机车系列产品的一种，适应于调车作业。柴油机装车功率分 1 470 kW 和 1 840 kW 两种，其余技术参数与东风 7B 型相同。同系列的产品还有东风 7D 型，适用于寒冷地区和山区线路。该车有油耗低，维修方便等优点。

东风 8 型内燃机车代号 DF$_8$，戚厂于 1984 年 11 月 20 日试制成功。

东风 8B 型内燃机车代号 DF$_{8B}$，该车是戚厂在东风 8 型内燃机车的基础上开发研制的升级换代产品，可满足繁忙干线货运重载高速的要求。机车具有可变换轴重，以供不同线路选择，且微机控制和大屏幕彩色液晶显示屏改善了乘务员工作条件，机车操纵更方便。

东风 9 型内燃机车，代号 DF$_9$，是戚厂研制的准高速客运内燃机车，可以满足高速运行要求。柴油机装车功率达到 4 500 kW，最大速度为 160 km/h，该型机车没有正式投产。

东风 10D 型内燃机车，代号 DF$_{10D}$，是东风 10 系列机车中的一个品种，是大连厂生产的重型调车和小运转作业内燃机车。

东风 10F 型内燃机车，代号 DF$_{10F}$，是东风 10 系列机车中的一个品种，大连厂生产的适用于客流繁忙干线开行速度为 140~160 km/h 旅客列车的牵引动力。

东风 11 型准高速客运内燃机车，代号 DF$_{11}$。1992 年由戚厂试制成功，是中国自行设计、自行研制的一项新的成果，最高运行速度 170 km/h，最高试验速度达到 183 km/h。

东风 11G 型内燃机车（见图 1.18），代号 DF$_{11G}$，是戚厂在响应铁道部关于铁路跨越式发展方针下，为完成我国铁路第五次大提速而专门研制的双机重联型准高速客运内燃机车，最高运行速度 170 km/h，可以通过插座向全列车空调提供 DC600V 的电力。

图 1.18　东风 11G 型内燃机车

东风 12 型电传动内燃机车，代号 DF$_{12}$，是资阳厂生产的国内功率最大的调车机车之一，机车装用 16V240ZJB 型柴油机，适用于路内大型编组站和工矿企业 5 000 t 级的调车和小运转作业以及干线牵引，如图 1.19 所示。

图 1.19　东风 12 型内燃机车

由于交流异步电动机结构简单、可靠性高、单位重量功率大，交流传动系统牵引力、制动力大，黏着利用能力高，交流传动取代直流传动已经成为内燃机车发展的趋势。20 世纪 90 年代，为了适应铁路运输的发展，我国各大内燃机制造商先后研制了多种交流传动内燃机车。包括四方厂制造的我国第一台交流传动内燃机车 NJ$_1$，资阳厂研制的 DF$_{8BJ}$、DF$_{8DJ}$，大连厂研制的 DF$_{4DJ}$ 以及戚厂的 DF$_{8CJ}$ 等。

HXN$_3$ 型内燃机车是由大连厂及美国 EMD 共同研制的，2008 年 7 月出厂。交—直—交电力传动，每台机车均装有一台 4 660 kW 柴油机及 6 台交流牵引电动机，可单机牵引 5 000 t 货物以最高速度 120 km/h 运行。图 1.20 所示为 HXN$_3$ 型内燃机车。

HXN_5 型内燃机车由美国通用电气（GE）研制，通过技术转让的方式，由戚厂制造，2008 年 11 月下线。采用交—直—交电力传动、模块化设计、外走廊、底架承载结构，机车轴重为 25 t，大大方便了制造组装及规模化生产。额定功率达到 4 660 kW，最大起动牵引力为 620 kN。具有卓越的防空转、防滑行功能，轮周效率高，黏着利用率高，起动加速快，动力学性能和制动性能良好，其最高速度为 120 km/h，机车主要技术经济指标均达到国际先进水平，如图 1.21 所示。

图 1.20 HXN_3 型内燃机车　　　　图 1.21 HXN_5 型内燃机车

1.2.3　电力机车

在铁路牵引动力中，电力机车具有其他机车无可比拟的优势。中国从 20 世纪 30 年代开始引进电力机车。1958 年，中国研制出第一台电力机车。1961 年，中国第一条电气化铁路——宝凤线（宝成铁路宝鸡至凤州段，93 km）建成通车。到 1978 年，中国铁路电气化里程达到 1 033 km，电力机车保有量 210 台左右。经过 20 多年的初创阶段，到 1980 年初，中国铁路电气化和电力机车技术得到了迅速发展，到 1988 年中国铁路电气化里程达 5 737 km 正线，电力机车保有量 1 224 台，完成铁路运量的 13.4%。到 2009 年底，中国电气化铁路已经达到 3.2 万千米，其中包括 2 000 多千米的高速铁路和客运专线。近年来中国大力发展电气化铁路，已有铁路线网覆盖中国大部分地区，对经济社会的发展发挥了非常重要的作用。截至 2023 年，中国全国电气化铁路长度达到 15 万千米，基本形成"六纵五横四交"的整体布局，从而更好地服务经济社会发展。

1. 电力机车的引进与早期研制

1956 年召开的全国科技大会提出了"向科学进军"的口号，这是我国科技发展史上的一个里程碑。当年制定的首个科技发展长远规划——《1956 年至 1967 年全国科学技术发展远景规划》（365JT）提出了铁路牵引动力要迅速地、有步骤地由蒸汽机车转移到电力机车和内燃机车上。1957 年，中国组织第一机械工业部、铁道部以及有关高校的专家、学者、教授研讨"我国电气化铁路采用的电流电压制式"，确立了采用国际上先进的单相工频 25 kV 电压制式，这是中国电力机车研制 365JT 设计的第一个基本技术规范，沿用至今。同年，中国正式向苏联提出为中国提供电气化铁路技术资料的要求，并列入签订的《中苏技术合作协定》。

1957 年，中国组织了一个由第一机械工业部、铁道部以及高校有关专家学者组成的电力机车考察团，于1958年初赴苏联考察。考察团用半年时间，在苏联专家帮助下，以当时苏联新设计试制成功的 H_{60} 型铁路干线交直流传动电力机车样机为基础，结合中国铁路规范，选用单相交流工频 25 kV 电压制，作出了机车的设计方案。考察团回国后，组成电力机车设计处，在苏联专家帮助下，进行了全面设计。1958年底，湘潭电机厂在株洲电力机车厂（现为中车株洲电力机车有限公司，以下简称株电）等厂所协助下，试制出了中国第一台电力机车，即 $6Y_1$ 型干线电力机车。$6Y_1$ 型电力机车小时功率为 3 900 kW，最高速度为 100 km/h，6轴。机车经环形铁道运行试验，由于作为主整流器的引燃管不能正常工作返厂整修。

1959年起，株电和株洲电力机车研究所（现为中车株洲电力机车研究所有限公司，以下简称株所）等厂所联合对 $6Y_1$ 机车进行了多次试验，做了很多改进，到1962年共试制 5 台机车，并在宝凤线上试运行。但是由于引燃管、牵引电机、调压开关等仍存在问题，$6Y_1$ 型未能批量生产。$6Y_1$ 型电力机车如图 1.22 所示。

图 1.22 $6Y_1$ 型电力机车

2. 国产第一代电力机车

1962年以后，针对 $6Y_1$ 出现的问题，借鉴法国 $6Y_2$ 型机车技术，株电和株所先后又进行了 30 余项重大改进，采用了大功率半导体硅整流管代替引燃管，采用 700 kW 的 4 级高压脉流牵引电动机代替 650 kW 的 6 级高压牵引电动机等。1966年试制出第 7 台 $6Y_1$ 型机车和改进后的第 4 台 $6Y_1$ 型机车。

1968年，在总结试制和运行经验的基础上，设计试制成功第 8 台 $6Y_1$ 型机车，主要改进有采用大功率半导体硅整流，采用 20 触头组调压开关，使用 700 kW 有补偿绕组的 4 级高压脉流牵引电动机，加装电阻制动等，小时功率提高到 4 200 kW，速度 90 km/h。该机车跳出了仿 H_{60} 型的框框，成为全新机车，改名为韶山1（SS_1）型电力机车。同年，株电开始小批生产。

以后，一直到1978年，SS_1 机车又经过三次重大技术改进，包括：用大功率半导体机组代替过渡电抗器，提高电阻制动功率，改用 110 V 控制电压，改进转向架弹簧悬挂系统等。到1988年底停产止共生产 826 台，是中国第一代主型电力机车，目前在铁路运输上还发挥着重要作用。SS_1 型电力机车如图 1.23 所示。

图 1.23　SS₁ 型电力机车

3. 国产第二代电力机车

1977 年，株电和株所开始设计韶山 3（SS₃）型电力机车。SS₃ 是在吸收了 SS₁ 和 SS₂ 成熟经验后在 SS₁ 基础上改进设计的，1979 年在株电设计试制成功第一台机车。SS₃ 机车小时功率 4 800 kW，最高速度 100 km/h，6 轴。该型机车采用了 8 级加级间晶闸管相控调压，800 kW、4 级高压脉流牵引电动机，新结构的转向架和车体。SS₃ 机车综合性能优于 SS₁ 型，1989 年开始大批量生产，是中国第二代干线主型机车。SS₃ 型电力机车如图 1.24 所示。

图 1.24　SS₃ 型电力机车

1972 年，中国从法国进口了部分 6G 型电力机车，功率为 5 400 kW，最高速度 112 km/h，6 轴。

4. 国产第三代电力机车

1983 年，株电和株所开始设计韶山 4（SS₄）货运电力机车，1985 年 9 月在株电试制成功第一台 SS₄ 型机车。SS₄ 型功率为 6 400 kW，8 轴，最高速度 100 km/h，是当时中国功率最大的机车。该机车采用经济四段半控桥晶闸管相控平滑调压；两级电阻制动和恒速、恒励磁控制，800 kW 中压脉流牵引电动机，B₀ 转向架等先进技术；其牵引制动性能优良，黏着利用充分。由于从样机到大批量生产过程太短，初期生产的机车存在很多质量问题。经过质量攻关，以后生产的机车质量有很大提高，是货运主型电力机车。SS₄型电力机车如图 1.25 所示。

图 1.25 SS₄型电力机车

1985 年，中国从法国购买了部分 8K 型电力机车，其功率为 6 400 kW，最高速度为 100 km/h，8 轴。1986 年，从日本购进了部分 6K 型电力机车，其功率为 4 800 kW，最高速度为 100 km/h，6 轴。这些在当时是技术先进的两种相控机车。在购这两种机车的同时，引进了许多与 8K 和 6K 型机车相关的先进技术。此后还从苏联购买了 8G 型电力机车，功率 6 400 kW，最高速度 100 km/h，8 轴。在消化吸收了 8K、6K 机车技术的基础上，结合中国电力机车传统技术，中国相继研制成或改进了 SS₃B、SS₄G、SS₄B、SS₅、SS₆、SS₆B、SS₇、SS₇B、SS₇C、SS₇D、SS₇E、SS₈、SS₉等型电力机车，促成了中国电力机车技术的长足进步。

株电和株所于 1987 年开始设计韶山 5（SS₅）型客运电力机车，1990 年在株电设计试制成功 2 台机车，功率为 3 200 kW，最高速度为 140 km/h，4 轴。SS₅采用了多项先进技术，如大功率晶闸管和整流管组成的两段桥相控调压、无级磁场削弱、再生制动、功率因数补偿、空心轴中压牵引电动机、B₀—B₀转向架等。

株电和株所设计的韶山 6（SS₆）型电力机车，1990 年在株电试制成功第一台，功率为 4 800 kW，速度为 100 km/h，6 轴。采用了多项先进技术：两段桥相控调压、功率补偿、加馈电阻制动、高压牵引电动机、滚动轴承抱轴半悬挂。1991 年开始批量生产。

1992 年，株电和株所对 SS₃机车作了重大改进，采用了 8K 和 6K 机车很多先进技术，设计试制成功韶山 3B（SS₃B）型电力机车，同年开始批量生产。主要改进有：采用不等分三段桥晶闸管相控调压，加馈电阻制动，低位平拉杆牵引装置等。

1992 年，株电和株所开始设计韶山 6B（SS₆B）型电力机车。1995 年试制成功，当年投入批量生产，SS₆B 是在 SS₆机车基础上设计制造的，功率为 4 800 kW，最高速度为 100 km/h，6 轴。主要特点：采用了同日立公司联合设计的中电压、有补偿、半叠片结构的 ZD114 型串励脉流牵引电动机、滚动轴承抱轴半悬挂、低位平拉杆牵引装置、不等分三段桥相控调压、功率补偿、空转保护、加馈电阻制动等。SS₆B 是在广泛吸收 8K、6K 机车先进技术的同时，在 SS₆基础上，全面遵循中国电力机车简统化、标准化原则设计制造的。SS₆B 型电力机车如图 1.26 所示。

图 1.26　SS$_{6B}$ 型电力机车

株电和株所针对 SS$_4$ 机车所存在的一些质量问题，作了重大改进，于 1993 年设计试制成功韶山 4 改（SS$_{4G}$）型电力机车，同年开始批量生产。SS$_{4G}$ 比 SS$_4$ 的性能、质量和可靠性有很大提高。主要改进：采用不等分三段桥相控调压、机车控制为恒流恒速特性控制、低位斜杆牵引装置、增加功率补偿、加馈电阻制动等。

1992 年，株电和株所开始设计韶山 4B（SS$_{4B}$）型货运电力机车，SS$_{4B}$ 是在 SS$_{4G}$ 基础上，大量消化吸收 8K、6K 和 8G 机车的先进技术，遵循中国电力机车标准化、系列化、简统化原则设计而成的。1995 年株电试制成功 2 台 SS$_{4B}$，主要改进有：应用了 ZD114 牵引电动机、滚动轴承抱轴半悬挂等，和 SS$_{6B}$ 完全简统；采用微机控制，与 SS$_8$ 有完全简统的控制功能；在 SS$_{4G}$ 已被验证的成熟技术基础上，通过部分部件的改进使 SS$_{4B}$ 机车的性能与可靠性有了进一步的提高。

1992 年，大同厂自行研制开发了韶山 7 型干线客货两用电力机车，代号 SS$_7$。机车构造直接模仿于 1987 年从日本购买的 6K 型电力机车，采用 B$_0$-B$_0$-B$_0$ 轴式，也是首款中国制造的 B$_0$-B$_0$-B$_0$ 机车，轮缘磨耗小，提高了小半径曲线的通过能力和运行安全性。该机车填补了我国山区小曲线区段线路客、货运电力机车的空白，荣获国家级科技进步二等奖及铁道部科技进步一等奖。由于早期 SS$_7$ 的可靠性等方面存在的问题，因此日后也出现了多种改良型号，包括 7B、7C、7D 及 7E，以适应不同需要，其中 SS$_{7C}$、SS$_{7D}$、SS$_{7E}$ 可对全列车进行 DC 600 V 的机车供电。

SS$_{7C}$ 电力机车由大同厂制造，于 1998 年至 2005 年间共生产 171 台。该机车继承了 SS$_7$ 及 SS$_{7B}$ 独有的 B$_0$—B$_0$—B$_0$ 轴式。SS$_{7C}$ 的轴重比 SS$_7$ 及 SS$_{7B}$ 为轻，每辆机车均装有 6 台 800 kW 直流牵引电动机，电机滚动抱轴承鼻式悬挂，最高速度也提升至 120 km/h。

SS$_{7D}$ 电力机车是特别为行驶于陇海铁路郑州至西安段列车而设计的，于 1999 年起共生产 59 台。SS$_{7D}$ 继承了 SS$_7$ 系列独有的 B$_0$—B$_0$—B$_0$ 轴式，适合行走急弯陡坡路段，而在轴重、速度及可靠性等方面，均比 SS$_7$ 优胜，最高速度为 170 km/h。

SS$_{7E}$ 电力机车与 SS$_{7D}$ 一样，同属准高速机车，最高速度 170 km/h，但机车轴式从 B$_0$—B$_0$—B$_0$ 改为 C$_0$—C$_0$ 六轴，由大同厂和大连厂制造，如图 1.27 所示。

图 1.27　SS₇ₑ 型电力机车

株电和株所设计研制的韶山 8（SS₈）型客运电力机车，1994 年试制成功 2 台，功率 3 200 kW，最高速度 170 km/h，B₀—B₀ 轴式。SS₈ 机车是在 SS₅ 基础上设计制造的，其重要特点为：机车最高速度提高到 170 km/h，采用 900 kW 半叠片空心轴牵引电动机、不等分三段桥相控调压、微机控制的恒流准恒速特性控制、低位平杆牵引装置等。1997 年 1 月 SS₈ 在北京中国铁道科学院环形铁道运行试验线上，创造了当时中国铁路史上的最高速度 212.6 km/h，1998 年 6 月在武汉到郑州段试运行，最高速度达到 240 km/h，已超过高速铁路标准 200 km/h。1997 年开始小批量生产。1997 年，株电和株所在 SS₈ 型基础上设计试制成功韶山 8Ⅱ型电力机车，功率提高到 3 600 kW，最高速度为 170 km/h，4 轴，应用了 900 kW 全叠片串励空心轴牵引电动机。SS₈ 型电力机车如图 1.28 所示。

图 1.28　SS₈ 型电力机车

韶山 9 型（SS₉）是根据铁道部要求研制，两辆原型车（0001 和 0002）于 1998 年 12 月 26 日建造完成，并交付郑州机务段进行试验。研制"韶九"的主要目的，是为了迎合电气化区段的需要，并解决考虑京广线爬坡难度的问题，以及进行中国铁路第五次大提速。韶山 9 型使用 C₀—C₀ 轴式，交直传动，输出功率为 4 800 kW，是中国干线客运电力机车中功率最大的，改善了韶山 8 型在牵引大编组列车时功率不足的问题，使 SS₉ 在拉动满载的大编组列车在保持准高速、爬坡方面也显得绰绰有余。首批 43 台 SS₉ 机车外观与 SS₈ 型相似，从 0044 号机车起开始，株电进行了技术改造，主要对其通风方式、外形等方面进行了较大改动，如图1.29所示。

图1.29　改进后的SS₉型电力机车

5. 国产第四代电力机车

交流传动机车是当今世界机车技术的发展趋势。中国铁路在交流传动机车技术方面的研究开始于20世纪70年代末。其间进行过300 kW和1 000 kW交直交电传动地面试验系统的研究。在这两个功率等级的地面试验系统等项目获得成功的基础上，吸收国外类似交直交传动电力机车的先进技术，结合中国传统交直传动电力机车的特点，1991年株电和株所开始研究设计AC4000型交直交电力传动电力机车。1995年试制成功第一台机车，功率4 000 kW，最高速度120 km/h，B_0-B_0轴式。主要特点：交直交变流采用四象限变流器加PWM逆变器、1 025 kW异步牵引电动机，牵引性能优异；体积小、重量轻、故障率低；机车恒功率速度范围宽、能耗低；采用微机控制诊断、检测系统。AC4000型电力机车如图1.30所示。

图1.30　AC4000型电力机车

2000年6月25日，株电生产出了编号为DJ0001和DJ0002的两辆运营速度为220 km/h，最高试验速度可达260 km/h的交流传动高速列车。在吸收国外先进技术的基础上，在总体技术、高速动力转向架、控制系统等方面创造性地提出了十余种国内首创、国际先进的设计理念，实现了全部机车逻辑控制和自诊功能；实现了国内单轴功率最大，并打破了传统交直电力机车单轴1 000 kW的上限和机车速度受限的瓶颈等。图1.31所示为DJ型电力机车。

图 1.31　DJ 型电力机车

HXD$_1$ 型电力机车在被命名为"和谐型"以前，被称为 DJ$_4$。DJ$_4$ 共有两个型号，HXD$_1$ 的原型 DJ$_4$ 是由株电联合德国西门子研发的，编号由 DJ$_4$-0001 起。HXD$_1$ 型电力机车为两台重联，使用交—直—交传动，轴式为 B$_0$—B$_0$+B$_0$—B$_0$，总功率 9 600 kW，大大高于直流传动电力机车。后来为适应中国国内铁路运输市场的需要，株电又先后研制了 C$_0$—C$_0$ 轴式的 HXD$_{1B}$ 和 HXD$_{1C}$。其中，HXD$_{1C}$ 的功率为 7 200 kW，如图 1.32 所示。

图 1.32　HXD$_1$ 型电力机车

HXD$_2$ 型电力机车是由法国阿尔斯通及大同厂研发，外观设计取自 Prima 系列，B$_0$—B$_0$+B$_0$—B$_0$ 轴式，总功率 10 MW。在被命名为"和谐型"以前，被称为 DJ$_4$-6000 系列。总共 180 台，其中前 12 台（20001～20012）为整辆于法国贝尔福厂房制造；36 台（20013～20048）以散件形式付运，由大同厂组装；其余（20049～20180）均为大同厂生产。HXD$_2$ 型电力机车全部用于大秦铁路重载列车的牵引。大同厂又根据需要研制了 HXD$_{2B}$，C$_0$-C$_0$ 轴式，总功率

9 600 kW，如图 1.33 所示。

图 1.33　HXD$_{2B}$ 型电力机车

HXD$_3$ 型电力机车，初称 SSJ$_3$ 型、DJ$_3$ 和神龙 1 型，由大连厂与日本东芝合作研制。在研制过程中采用了集成化、模块化的设计，轴式为 C$_0$—C$_0$，整车输出功率为 7 200 kW，使用东芝的大功率逆变器。2008 年，大连厂与德国庞巴迪共同研制了 HXD$_{3B}$ 型电力机车，输出功率 9 600 kW，如图 1.34 所示。

图 1.34　HXD$_3$ 型电力机车

1.2.4　客　车

建国之初，我国铁路客车，大多为外国制造，车型复杂，多为木制车。1953 年，新中国开始仿制旧型客车，1956 年以后，我国开始自行设计制造适合中国国情的各型客车。我国客车制造主要经历了 21 型、22 型、25 型三代主型客车生产。

1.21 型客车

21 型客车是中国铁路自行设计生产的第一代主型铁路客车,于 1953 年开始生产,1961 年停止生产,共生产 3 110 辆。

21 型客车车长 21.974 5 m,车宽 3.004 5 m,采用全钢铆接焊接组合结构,车辆自重 48/45 t,101 型 C 轴转向架,构造速度为 80~100 km/h。车厢取暖方式采用大气压式蒸汽取暖,其缺点是经济指标和舒适性较差。21 型客车根据用途的不同主要有 YZ$_{21}$ 型硬座车、YW$_{21}$ 型硬卧车、CA$_{21}$ 型餐车、UZ$_{21}$ 型邮政车、XL$_{21}$ 型行李车等几种类型。

YZ$_{21}$ 型硬座车是 1953 年由大连厂设计制造的,原设计为每排二、二人座,定员为 88 名。车内还设置一个敞开式洗面室,两个厕所,一个乘务员室,其外观如图 1.35 所示。

图 1.35 YZ$_{21}$ 型硬座车

1955 年由青岛四方厂对 YZ$_{21}$ 型硬座车进行改进,改为每排二、三人座,定员增至 108 名。车窗改为钢窗,内墙板采用胶合板,自重 45~48 t。1956 年又将敞开式通过台改为密闭式,加装了折棚门和翻板,并采用铝制烟灰缸和衣帽钩等。21 型客车车体为全钢铆接结构,底架上无金属地板,作用于车内地板面上的载荷主要依靠底架的各梁传递,走行部采用均衡梁导框式转向架。1957 年再次进行减轻自重的设计改进,将车体改为焊接结构,侧墙带压筋,车辆自重降至 43/39 t。以后,又对内部进行改进,如内墙板贴塑料装饰布等。

YW$_{21}$ 型硬卧车是 1953 年由四方厂设计制造的,车内有 9 个开敞式隔间,每个隔间有两组三层卧铺,定员 54 人,自重 49 t。铺位较宽,旅客睡眠较为舒适,但中铺较低,下铺坐人直不起腰来,所以 1958 年就停止生产,被 YW$_{22}$ 型取代。

CA$_{21}$ 型餐车是 1954 年由青岛四方厂试制生产的,该车两端均无通过台,餐室面积为 10 850×2 790 mm,定员 48 人,采用 103 型 D 轴转向架,自重 54 t,该车的特点是厨房较宽敞。

XL$_{21}$ 型行李车是 1955 年由青岛四方厂设计制造的,车两侧各开行李门 1 个,2 个通过台为半密闭式。其采用 101 型转向架,自重 47 t,1958 年将通过台改为密闭式,采用 103 型转向架。

2.22 型客车

22 型客车是中国铁路第二代主型铁路客车,1956 年开始设计、试制,1959 年生产,1994

年停止生产。据统计至 1992 年底共生产了 26 000 余辆（含 23 型客车）。22 型客车在中国铁路客运中曾经长期占据着主导地位。22 型客车根据用途的不同，各种类型的客车车厢都拥有特定的代号和编码范围，主要有如下几种：硬座车、软座车、硬卧车、软卧车、行李车、餐车、邮政车等。此外，还有特别用途的车辆，如试验车等。图 1.36 所示为 YZ$_{22}$ 型硬座车，20 世纪 90 年代开始逐渐由 25 型客车替代，并对符合翻新条件的 22 型客车进行了翻新改造。

图 1.36　YZ$_{22}$ 型硬座车

22 型客车大多车身涂装为绿色底色和黄色色带，曾经是中国铁路客车的经典形象。绿底色和黄色带涂装的铁路客车俗称"绿皮车"。

22 型客车车体长 23.6 m，车宽 3.105 m，使用 202 型/206 型/209 型转向架，构造速度 120 km/h。车体采用全钢薄壁筒体整体承载焊接结构。钢骨架加外包板的全金属结构，在钢骨架外焊有金属板，形成一个封闭壳体，俗称薄壁筒型结构车体。为增加结构的强度和刚度，壳体内采用了墙板压筋方式，形成整体承载。22 型客车车体的优点是结构比较合理、制造检修方便、安全可靠。以后的内墙板和保温层又广泛采用了塑料贴面板和硬质聚苯乙烯泡沫塑料，具有不吸潮，不需包装，耐碰撞，制造工艺简单等优点。除软卧车外，早期的 22 型客车都不带空调（后来曾出现过 YZ$_{22}$ 型空调客车）。

首批 YZ$_{22}$ 型硬座客车由四方厂于 1958 年设计、1959 年试制、1960 年批量生产，自重 45 t。硬座车有两个密闭式通过台，一个温水循环独立锅炉暖房，两个厕所，两个敞开式盥洗室，一个乘务员室。座位为每排二、三配置，定员 120 名，座位之间设有固定式茶桌。1961 年在 YZ$_{22}$ 型基础上将车厢取暖方式改为大气压式蒸汽取暖，定员增加到 122 名，即 YZ$_{23}$ 型。1962 年，对 22、23 型车重新修改设计，将 23 型定员改为 120 名。1970 年对车内造型及部分结构又作了较大的设计改进，仍采用独立取暖房，定员改为 116 名。1981 年 YZ$_{22}$ 型车又进行了一系列的改进设计。

首批 YW$_{22}$ 型硬卧客车由四方厂于 1956 年设计、1957 年试制，自重 58 t，定员 59 人。1957 年首批 22 型硬卧车有 9 个各容纳 6 个卧铺（两层睡铺带边铺）及一个可容纳四个卧铺（两层睡铺不带边铺）的敞开式单间。1958 年改为 9 个各容纳 8 个卧铺（三层睡铺带边铺）及一个可容纳 5 个卧铺（三层睡铺带边铺）的敞开式单间，定员增加到 77 人，自重减到 45 t。

1966年后批量生产的YW₂₂型车结构上做了较大改进，自重45 t，定员60人，改为10个敞开式单间，每间三层半软席卧铺两组，取消了边铺，改为18个活动座椅和10个活动小茶桌，并将厕所与洗脸间分开。1981年对YW₂₂型车又进行了技术改进，如图1.37、图1.38所示。

首批RW₂₂型软卧车于1955年设计、1956年试制生产，车辆自重59 t，定员32人。1959年对RW₂₂型车进行较大的改进，自重减到47 t。1987年对RW₂₂型车又进行了改进设计。

图1.37　YW₂₂型硬卧车外观　　　　图1.38　YW₂₂布置图

首批CA₂₂型餐车于1956年设计、1957年试制。22型餐车两端各有一个密闭式通过台，采用201型转向架，自重54 t。1958年进行了减轻自重的改进设计。

22型客车改型有22A、22B、22C三型，三型车之间的区别主要在车体的材质上。22A型是长春客车厂（现为中车长春轨道客车股份有限公司，以下简称长客）生产的，广泛采用耐候钢，并在车厢平面布置上和内部装修上有较大改进。

22B型是在22型客车原型（碳素结构钢）的基础上车体结构广泛采用耐候钢，18、19、23、31型也为22型客车系列的车型。其中18、19型是供国际联运用的客车，车体长、宽及结构与22型客车基本相同，设有空调装置，采用UD2/UD3/UD4型转向架，构造速度为140 km/h，18型有硬卧车、软卧车；19型还有一些是高级软卧包厢。

23型客车（不包括餐车）是在22型客车基础上的改进型，车厢取暖方式为大气压式蒸汽取暖，该型车采用202、203或205型转向架，自重为43 t。

23型餐车是对22型餐车不合理的平面结构改进而成的，取消了通过台。

31型是市郊用车，只有YZ₃₁型硬座一种，其布局与地铁列车相仿，座位采用靠窗的两排长凳。车门位于两个转向架之间，不同于标准22型的两端车门。

3. 25型客车

25型客车是中国铁路第三代主型客车。25型客车是用于中国铁路车长25.5 m的铁路客车，有多个系列。20世纪90年代开始逐渐替代22型客车系列，用于干线长途列车和各大城市之间的特快列车，是中国铁路客车的主型产品。

25型客车最初于1967年开始试制生产，1967—1969年试制了车长25.5 m客车组，也就是"轻快稳"客车组，车体材质为低合金钢，采用KZ系列转向架，构造速度为160 km/h，各车均有空调，集中供电。因当时转向架技术不成熟，使用中出现不少问题。1978年铁道部再次要求研制车长25.5 m客车，新研制客车车体为无中梁，平直墙结构，材质是耐候钢，构造速度为160 km/h，发电车集中供电，于1980—1981年投入运用。1986年，铁道部下达25.5 m新型空调客车研制要求，使用206型转向架，构造速度为140 km/h，用于京广线列车。这批车由于不符合要求并不成功。1987年开始利用国外贷款以及国外技术制造集中供电空调客车。自1990年开始，根据铁路客车升级换代的要求相继研制生产了一系列的25型客车投入运营。

25型客车系列车体长25.5 m，车体宽度为3.105 m，车体高度为4.433 m，通过最小曲线半径145 m。25型客车车体为全焊接结构，由底架、侧墙、端墙和车顶组成。车体钢结构采用高强度、耐腐蚀的低合金钢（耐候钢）制成，车体结构系用无中梁无压筋薄壁筒形整体承载结构，其中底架、侧墙和车顶形成一个封闭筒形结构，承载特点为整体承载结构，底架采用无中梁结构。各型车（除部分25B型外）设有车顶单元式空调装置和电热装置，集中供电。安装单元式铝合金车窗，采用低磨耗、低噪声的风挡及橡胶风挡；端门为自动门；构造速度较高，有较好的舒适性和安全性；定员比21、22型客车有所增加，每一定员所占车辆自重降低。

25型客车系列除了最初试制性铁路客车以外，主要型号有25A型、25B型、25C型、25DT型（国产第一代200 km/h高速客车）、25G型、25Z型、25K型、25T型。

25型客车有硬座车（YZ）、软座车（RZ）、硬卧车（YW）、软卧车（RW）、餐车（CA）、空调发电车（KD）、行李车（XL）等种类，以及具有特别用途的试验车、轨道检查车等。

25型客车系列各型除基本车型外还设计制造有双层客车，车体长仍为25.5 m，宽3.105 m，高4.75 m，车底面距轨面高度为0.25 m；采用空气弹簧悬挂的转向架和盘形制动装置。双层客车客室分上、下两层，两端为单层（即中层），中层设置乘务员室和厕所及其他辅助室，上、下层与中层之间设有扶梯。硬座车定员186席，比25型硬座车多58席；软座车110席，比25型软座车多30席。此外，还研制了中长途双层卧车。双层25型空调客车最初于1989年起投入上海—南京间运营。

25A型客车是通过国际招标一次性生产的集中供电空调客车。1987年，铁道部利用衡广铁路复线建设日元贷款余额，国际招标采购168辆中国国内使用的车长25.5 m集中供电空调客车，其后由长客、唐山厂和南京浦镇车辆厂（现为中车南京浦镇车辆有限公司，以下简称浦镇厂）联合投标并中标。三家车厂根据国际投标合同技术条件规定，与英国合作试制，1989—1990年共制造168辆客车，也称为"168"客车。25A型客车车体采用耐候钢、无中梁、无加强压筋的薄壁筒型整体承载结构。车上设单元式空调机组，车辆编组由发电车集中供电。采用206型/209型（改进）转向架，构造速度为140 km/h，最大允许速度120 km/h。这批客车属于试验性质，采用进口高档材料和设备，制造成本比较高。车辆技术达到20世纪80年代国际水平，自1990年起25A型空调客车先后配属北京铁路局、郑州铁路局投入运营。25A型客车涂装主色调是橘红色和白色，与后来的25G型客车相似。

25B型客车是普通的升级换代车。1991年，在168辆25A型客车试制和应用成功后，铁道部再次提出生产"升级换代产品25.5 m空调和非空调客车"的要求。长客在25A型客车的基础上同时研制了不带空调的25B型客车和25G型空调客车。25B型客车的设计技术条件均与25A/G型相同，但25B型的硬座车、硬卧车和软座车取消了空调装置，仅在软卧车和餐车安装了空调，其电力来源为车底的自带柴油发电机，并非像25A/25G型采用发电车集中供电。25B型整车采用耐候钢板，无中梁、无压筋的筒型整体承载结构，铝合金上半开式车窗，折页式车门。采用209T/206G型转向架，构造速度为140 km/h，最大允许速度是120 km/h。制造厂商包括长客、唐山厂、四方厂和浦镇厂。1993年首批25B型客车投入运行。中国铁路25B型客车涂装通常为绿色车身配黄色色带，如图1.39所示。

图 1.39　25B 型客车

25C 型客车是铁道部于 20 世纪 90 年代中期与韩国合作设计的用于广深铁路的高速客车，同时引进不锈钢车体的制造技术。1994 年签订合同，客车由长客和韩进重工业合作生产，在 1994—1995 年共制造 30 辆。韩进重工负责不锈钢车体的设计，长客负责提供 200 km/h 级别 CW-2A 型和 CW-1A 型高速转向架，设计最高运行速度为 200 km/h，是中国首次在铁路客车上使用鼓形车体结构，是当时中国唯一的 200 km/h 级别高速客车车厢。当时是中国最先进的铁路客车，采用自动感应控制门，气密式风挡，发电车装有全车故障自检监控系统。在实际使用中发现转向架在高速运行时的构架强度不足，所以运行时最大运行速度限制在 160 km/h，后来将所有 25C 型车厢速度标记为 140 km/h。25C 型客车在 1998 年配属给广州铁路集团并在广深铁路线运营。25C 型生产成本过高，因此之后并没有继续生产，25C 型客车外观如图 1.40 所示。

25G 型客车是 1991 年长客在 25A 型客车的基础上研制的。25G 型客车设计的技术条件与 25A 型相同，同样在车顶设置集中单元式空调装置，并使用空调发电车集中供电。25G 型在保证质量及性能前提下，将 25A 型客车组件国产化，降低了生产成本，采用 209T/206G/206P 型转向架。构造速度为 140 km/h，最大允许速度是 120 km/h。25G 型客车于 1992 年起生产，制造厂商包括长客、唐山厂、四方厂和浦镇厂。25G 型客车最早于 1992 年运用于京沪线直达特快列车。1994 年起，25G 型空调客车开始大规模生产并陆续替换原有的非空调列车。在历年生产中对转向架和车体作出过多次改进，例如带有盘式制动装置和电子防滑器的 209P 型转向架，改用机车供电系统、密闭式塞拉门、内翻式车窗、密封式风挡等。中国铁路 25G 型客车涂装主色调为橘红色和白色，俗称"红皮车"。图 1.41 所示为 25G 型客车。

图 1.40　25C 型客车　　　　　　　　图 1.41　25G 型客车

25Z 型客车最初是为广深铁路研制的铁路客车，主要用于中短途城际特快列车。25Z 型准高速客车的"Z"代表准高速，采用 206KP/206WP/CW-2/209HS 型转向架，构造速度为 160 km/h，最高试验速度达 183 km/h。由四方厂、长客和浦镇厂研制制造，在 1993—1996 年前后共生产了两批。由于 25Z 型客车没有进行统型，所以前后两批和各铁路局的 25Z 型客车都不完全相同。第一批 25Z 型客车在 1993—1994 年制造，运行在广深准高速铁路线上；第二批 25Z 型客车在 1996 年制造，配属给北京铁路局、上海铁路局和广深铁路股份有限公司。25Z 型客车各车种车内设施齐全，装有单元式空调机组、自动电茶炉、整体玻璃钢洗漱间和厕所、电子信息显示装置、有线及无线电话系统等。25Z 型客车由于设计存在缺陷，在高速运行时稳定性和转向架抗蛇行能力欠佳，后来所有 25Z 型车厢标记速度改为 140 km/h。25Z 型准高速客车是中国铁路的第一代准高速铁路客车，虽未普及使用，但其研制为后来大量生产的 25K 型客车积累了经验。图 1.42 所示为 25Z 型客车。

图 1.42　25Z 型客车

25K 型客车为中国铁路第一次大提速开始开行的特快列车车体。25K 型客车是 1996 年各客车厂根据铁道部要求而设计制造的快速客车，因为当时原有的 25B 型客车和 25G 型客车已不足以满足 1997 年中国铁路第一次大提速的需要。25K 型客车在 25Z 型准高速客车的基础上发展而成，构造速度为 160 km/h，并推广应用空气弹簧悬挂技术和盘式制动技术。25K 型客车于 1997 年开始生产，生产单位包括长客、唐山厂、四方厂和浦镇厂。25K 型客车使用 206KP/CW-2B/CW-1B 型转向架，实验时确实能达到车速 160 km/h 的标准，但这几种转向架的设计存在缺陷，导致后来问题频出，后来铁道部要求更换所有 206KP 为 SW-160。25K 型客车在实际运用中仍然限最高速度为 140 km/h。25K 型客车在历年生产中对转向架和车体作出过多次改进，例如在后期陆续改用密闭式塞拉门、内翻式车窗、密封式风挡等，后期装 CW-200 型、SW-220K 型转向架。25K 型客车最早于 1997 年运用于京沪线直达特快列车。2003 年新型的 25T 型客车开始投产，25K 型客车在同年年底停产。中国铁路 25K 型客车涂装大多为蓝色和白色配一道红线，如图 1.43 所示。

25T 型客车为中国铁路第五次大提速开始开行的直达特快列车客车，是为中国铁路进行第五次大面积提速而设计的，属于 25K 型客车的后继型号，吸收了多年来 25 型客车设计制造过程中的技术及运用经验，同时采用新的技术。1999 年，青岛四方-庞巴迪-鲍尔铁路运输设备有限公司（BSP）接获中国铁道部提速型铁路客车的订单，并展开研发工作。至 2002 年研制完成后进行大批量生产，但到 2004 年才定型为 25T 型，此前仍然称为 25K 型。采用了

AM96 型、CW-200K 型或 SW-220K 型转向架,构造速度为 180 km/h,最高运行速度为 160 km/h。车辆由 BSP、长客、唐山厂及浦镇厂等厂商制造。2002 年底第一批量产车配属上海铁路局。25T 型客车后来改为机车向客车供电,取消了空调发电车,改用密闭式塞拉门、折棚风挡、真空集便器,其外形如图 1.44 所示。

图 1.43　25K 型客车　　　　　　　　图 1.44　25T 型客车

25T 型客车分为普通型及青藏高原型。青藏高原型 25T 型客车主要为青藏铁路运行而设计,车辆采用航空气密技术及供氧装置等,与普通 25T 型的蓝白两色车身涂装不同,青藏高原型 25T 为墨绿色车身配两道黄线的涂装。

25DT 型客车是作为动车组中的拖车,"DT"意为"动车组拖车"。25DT 型车大多为实验性质动车组的拖车,其中一部分 25DT 型车是国产第一代速度 200 km/h 级别的高速铁路客车车型。25DT 型车不是一种标准的车型,25DT 型车没有进行统型,所以各厂商和各铁路局的 25DT 型车都不完全相同。长客、唐山厂、浦镇厂和四方厂均造过各式各样的 25DT 型车,技术指标各不相同。25DT 型车为满足高速客车空气动力学要求,车体高度较一般 25 型客车低,且车体下部设计有裙板,车下为全包设计。

25DT 型客车除基本车型外还设计制造有双层客车。

中国铁路运营的一些实验性的动车组采用了 25DT 型动拖车,如"中华之星""长白山"的 25DT 型车是最新式的,外形类似 ICE1/2 的拖车;"蓝箭""中原之星"的 25DT 型车在外观上比较传统一些,"先锋"的 25DT 型车则更接近传统的 25 型客车;其他国产"动车组",如"北亚""曙光""金轮"等动拖车都是 25DT 型客车。

1.2.5　货　车

新中国成立后铁路货车的设计和制造,向着吨位由小到大,品种由少到多,并行通用与专用相结合,逐步增加专用车比重的方向发展。

1) 敞　车

敞车是指具有端壁、侧壁、地板而无车顶,向上敞开的货车,主要供运送煤炭、矿石、矿建物资、木材、钢材等大宗货物用,也可用来运送重量不大的机械设备。若在所装运的货物上蒙盖防水帆布或其他遮篷物后,可代替棚车承运怕雨淋的货物。因此,敞车具有很大的通用性,在货车组成中数量最多,约占货车总数的 50% 以上,主型通用敞车有 C_{61}、C_{62}、C_{62A}、C_{62B}、C_{64K}、C_{70}、C_{70B}、C_{70H}、C_{76H}(大秦线编组列车)等。

敞车按卸货方式不同可分为两类:一类是适用于人工或机械装卸作业的通用敞车;另一

类是适用于大型工矿企业、站场、码头之间成列固定编组运输，用翻车机卸货的敞车。

在 20 世纪 50 年代初期，中国自己设计了铆接结构、载重为 30 t 的 C_1 型敞车（见图 1.45），以后又制造了一批结构与 C_1 型类似的载重 40 t 的 C_6 型敞车。

图 1.45　C_1 型敞车

1952 年，在 C_1 型的基础上设计了载重 50 t 的 C_{50} 型敞车，从 1953 年试制投产后，一直生产到 1976 年。C_{50} 型通用敞车是一款已经退役的敞车，其特点是车身侧墙大量使用木质挡板，且曾经大量地使用过。由于敞车可分为高边敞车和低边敞车，而 C_{50} 是高边敞车，这种车辆被铁路路内人士称为"高边车"，如图 1.46 所示。

1958 年后，设计生产了载重为 60 t 的 C_{60} 型敞车。1959 年，在总结 C_{60} 型的基础上设计了 C_{13} 型，1965 年设计 C_{65} 型，1966 年投入批量生产。在此期间，在 C_{62} 型的基础上设计了侧墙和端墙都是木结构的 C_{62M} 型敞车，并大批生产。1979 年，为了节省木材，又在 C_{62M} 的基础上，设计了载重 60 t、容积 71.6 m³、构造速度为 100 km/h 的全钢 C_{62A} 型敞车。C_{62A} 的最大特点是采用了滚动轴承轮对，提高了运行速度。1984 年以后，改用耐候钢焊接结构，改称 $C_{62A(N)}$ 型敞车。

1988 年大秦铁路一期工程开通后，专门制造了运用于翻车机自动卸煤的 C_{63} 型敞车，后经过改进，定型为 C_{63A} 型，如图 1.47 所示。后来又设计制造了用于重载运输的 CX_1 型敞车和 CX_2 型低动力作用大型敞车。这几种敞车都采用了可以旋转的车钩，在进入翻车机后，车厢可旋转 180° 而自动将煤卸下。1999 年，为了适应焦炭运输需要，设计制造了 C_{64A} 型专用敞车，载重虽然还是 60 t，但容积增加到 91.3 m³，车辆长 13.948 m，更适宜装运较长的定尺寸货物和密度较小的货物，如图 1.48 所示。在 C_{64} 型的基础上，设计制造了 C_{64JC} 型加长敞车，该车全长 13.948 m，比标准的 C_{64} 型敞车加长了 510 mm，可装运煤炭、矿石、建材、机械设备和集装箱等，还可装运长 12.8 m 以下的定尺木材和钢材，扩大了现有敞车的运用范围。

图 1.46　C_{50} 型敞车　　　　　　　　　图 1.47　C_{63A} 型敞车

为了适应铁路货运重载的发展需要,我国研制了 C_{70} 型敞车。其车体为全钢焊接结构,由底架、侧墙、端墙、车门等部件组成,主要型钢和材料均采用 Q450NQR1 高强度耐候钢,采用转 K6 型转向架或转 K5 型转向架,主要用于装运煤炭、矿石、建材、机械设备、钢材及木材等货物的通用铁路车辆,除能满足人工装卸外,还能适应翻车机等机械化卸车作业,并能适应解冻库的要求。

1998 年,中国铁路设计制造了载重 76 t,有效容积为 82 m³ 的 C_{76C} 型全钢浴盆运煤专用敞车,与美国合作研制了铝合金浴盆运煤专用敞车。C_{76C} 型全钢浴盆运煤专用敞车是由齐齐哈尔车辆厂(现为中车齐齐哈尔轨道交通装备有限责任公司,以下简称齐厂)研制开发,主要用于标准线上运输煤炭,能与秦皇岛四期码头的拔车头、列车定位和三车翻车机相配套,可实现重载运输不摘钩连续翻钩作业,如图 1.49 所示。

图 1.48　C_{64} 型敞车　　　　　　　　图 1.49　C_{76C} 型敞车

C_{80} 型铝合金运煤敞车是大秦线 2 万吨重载列车运输煤炭用的专用敞车,该车能与秦皇岛煤码头的三、四期翻车机及附属设备相匹配,实现不摘钩连续翻卸作业;并能适应环形装车、直进直出装车、解体装车作业及运行时机车动力集中牵引要求。该车车体为双浴盆式、铝合金铆接结构,主要由底架、浴盆、侧墙、端墙和撑杆等组成。其中,底架(中梁、枕梁、端梁)为全钢焊接结构;浴盆、侧墙和端墙均采用铝合金板材与铝合金挤压型材的铆接结构;浴盆、侧墙、端墙与底架之间的连接采用铆接结构;空气制动装置主要包括 1 个 120 型控制阀、2 个 8″×10″ 整体旋压密封式制动缸、两套 ST2-250 型双向闸瓦间隙自动调整器、直端球芯塞门、KZW-4G 型或 TWG-1 型无级空重车自动调整装置、新型高摩合成闸瓦、不锈钢管系及配件,手制动装置采用 NSW 型手制动机。车辆的 1 位端安装 E 级钢 16 号联锁式转动车钩或符合 AAR 标准的 F 型转动车钩,2 位端安装 E 级钢 17 号联锁式固定车钩或符合 AAR 标准的 F 型固定车钩;采用配套的 E 级钢钩尾框、MT-2 型缓冲器或其他大容量缓冲器,采用转 K6 型转向架。图 1.50 所示为 C_{80} 型敞车。

图 1.50　C_{80} 型敞车

2）棚　车

棚车是有侧墙、端墙、地板和车顶，在侧墙上开有滑门和通风窗的铁路货车。它是铁路货车中的通用车辆，用于运送怕日晒、雨淋、雪侵的货物，包括各种粮谷、日用工业品及贵重仪器设备等。一部分棚车还可以运送人员和马匹。棚车约占货车总数的20%。

中国旧有的棚车都是外国货，车型多达八十余种。这些车辆结构复杂，载重量绝大多数是30t的小型车，很不适应铁路运输的发展需要。P_3型棚车为钢架单层木墙结构，它是建国初期设计的载重为30 t的棚车，1951—1953年由大连厂、齐厂批量生产，该型车有两个滑动侧门、四扇翻转式车窗。为减少杂型车种，原P_{31}型棚车已合并为P_3型棚车，它与P_3型棚车的主要区别是无车窗。随着货车向高速重载发展，该车已全部被淘汰。图1.51所示为P_3型棚车。

图 1.51　P_3型棚车

从1953年起，中国开始制造载重50 t、容积100 m³，车体为全钢结构的P_{50}型棚车，后经过改进，成为当时的主型车。P_{50}型棚车是原铁道部厂务局于1952年参考P_1型棚车而设计的全钢棚车。P_{50}型除了可以装运各种免受雨雪的粒状、箱装及贵重物品外，车内还设有床托、灯钩、烟囱口等，可供运送人员之用；另有拴马环、拦马杆托等设备，以供装运马匹用。到1995年年底该车已全部被淘汰，图1.52所示为P_{50}型棚车。

图 1.52　P_{50}型棚车

1958年后设计制造了载重60 t、容积为120 m³的新型P_{13}型棚车，具有自重轻、载重大、结构牢固、外形美观等优点。为了适应散装货物装卸，该型车在车顶上设有装货口，侧壁下角设有卸货口。以后又生产了与P_{13}型基本相同但取消了装卸口的棚车，改型为P_{60}型。为了适应货物装卸作业机械化的要求，1974年又批量生产了3 m宽车门的P_{61}型棚车，载重60 t、容积120 m³。1980年设计制造了P_{62}型棚车，20世纪90年代后生产了P_{63}、P_{64}、P_{64A}型棚车。1998年生产的P_{64A}型棚车，自重25 t，载重75 t，有效容积82.3 m³，车长13.938 m；1999年生产的P_{64A}型棚车，自重提高到25.9 t，载重58 t，有效容积135 m³，车长为16.438 m。图1.53所示为P_{64A}型棚车。

图 1.53　P_{64A}型棚车

值得一提的是P_{65}型行包快运棚车，该车采用了大圆弧形车顶结构、新型结构车门、PVC内衬板等新结构、新材料，以及引进美国下交叉支撑技术的转K2型转向架或我国自行研制的中交叉支撑技术的转K1型转向架。制动系统采用10英寸旋压密封制动缸、高摩合成闸瓦和KZW-4G型无级空重车调整装置。该车容积135 m³，当载重45 t时，运行速度120 km/h；当载重58 t时，运行速度100 km/h，最高试验速度达到138 km/h，如图1.54所示。

图 1.54　P_{65}型行包快运棚车

为了适应铁路货运重载的发展需要，我国研制了P_{70}型棚车。该车采用全钢焊接结构，主要由车体、车钩缓冲装置、制动装置及转向架等组成。车体由底架、侧墙、端墙、车顶、车窗、侧开门等组成。底架主要型钢、板材采用Q450NQR1高强度耐候钢材质。底架上铺设30mm竹材层压板，端、侧墙及车顶设有内衬。该车主要用于运输需避免受日晒、雨雪侵袭的包装、袋装及各种箱装货物，能适应叉车等机械化设备装卸作业。

此外，我国还生产过P_1、P_{61}和P_{38}米轨棚车。

3）罐　车

罐车是车体呈罐形的车辆，用来装运各种液体、液化气体和粉末状货物等。

罐车按用途可分轻油类罐车、黏油类罐车、酸碱类罐车、液化气体类罐车和粉状货物罐车；按结构特点可分为有空气包和无空气包罐车，有底架和无底架罐车，上卸式和下卸式罐车等。

在轻油类罐车中，我国在20世纪50年代初期只能生产载重25 t，有效容积仅为30.5 m³的G_3型轻油罐车。1953年设计制造了载重50 t、有效容积51 m³的G_{50}型全焊结构轻油罐车，如图1.55所示。1965年开始制造的有效容积77 m³、载重63 t的G_{19}型无底架轻油罐车。1967年设计制造的有效容积60 m³、载重52 t的G_{60}型轻油罐车。

图1.55　G_{50}型罐车

在黏油类罐车中，有1951年生产的载重30 t、总容积为37 m³的G_4型黏油罐车；1959年批量生产的G_{12}型黏油罐车，载重50 t，总容积52.5 m³；1966年批量生产的G_{17}型黏油罐车，载重52 t，总容积62.1 m³等。

在酸碱类罐车中，有1954年开始生产，1958年改进设计的G_{10}型浓硫酸罐车，载重50 t，总容积28.5 m³；1967年设计制造的G_{11}型酸碱罐车，载重65 t，总容积38.3 m³。其他类型罐车还有1969年开始制造的GL型沥青罐车，载重50 t，总容积51.76 m³；1976年设计试制的GQ型液化气体罐车，载重50 t，总容积110 m³，罐体呈鱼腹形，如图1.56所示。

目前，中国的罐车主要车型有G_{16}型无底架轻油罐车，容积52.5 m³；G_{60A}无底架轻油罐车，容积62.09 m³；G_{70}新型轻油罐车，容积70 m³；T_{85}新型液轻罐车，容积85 m³；GH_{40}型液化石油气罐车，容积96 m³；GF玻璃钢罐车，专供装运盐酸，容积50 m³；GLB沥青（保温型）罐车，载重58 t等。图1.57所示为GF玻璃钢罐车。

图1.56　GQ型液化气体罐车　　　　图1.57　GF玻璃钢罐车

4）平　车

平车主要用于运送钢材、木材、汽车、机械设备等体积或重量较大的货物，也可借助集装箱运送其他货物。平车还能适应国防需要，装载各种军用装备，且装有活动墙板的平车也可用来装运矿石、沙土、石渣等散粒货物。中国铁路的平车约占货车总数的12%。平车因没有固定的侧壁和端壁，故作用在车上的垂直载荷和纵向载荷完全由底架的各梁承担，是典型的底架承载结构。中国自行设计和制造了多种平车，从结构上来分主要有平板式和带活动墙板式两种，车型主要有N_{12}、N_{60}、N_{16}和N_{17}等多种，载重都是60 t。

N系列的平车1950年就开始生产，如N_1型，1952年生产了一批载重40 t的N_4型平车。N_6型载重为60 t、底架长度为12.5 m。以后N_6型经过改进，定型为N_{60}型，于1955年开始生产。

1956年开始生产N_{12}型平车，载重60 t。自1966年起开始大批量生产N_{16}型平车，该型车的特点是：底架上铺设70 mm厚的木地板，车两端具有全钢焊接的活动端壁板，克服了木质端板强度不足的弱点，放倒后可作渡板，供所运机动车辆自行装卸。

1970年，设计试制集重能力较大、能装运较重预应力钢筋混凝土桥梁的N_{17}型平车。该车型的活动侧壁板数量较多，全车共有12块，可以使开闭轻便。侧壁板采用锁铁式锁闭机构，使其处于垂直位置能紧密关闭，放下时不会产生晃动，如图1.58所示。

图 1.58　N_{17}型平车

1998年制造的NX_{17A}型平车-集装箱两用平车（也称XN_{17A}型）既保留原N_{17A}型平车的基本结构形式，又能适应市场需求，提高车辆适应性和利用率。目前该车可按平车用，均布装载60吨；又可按集装箱平车用，装运1个箱重30.48 t或2个箱重24 t或5个箱重10 t集装箱。

今后将继续开发平车-集装箱两用车，逐步淘汰单一用途平车，优化既有平车-集装箱两用车结构，增大车辆地板面积，降低车辆自重系数，使载重量达到65 t以上。研究运行速度提高后，侧向力对集装箱及车辆运行安全的影响；研究自动锁定锁头、竹木复合地板在平车上的应用。

5）保温车

保温车（又叫冷藏车）是运送鱼、肉、鲜果、蔬菜等易腐货物的专用车辆。这些货物在运送过程中需要保持一定的温度、湿度和通风条件，因此保温车的车体装有隔热材料，车内设有冷却装置、加温装置、测温装置和通风装置等，具有制冷、保温和加温3种性能。保温车车体外表涂成银灰色,以利阳光反射,减少辐射热。我国自制的保温车有冰箱保温车和机械保温车两大类。

冰箱保温车可分为车端冰箱式和车顶冰箱式两种,这两种保温车的区别在于冰箱设置位置和车内空气循环方向不同。

机械保温车按结构分为单节机械保温车和机械保温车组(包括机冷货物车和机冷发电车)。

机械保温车按供电和制冷方式又可分为三大类:① 集中供电、集中制冷的车组:全列车由发电车集中供电,制冷车集中制冷,采用氨作制冷剂,盐水作冷媒;② 集中供电、单独制冷的车组:由发电车集中供电,每辆机冷货物车上装有制冷设备单独制冷,采用氟利昂作冷媒,强迫空气循环;③ 单节机械保温车:每辆车上均装有发电和制冷设备,可以单独发电和制冷,也可使用集中供电的电源。

中国铁路的保温车型号主要有:冰箱式保温车 B_{11}、B_{14}、B_{16}、B_{17} 和机械保温车 B_{18}、B_{19}、B_{21}、B_{23} 等。图 1.59 为 B_{23} 型机械保温车。

BSY 型四节式冷冻板保温车组是一种新型的运输易腐货物的专用车辆,由三辆货物车和一辆带乘务员室的车组成。车组利用地面制冷设备制冷,给车顶部盛蓄冷剂的容器(即冷冻板)"充冷",故称冷冻板保温车。每辆货物车有 14 块冷冻板,车内温度保持在 −18 ℃ 以下时,可连续运行 100 h。车上还设有调温板,车内温度可在 −12 ~ +5 ℃ 调节。图 1.60 所示为 BSY 型四节式冷冻板保温车组。

图 1.59 B_{23} 机械保温车

图 1.60 BSY 型四节式冷冻板保温车组

1.3 我国动车组的发展历程

我们通常看到的旅客列车,其动力装置都集中安装在牵引机车上,在牵引机车后面挂着许多没有动力装置的客车车厢。如果把动力装置分散安装在每节车厢上,使其既具有牵引动力,又可以载客,这样的客车车辆便叫作动车,带动车的旅客列车就称为动车组。带动力的车辆叫作动车,不带动力的车辆叫作拖车。

我国动车组的发展历程

动车组有两种牵引动力的分布方式,一种叫动力集中,一种叫动力分散。动力集中式动车组一般由两端的动车和中间的拖车组成;也可由一端为动车、中间为拖车,而另一端为控制车(即带司机室的拖车)的组成。一般动车不载客。动力分散式动车组可以全部由动车组成,也可由一个或数个动力单元组成。每个动力单元由动车和拖车组成。动车组两端必须设置带司机室的动车或拖车,动力分散式动车组中动车设有客室。

动车组按动力源可以分为电动车组和内燃动车组。

动车组适用于小编组、大密度的客运组织形式,发车时间间隔短,在短途和市郊运输中有竞争力。结构上较"机车+客车"形式简单,可实现机辆一体化检修作业,从而简化和方便检修。起动、加速快,制动距离短,尤其在站间距离短、多坡道线路上可提高旅行速度。

为了适应铁路客运高速化发展的需要,我国研制了一系列内燃、电力动车组。为后来的"引进、消化、吸收、再创新"道路奠定了基础,为实现我国铁路跨越式发展积累了技术和经验。

1.3.1 内燃动车组

内燃动车组主要用于非电气化铁路短途客运,也可用于非电气化干线城间客运。

内燃动车组有以下优点:与汽车比较,载客量大、能耗低、乘坐舒适性高、旅行速度快、安全、运营成本低、对环境污染小;与机车牵引的旅客列车比较,可穿梭运行,在单线上折返换向时间短,运行快捷,运用灵活。

我国内燃动车组的研制发展情况:

1958年,四方厂曾研制过"东风号"双层摩托动车组,由两辆摩托头车(东风号600马力液力传动内燃动车)和4辆东风号双层客车组成,曾在北京—天津间运行(见图1.61)。

随着改革开放和市场经济的发展,根据客运新形势和市场竞争的需要,应铁路局的要求,唐山厂于1998年5月研制了全双层内燃动车组,用于南昌—九江间短途客运,并命名为"庐山"号,如图1.62所示。

图1.61 东风号双层摩托动车组　　图1.62 "庐山"号动车组

四方厂于1999年初,又研制出NYJ$_1$型单层内燃动车组,运用于南昌—九江、南昌—赣州间。该动车组在南昌有2组,后来又和长客一起生产了7组,运用于哈尔滨铁路局,命名为"北亚"号,如图1.63所示。

1999 年 8 月，戚厂和浦镇厂联合研制了"新曙光"号 NZJ$_1$ 型准高速双层内燃动车组，10 月在沪宁线上投入商业运营，如图 1.64 所示。

图 1.63　"北亚"号动车组　　　　图 1.64　"新曙光"号动车组

2000 年 10 月大连厂、长客、四方厂研制的 4 组"神州"号 NZJ$_2$ 型双层内燃动车组，在天津—北京间投入运营，如图 1.65 所示。

2001 年 5 月四方厂、大连厂还共同为兰州局研制开发了 4 列 NZJ$_2$ 型内燃双层动车组（俗称"子弹头"），于 7 月在兰州—西宁间投入运用，命名为"金轮"号，编组为 2 动 6 拖（2M6T），如图 1.66 所示。

图 1.65　"神州"号动车组　　　　图 1.66　"金轮"号动车组

2003 年，唐山厂和浦镇厂共同为三茂铁路研制了 160 km/h 的内燃液力传动摆式动车组，如图 1.67 所示。

2008 年，按照铁道部要求，由戚厂与浦镇厂联合研制了"和谐长城"号 NDJ$_3$ 型奥运旅游观光内燃动车组，成为北京奥运一道亮丽的风景线。NDJ$_3$ 型内燃动车组采用旅游客车设计，以头尾每端各一台内燃机车牵引，编组为 2M7T，共有四组列车。全配属北京铁路局，行走北京城市铁路 S2 线，来往北京北与八达岭延庆站之间，如图 1.68 所示。

此外，我国的内燃动车组还有四方厂制造的内燃液传动车组"晋龙"号、柳州局公务动车组、沈阳局 200 km/h 公务综合检测动车组等。

图 1.67 摆式动车组 　　　　　　图 1.68 "和谐长城"号动车组

1.3.2 电动车组

电动车组按动力配置方式可以分为动力分散电动车组和动力集中电动车组。

动力分散电动车组的优点是：动力装置分布在列车不同的位置上，能够实现较大的牵引力，编组灵活。由于采用动力制动的轮对多，制动效率高，且调速性能好，制动减速度大，适合用于限速区段较多的线路。另外，列车中一节动车的牵引动力发生故障对全列车的牵引指标影响不大。动力分散的电动车组的缺点是：牵引力设备的数量多，总重量大。动力集中的电动车组也有其优点：动力装置集中安装在 2～3 节车上，检查维修比较方便，电气设备的总重量小于动力分散的电动车组。动力集中布置的缺点是动车的轴重较大，对线路不利。

我国电动车组的研制发展情况：

除地铁电动车组外，作为地上运用的电动车组，我国曾花费近十年时间，于 1985 年由长客、株所和中国铁道科学研究院（以下简称铁科院）试制完成了 KDZ_1 型速度为 140 km/h 的动力分散式 2M2T 为一组的电动车组。原计划列车为 7 单元编组，每单元由 1 辆动车和 1 辆拖车组成，用于干线城际中短距离客运，但未投入商业运营。图 1.69 为 KDZ_1 动车组。

为迎接昆明"世博会"的召开，于 1999 年 3 月，长客、株所、昆明局联合研制了速度 120 km/h 的"春城"号动力分散型交流传动电动车组。于当年 5 月在"世博会"期间正式投入商业运营。图 1.70 所示为"春城"号动车组。

图 1.69 KDZ_1 型电动车组 　　　　　　图 1.70 "春城"号动力分散型电动车组

作为"九五"国家重点科技攻关项目，1999年5月，由株电、长客、四方厂、唐山厂、浦镇厂等单位共同完成了"大白鲨"号速度200 km/h的动力集中型交直传动电动车组的研制，当年10月在广深线上投入商业运营，如图1.71所示。

为适应广深客流量日益增长的需要，应广深铁路有限公司的要求，于2000年12月由株电、长客、株所共同研制开发的速度200 km/h的交流传动高速电动车组，即"蓝箭"号动车组，在广深线上投入运营。图1.72所示为"蓝箭"号动车组。

图1.71 "大白鲨"号电动车组   图1.72 "蓝箭"号电动车组

"蓝箭"动车组自2000年9月竣工后，先后在铁科院环形试验线和广深准高线全面、深入开展了安全评估试验，包括动车组性能试验、道岔和桥梁试验、列车控制系统试验。试验最高速度达235.6 km/h。2001年1月4日，铁道部科教司组织召开了运行安全审查会，经与会专家的评议，同意"蓝箭"动车组在广深线以200 km/h的速度投入商业运营。该动车组曾每天在广州—深圳间开行4个往返，运行里程1 100多千米，运营状态良好，并成功经历了繁忙春运的考验，受到各界好评。交流传动技术、流线型外形和航空式内装修、超轻量化的车体结构、小轮径半体悬全悬挂动力转向架、分布式控制与通信系统等高新技术在"蓝箭"动车组的成功应用，无不显示出中国铁路制造业与国际接轨的实力。

作为"九五"国家重点科技攻关项目，"先锋"号速度200 km/h动力分散型交流传动电动车组，于2000年12月由浦镇厂、长客、大同厂、永济电机厂、铁科院、上海铁道学院、长沙铁道学院等单位联合完成研制，如图1.73所示。

图1.73 "先锋"号电动车组

2001年11月，由四方厂、株电、株所、郑州铁路局联合研制的"中原之星"，具有完全自主知识产权的设计速度为200 km/h的交流传动动力分散型电动车组，在郑州—武昌间投入运营。图1.74所示为"中原之星"动车组。

图1.74 "中原之星"电动车组

2002年，在"九五"国家科技攻关项目——交流传动动力车和国产化交流传动客运电力机车的基础上，由中国铁路机车车辆工业总公司组织，大同厂和株电联合研制出速度达270 km/h的2M9T编组的动力集中型高速动车组（称"中华之星"）。2002年11月27日，"中华之星"在秦沈客运专线综合试验中，成功创造了中国铁路当时的最高速度321.5 km/h（该纪录直到CRH_2在2008年4月24日于京津客运专线上进行高速测试时才被打破），并由此获得"中国铁路第一速"的美誉。图1.75所示为"中华之星"动车组。

此外，长客自主开发研制了200 km/h速度等级的动力分散型电动车组（"长白山"号）。每列9辆编组，2M1T为一个动力单元。"长白山"号动车组于2005年4月参加了"京秦线提速200 km/h列车交会综合试验"，2005年5月参加了"遂渝线200 km/h提速综合试验"，各项性能指标满足技术条件要求，并于2006年年底正式交付沈阳铁路局。图1.76所示为"长白山"号电动车组。

图1.75 "中华之星"电动车组　　　　图1.76 "长白山"号电动车组

虽然我国自主研制了上述多种动车组，但许多核心技术仍未成熟，列车性能不能满足经济高速发展及高速旅客运输的要求。2004年，国务院及铁道部确定了推进铁路技术装备现代化"引进先进技术、联合设计生产、打造中国品牌"的方针。对速度200 km/h以上的高速列车引进整体技术，通过南北车集团各个工厂"消化、吸收、再创新"，打造具有自主知识产权的"和谐号"系列动车组，并成功上线运营。

中国高速列车技术发展大致以三代产品的成果形式呈现在世人面前。第一代主要是引进消化吸收。在此阶段，即2004—2007年，通过引进消化吸收，中国掌握了速度200～250 km/h的高速列车制造技术，代表性车型包括CRH1型、CRH2型系列、CRH3型、CRH5型等高速列车；第二代中国高速动车组的代表车型为CRH380系列，主要包括CRH380A型、CRH380B型、CRH380C型、CRH380D型4种，是在掌握200～250 km/h高速列车技术的基础上，自主研制生产的速度350 km/h及以上的高速列车，这一代高速列车是高新技术的系统集成，将融合交流传动技术、复合制动技术、高速转向架技术、减阻降噪技术等一系列最新科研成果，实现了众多技术创新与系统优化。标志着中国高速列车技术达到世界先进水平。

第三代产品指研制以自主化为标准、以标准化为前提、以需求为牵引来开展的，通过正向设计而创新研制的"中国标准"动车组（CEMU），2017年6月25日，中国标准动车组被正式命名为"复兴号"，是中国自主研发、具有完全知识产权的新一代高速列车，它集成了大量现代国产高新技术，牵引、制动、网络、转向架、轮轴等关键技术实现了重要突破。复兴号动车组目前有CR400、CR300、CR200三个系列，CR是"China Railway"的缩写，即"中国铁路"的英文简写，数字400、300、200是指速度等级，复兴号已经形成速度160～350km/h的全系列动车组，400指运营速度350 km/h，300指运营速度250 km/h，200指运营速度160 km/h。复兴号动车组是中国科技创新的又一重大成果，中国高铁正在加快步伐走向海外。

第 2 章

高速铁路及高速列车概况

高速铁路，简称高铁，是指设计标准等级高、可供列车安全高速行驶的铁路系统。其概念并不局限于轨道，更不是指列车。高铁在不同国家、不同时代以及不同的科研学术领域有不同规定。中国国家铁路局颁布的《高速铁路设计规范》文件中将高铁定义为新建设计速度为 250 km/h（含）至 350 km/h（含），运行动车组列车的标准轨距的客运专线铁路。中国国家发改委将中国高铁定义为速度 250 km/h 及以上标准的新线或既有线铁路，并颁布了相应的《中长期铁路网规划》文件，将部分速度 200 km/h 的轨道线路纳入中国高速铁路网范畴。2017 年 12 月 1 日，《公共服务领域英文译写规范》正式实施，规定高速动车组标准英文名为 G-Series High-Speed Train。2020 年 10 月 21 日，"先进轨道交通"重点专项 400 km/h 跨国互联互通高速动车组在中车长春轨道客车股份有限公司下线。截至 2023 年年末，全国铁路营业里程达到 15.9 万千米，其中高速铁路 4.5 万千米；2023 年，投产新线 3 637 千米，其中高铁 2 776 千米。

高速列车，又称高速火车，是指能以高速度持续运行的列车，最高行驶速度一般要达到 200 km/h 之上。高速列车属于现代化的高速交通工具，是火车顶尖科学技术的集中体现，可以大幅提高列车旅行速度从而提高火车运输效率。高速列车快捷舒适、平稳安全、节能环保，深受当代人们的欢迎，世界各国都大力支持用新型高速列车来满足日益增长的出行需求。

高速列车是车、高速铁路是路，两者虽然紧密相关但不是同一概念。只要铁路系统和列车系统相互兼容，高速列车就能在相应线路上运行。在中国，高速列车既能在高速铁路上行驶，也能在快速铁路、城际铁路和普通铁路上行驶（电力高速列车只能在电气化铁路区间行驶）。高速列车在不同等级的铁路线上，可开行的最高车速会有所差异，主要取决于该段铁路系统的设计速度范围。如珠海开往潮汕的高速列车的速度在广珠城轨线上不超过 200 km/h、在广深高铁线上可超过 300 km/h、在厦深快铁线上不超过 250 km/h。

学习目标

1. 了解世界各国高速铁路的发展历史和现状。
2. 了解世界各国高速列车的发展历史和现有车型。
3. 了解当今世界主要高速列车研发商和制造企业。
4. 熟悉我国高速铁路发展的技术特点和创新成果。
5. 了解我国和谐号和复兴号动车组的发展历程和未来发展趋势。

2.1 高速铁路总述

自 1964 年世界上第一条高速铁路（东海道新干线）在日本开通以来，世界高速铁路从无到有，相继在德国、法国、中国等得到迅猛发展，高速铁路技术也日新月异。经过 60 年的发展，目前世界上有 11 个国家开通高铁，已形成各高速铁路强国鼎立之势。中国、日本、德国、法国、西班牙、意大利等的高速铁路技术处于世界先进之列，其中中国高速铁路运营里程截至 2023 年末已达到 4.5 万千米，位居世界第一。

高速铁路总述

2.1.1 高速铁路与高速列车定义

高速铁路是个相对的概念，高速铁路的"高速"也是不断发展变化的。迄今为止，对于高速铁路的定义主要有如下 3 种：

（1）1970 年 5 月，日本政府"第 71 号法令"规定：列车在主要区间能以 200 km/h 及以上的速度运行的干线铁路为高速铁路。

（2）1985 年 5 月，联合国欧洲经济委员会在日内瓦签署的国际铁路干线协议中规定：列车最高运行速度达到 300 km/h 及以上的客运专线或最高速度达到 250 km/h 及以上的客货混用线为高速铁路，即"客运专线 300 km/h，客货混线 250 km/h"。

（3）1986 年国际铁路联盟（UIC）规定：最高速度达到 250 km/h 及以上，或既有线改造达到 200 km/h 及以上的铁路称为高速铁路。

随着科学技术的进步，高速铁路的定义还可能发生变化。当今世界上常用的铁路速度等级划分如下：100～120 km/h 为常速；120～160 km/h 为中速；160～200 km/h 为准高速（或称快速）；200～400 km/h 为高速；400 km/h 以上为超高速。

按照上述划分方法，对运行在这些速度等级线路上的列车亦有相应的称呼。顾名思义，高速列车指的是以 200 km/h 及以上速度在线路上运行的列车。

2.1.2 高速列车的发展

1825 年，英国修建了世界上第一条具有现代意义的铁路，铁路运输相对于当时的主要运输方式——轮船和马车，在速度、运量及可靠性上呈现出明显的优势，得到了迅速的发展和推广，成为各国交通运输的骨干力量，对国民经济的发展作出了重要贡献。19 世纪后期至 20 世纪 30 年代，形成了铁路发展的第一个"黄金期"。发达国家研制各种动力驱动高速列车的激情高涨，1903 年 10 月 6 日德国一列试验用三相交流电动车组（Siemens & Halske 公司的 Drehstrom-Triebwagen）在 Marienfelde—Zossen 突破了 200 km/h，并于当月 28 日创造了 210 km/h 的轨道车辆速度纪录；此纪录一直保持到 28 年后的 1931 年 6 月 21 日，才由德国汽油驱动列车 Schienenzeppelin（见图 2.1）在柏林—汉堡以 230 km/h 的速度改写；1938 年 7 月 3 日，英国的 4-6-2 Mallard 蒸汽机车（见图 2.2）创造了速度 203 km/h 的蒸汽机车世界纪录。进入 20 世纪 40 年代后，随着交通运输进入现代化、多样化的阶段，铁路受到了公路、航空等其他运输方式的挑战，铁路在速度和灵活多样上不再具有优势，长途受到航空运输的排挤，短途几乎被汽车运输取代，铁路逐渐沦落为"夕阳产业"，在竞争中处于被动局面，这就迫使人们寻找铁路发展的新途径。人们逐渐意识到在客运方面提高铁路运行速度的重要性，必须通过提高列车运行速度才能把铁路发展推向新的阶段。

图 2.1　德国汽油驱动列车 Schienenzeppelin 　　图 2.2　英国 Class A4 4-6-2 4468 Mallard 蒸汽机车

为此，20 世纪 50 年代，德、法、日等国家先后开展了大量的有关高速列车的理论研究和实验工作。1954 年 2 月 21 日，法国 Alstom CC 7121 电力机车将保持了 23 年之久的 230 km/h 纪录再次提高到 243 km/h；一年后的 3 月 29 日，法国用两台 Jeumont-Schneider BB 9004 电力机车（见图 2.3）牵引 3 辆客车，试验速度达到了 331 km/h，创造了高速列车的新纪录。1964 年，世界上首条投入商业运营的高速铁路在日本诞生，运行速度达 210 km/h（在这之前的高速列车纪录均不是高速铁路专有线，而是在既有线上运行）。1965 年 6 月，距离新干线开通不到 1 年，联邦德国采用 E03 型电力机车（见图 2.4）牵引，率先在欧洲实现了 200 km/h 的载客运行。1973 年 6 月 11 日，英国 HST 最高试验速度达到了 230 km/h，创下了当时内燃机车速度的世界纪录，并且由于优良的性能和可靠性，使其至今依然活跃在英国的铁路网上，如图 2.5 所示。

图 2.3　法国 Jeumont-Schneider BB 9004 电力机车 　　图 2.4　德国 E03 型电力机车

图 2.5　英国 HST 高速内燃机车

各国在驱动技术方面也百花齐放，创造了各种世界纪录，如 1928 年 6 月 23 日德国火箭驱动火车创造了 280 km/h 的速度纪录；1966 年 7 月 23 日美国喷气式发动机列车 Budd Rail Diesel Car 创造了 296 km/h 的世界纪录；Alstom 法国制造的燃气轮列车 TGV001 于 1972 年创造了 318 km/h 的燃气轮列车世界纪录；1987 年 11 月 1 日英国 Class 43 内燃机车以 238 km/h 的速度载入了吉尼斯世界纪录大全。高速铁路技术在 20 世纪 60 年代进入了应用阶段。1964 年，成功实现商业运营的新干线为世界铁路发展树立了典范，世界铁路的客运发展进入了高速时代。1981 年，法国建成了最高运营速度为 270 km/h 的 TGV 东南线，它的修建开辟了一条以低造价建造高速铁路的新途径，它把高速铁路的发展推向了一个新的阶段。日本、法国的这两条高速线路不但是高速铁路不同发展阶段的标志，还以其明显的社会经济效益、先进的技术装备和优良的客运服务享誉世界。在日本、法国修建高速铁路取得成效的基础上，世界上掀起了建设高速铁路的高潮，德国、意大利、西班牙等国家相继发展了不同类型的高速铁路，且速度不断刷新。

2.1.3 世界各国高速铁路的发展

回顾高速铁路的发展过程，可以分为三个时期：首先是高速铁路初创时期，日、法、德等国开发并建成高速铁路；其次是高速铁路技术成熟时期，日本和欧洲一些国家提高和完善高速铁路技术，高速铁路成为成熟技术并已为更多的国家所掌握；第三是高速铁路的广泛发展时期，更多的国家与地区着手开发和建设高速铁路。

2.1.3.1 日本新干线

日本的东海道新干线于 1959 年开工建设，于 1964 年 10 月 1 日东京奥运会开幕前夕开通。该线路的成功运营，开创了世界上高速铁路的新纪元。"新干线"这个从 20 世纪 60 年代就作为一个国际通用专有名词为世人所知，指的是日本"在线路的主要区间列车以 200km/h 以上速度运行的干线铁路"，即高速铁路。从 1964 年 10 月 1 日 0 系高速列车投入东海道新干线高速铁路营业运行以来，日本新干线高速列车已发展了 40 多年，相继研制开发了 100 系、100N 系、200 系、EI（Max）系、400 系、300 系、500 系、700 系和 E 系列等高速列车，并为 21 世纪最高运行营业速度 300～350km/h 而开发了 WIN350、300X、STAR21 等 3 种高速试验列车。日本高速列车是在既有线旅客列车技术基础上逐步发展起来的。2002 年 12 月 1 日，东北新干线盛冈—八户新建标准新干线开通运营，东日本公司采用 E2 系 1000 型动车组，每列车由 10 辆编组（8M2T）。E2 系 1000 型动车组最高设计速度达到 315km/h，最高运行速度达到 275km/h，目前的新干线网络如图 2.6 所示。

2.1.3.2 法国高速铁路

作为世界铁路运输最为发达的国家之一，早在

图 2.6 新干线网络

1955年3月29日，法国就创造了电力机车牵引列车331km/h的试验速度纪录。1969年11月，法国成功研制了第一代ETG型燃气轮动车组，最高试验速度达到248km/h。1971年，法国政府批准修建TGV东南线(巴黎至里昂，全长417km，其中新建高速铁路线389 km)。1976年10月正式开工，1983年9月全线建成通车。

TGV是法文单词(Train à Grande Vitesse)的缩写，翻译过来是高速列车的意思。1981年，TGV高速列车在东南线南端部分投入运营，试验速度达到380km/h，商业运行速度达到270 km/h。1990年5月，TGV在大西洋线创造了515.3km/h轮轨系统高速行车的世界纪录。2007年4月3日，法国试验动车组V150创造了574.8 km/h的高速铁路试验速度新纪录。

LGV来源于法语ligne à grande vitesse(高速铁路线)的简写，如今法国拥有1 700 km的LGV，其中有三条线在建。法国高速铁路网主要包括东南线、大西洋线、北方线、东南延伸线（或称罗纳河—阿尔卑斯线）、巴黎地区联络线和地中海线等6个组成部分。它以巴黎为中心，向四周辐射覆盖了法国大部分城市。根据各线相对于LGV中心巴黎的方位，可将法国运营中、在建及规划LGV大致分为东西南北中5大方向，各LGV的分布情况如图2.7所示。

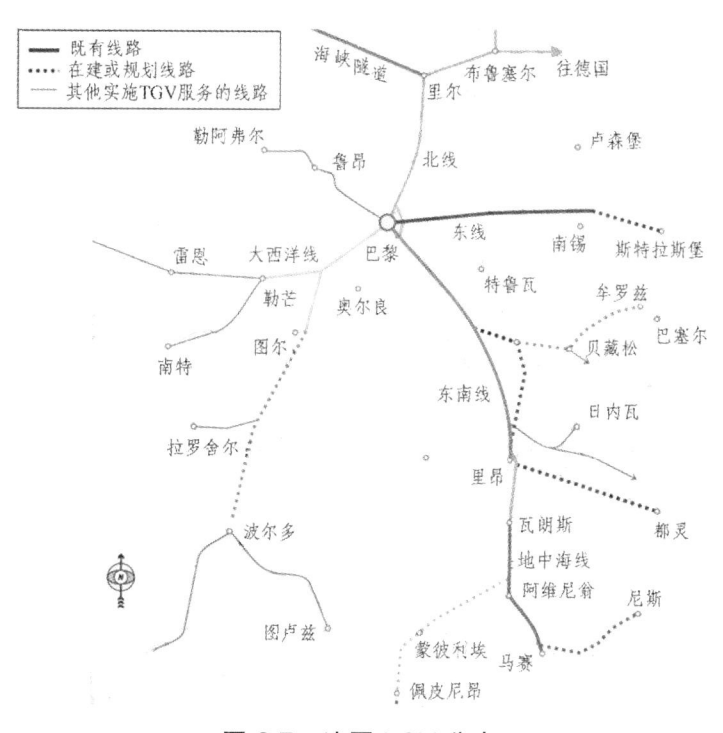

图2.7 法国LGV分布

2.1.3.3 德国高速铁路

早在1970年，原联邦德国政府技术研究部就开始组织对未来长途运输系统新技术的研究。1982年5月13日，原联邦德国铁路成立董事会，决定修建高速铁路。1985年，2动3拖的ICE/V试验型高速电动车组试制成功，同年，其最高试验速度达到317 km/h。1988年5月，ICE/V型试验列车在汉诺威—维尔茨堡间创造了406.9km/h的动车组最高速度纪录。在ICE/V

的基础上，1986年开始试制ICE-1型动车组，1990年7月试制完成并于1991年6月2日以280 km/h的速度正式投入运行，之后又研制和开发了ICE-2、ICE-3型动车组。

ICE是DB Fernverkehr（德国国家铁路公司旗下经营所有ICE和IC的分公司）提供的最高运营速度规格列车的简称，全称为Inter City Express，即城际快车。其实，在它刚发展的时候，名字叫作Inter city perimental train。德国的高速铁路利用了原有线路，所以相对法、日而言，列车平均速度不是很快。德国传统铁路营运速度原来就有200km/h，1991年，随着汉诺威－乌兹堡（全长327km）和曼海姆－斯图加特（全长107km）高速铁路的竣工，ICE高速列车开始投入商业运营，其最高营运速度可达280km/h。

ICE网络遍布德国，如图2.8所示。根据各线路的方位，可将德国ICE干线网络分为两大类：南北干线6条和东西干线3条。

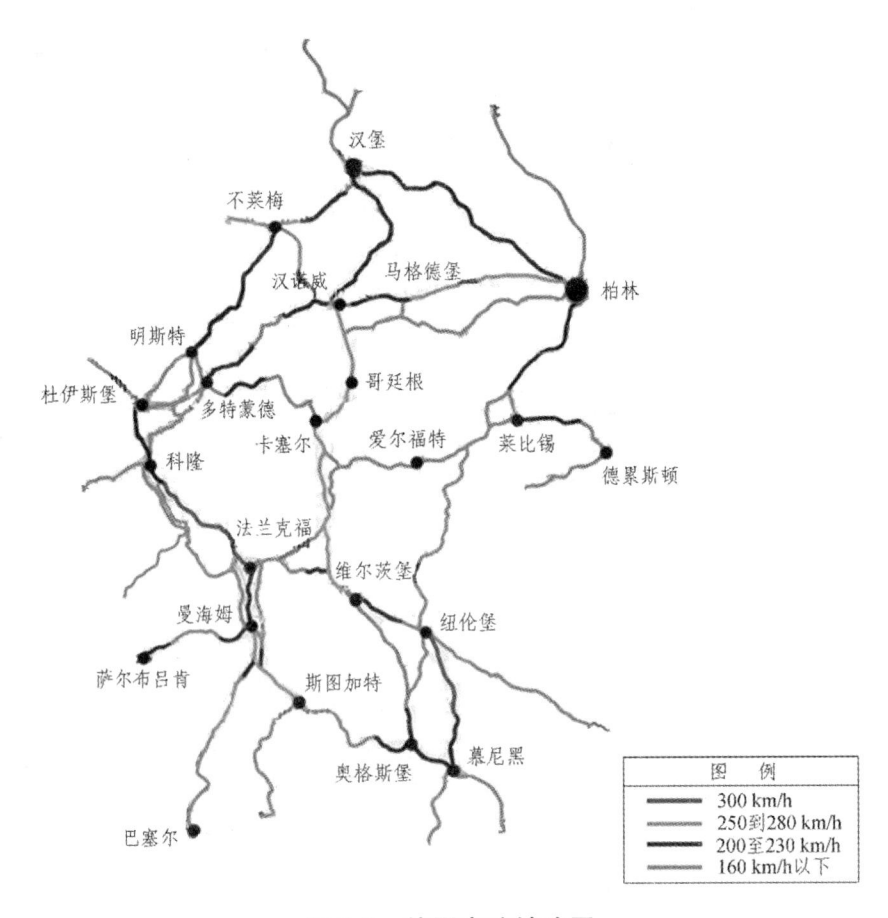

图 2.8　德国高速铁路网

2.1.3.4　西班牙高速铁路

西班牙高速铁路AVE（西班牙语Alta Velocidad Española的简写），目前由西班牙国家铁路RENFE来营运，列车最高运行速度为205～330 km/h，使用专用轨道。1992年，因塞维利亚世博会的召开，南北干道马德里—塞维利亚高速铁路开通。1993年，第一条中高速混合（mixed-method）运营铁路于马德里—马拉加之间开通，同年马德里至加的斯和韦耳瓦两条混合线开通。2004 年，第一条中等距离高速线在塞维利亚—科尔多瓦之间开通。自此西班牙高速铁路形成了三种主要形式，一是代表长途高速运营的 AVE，二是代表中等距离运营的高速铁路 AVANT，三是混合（标准轨道的高速铁路-传统宽轨）高速铁路 ALVIA。目前，西班牙高速铁路网运营线路如图 2.9 所示。

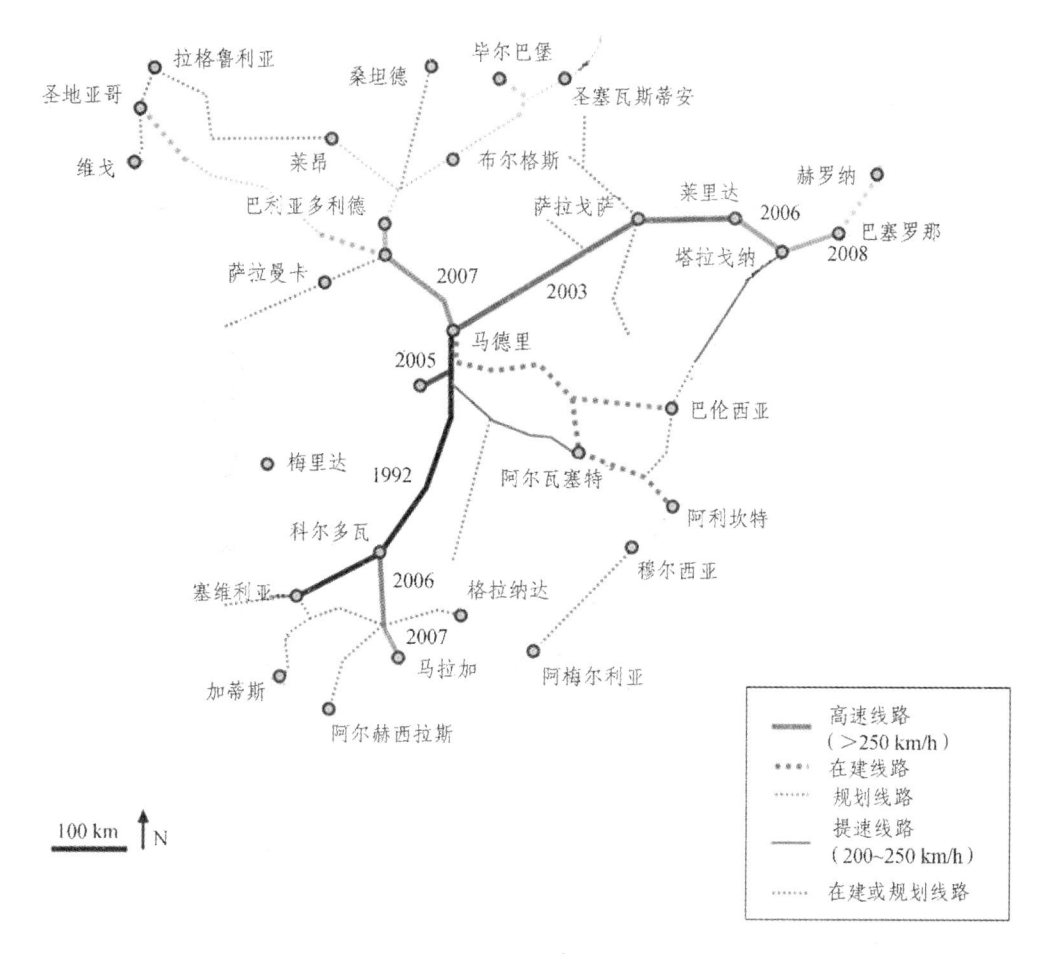

图 2.9　西班牙高速铁路网

2.1.3.5　意大利高速铁路

早在第二次世界大战前，意大利就建立了两条"高速"铁路：一是博洛尼亚—佛罗伦萨，二是佛罗伦萨—罗马，当时最高运营速度达到 180 km/h。不过按现在的意义来说，这不能算是高速铁路线。通常认为意大利开通了欧洲第一条高速铁路 Direttissima，这条高速铁路 1978 年连通了佛罗伦萨与罗马。但是，该线的主要工作直到 20 世纪 90 年代初才最终完成，远远落后于法国的 TGV 网络。意大利高速铁路网络最大运行速度为 250 km/h。

TAV（Treno Alta Velocità）是意大利国铁 FS 下辖的拥有意大利铁路网的子公司，目前正在建立两条主要干线：一是米兰—博洛尼亚—佛罗伦萨—罗马—那不勒斯，二是都灵—米兰—维罗纳—威尼斯—蒂利亚斯特。与周边国家的连接也正在进行，如法国、瑞士、奥地利以及斯洛文尼亚。目前 TAV 意大利高速铁路网其网络分布情况如图 2.10 所示。

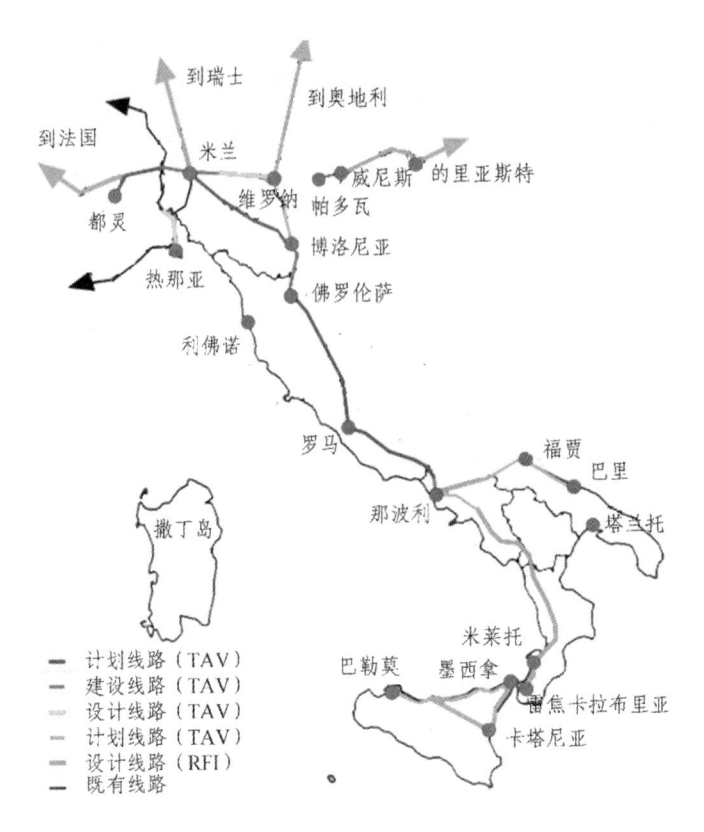

图 2.10 意大利高速铁路网络

2.1.4 主要高速列车供应商

2.1.4.1 法国阿尔斯通（Alstom）

阿尔斯通是世界 500 强企业，在全球发电和轨道交通基础设施领域技术领先，其创新环保的领先技术已成为行业的参照基准。阿尔斯通建造了世界上运行最快的列车和动力最高的全自动地铁列车。阿尔斯通还为水电、燃气、燃煤和核电等利用各类能源的发电厂提供总包整合电厂解决方案和相关服务。阿尔斯通公司与铁路相关的部分是阿尔斯通交通运输部（Alstom Transport）。

1）阿尔斯通交通运输部

阿尔斯通交通运输部开发适应铁路工业市场的一整套系统、设备以及服务，2022 年销售收入 165 亿欧元，欧洲市场占有率为 39%，在超高速列车中排名第一，有轨电车及地铁市场排名第二，是电力及内燃列车、信息系统、牵引系统、电源系统以及线路中的佼佼者。目前，阿尔斯通交通运输部在 70 个国家和地区拥有 76 000 名员工。

阿尔斯通交通运输部重大事件：

（1）阿尔斯通交通运输部制造了当今轮轨世界纪录列车 V150 试验列车。

（2）阿尔斯通交通运输部是 2008 年 2 月披露的 AGV（Automotrice Grande Vitesse）列车制造商，这是阿尔斯通新一代超高速列车，能以 360 km/h 的高速进行商业营运。

（3）阿尔斯通交通运输部是 TGV 高速列车的制造商，在 25 年内销售了超过 650 列 TGV

列车，全世界 70% 超高速列车由阿尔斯通制造。

（4）全世界每 4 列地铁、每 3 列有轨电车就有 1 列由阿尔斯通提供。

（5）阿尔斯通提供的法国波尔多市 Citadis 有轨电车已运载超过 10 亿乘客。2009 年，在 28 座城市中有 1100 列 Citadis 有轨电车运营，如迪拜、阿尔及尔、巴塞罗那、巴黎等。

（6）阿尔斯通交通运输部是新加坡环形 MRT 线都市列车供应商，这是在建最大的无人驾驶地铁系统。

阿尔斯通主要铁路产品及服务见表 2.1。

表 2.1　阿尔斯通交通运输部主要业务范围

产品类型	说　明
铁路车辆	高速及超高速列车、有轨电车、地铁、市郊列车、城际列车、摆式列车、机车等
基础设施	现有铁路网提升安全及性能设计、制造及安装基础设施，包括信息解决方案、电气化、通信系统、轨道铺设、站台设备、车间及火车站等的全包服务
全包系统	有轨电车，有（无）架空电缆的轻轨系统； 地铁系统； 机场铁路系统（传统的及自动化的）
服　务	技术更新； 任何类型或任何公共交通铁路车辆品牌的短期或长期服务； 备件

2）阿尔斯通中国

阿尔斯通自 20 世纪 50 年代进入中国市场以来，致力于成为中国轨道交通领域忠实可靠的合作伙伴。在铁路交通领域，阿尔斯通与其中方合作伙伴——长春轨道客车有限公司和大同电力机车有限公司为中国提供了货运电力机车。此外，阿尔斯通还为石太客运专线提供了电气化基础设备，这是阿尔斯通在中国的首个基础设施合同。而在城市轨道交通领域，阿尔斯通参与了北京、上海、香港和南京地铁网络的建设。2010 年 9 月 12 日，阿尔斯通与中国北车股份有限公司（中国北车）及上海电气集团股份有限公司（上海电气）共同签署合作备忘录，结成战略合作关系并携手开拓轨道交通市场。同年 12 月 7 日，中国铁道部与阿尔斯通签署了一份长期战略合作协议，构筑面向国际及中国铁路市场的长期战略合作伙伴关系。2021 年 11 月，由中车浦镇阿尔斯通运输系统有限公司参与建设的国内首个全自动无人驾驶跨座式单轨项目——芜湖轨道交通 1 号线正式开通运营。

2.1.4.2　加拿大庞巴迪（Bombardier Inc.）

庞巴迪公司是一家总部位于加拿大魁北克省蒙特利尔的国际性交通运输设备制造商，主要产品有支线飞机、公务喷射飞机、铁路及高速铁路机车、城市轨道交通设备等。庞巴迪公司与铁路相关的部分是庞巴迪运输部（Bombardier Transportation）。

1）庞巴迪运输部

庞巴迪运输部是庞巴迪公司集团的子公司之一，负责供应铁路设备，在收购 Adtranz 公司（德国戴姆勒克莱斯勒铁路系统有限公司 Adtranz）后，庞巴迪运输（集团）公司成为全球最大的铁路与轨道设备生产商，该公司总部设于德国柏林。产品种类包括铁路客车、机车、转向架、车辆动力及控制系统，服务方面包括提供铁路控制解决方案及完整运输系统建造。主要产品有美国 Acela 高速列车的车厢，为瑞典提供的 Regina 动车组，为英国提供的 Voyager、

Super Voyager 和 Meridian & Pioneer 内燃-电力混合动车等。至今庞巴迪已累计生产铁道车辆超过 100 000 辆。2021 年 1 月 29 日法国阿尔斯通完成对加拿大庞巴迪铁路业务的收购。

2）庞巴迪中国

庞巴迪在中国建立了三家合资企业：

（1）青岛四方-庞巴迪-鲍尔铁路运输设备有限公司（简称 BSP，后庞巴迪合并鲍尔公司在 BSP 中的股份，更名为青岛四方庞巴迪铁路运输设备有限公司，简称 BST），成立于 1998 年，坐落在山东青岛，是由中车四方机车车辆有限责任公司与加拿大的庞巴迪公司和鲍尔公司出资组建的中外合资企业，主要从事高档客车、普通客车车体、电动车组、豪华双层客车、高速客车及城市轨道车辆的设计制造。目前运行中的直达快速列车 80% 的车厢由 BSP 提供，BSP 还为青藏铁路提供了 361 辆可适应高原环境的列车，并且以 Regina 动车组为原型设计制造了中国铁路的 CRH1 型动车组。

（2）长春长客-庞巴迪轨道车辆有限公司（CBRC），主要从事铁路客车、地铁车辆和城市轨道车辆的设计和生产。现已获得广州地铁 1 号线 156 辆地铁车辆、深圳地铁一期 132 辆地铁车辆以及上海地铁 1 号线 60 节地铁车辆的追加合同。

（3）江苏常州庞巴迪牵引系统有限公司（BCP），主要从事铁路车辆牵引设备的制造、销售和维修。

2.1.4.3 日本川崎重工（Kawasaki）

川崎重工业株式会社，简称川崎重工，是日本的重工业公司，并以重工业为主要业务，与 JFE 钢铁（原川崎制铁）及川崎汽船有历史渊源，主要制造航空宇宙、铁路车辆、建设重机、摩托车、船舶、机械设备等。

川崎重工自 1906 年着手铁路车辆制造以来，生产了许多在铁路发展史上享有盛名的列车。以国产化第一台蒸汽机车及日本首创的铝合金材质车辆为主制造了许多著名车辆，牢固地奠定了其日本首位厂家的地位。

川崎重工在以新干线列车为代表的高速车辆方面，运用航空航天部门的流体力学等技术，参与该项目的开发和设计。包括特快列车、通勤列车、地铁列车、货车、机车、单轨列车、新交通系统，川崎重工的车辆制造历史就是铁路运输发展史。在该领域的工作除了车辆以外，还从事振动-摇动控制系统、站台屏蔽门系统的开发等，推进了铁路交通系统总体的发展。

主要轨道交通产品有新干线 700 系、N700 系、E2 系、JR683 系和众多城市轨道交通车辆，至今已累计生产了 90 000 辆铁路车辆。中国 CRH_2 型动车组由四方股份引进其生产技术。

2.1.4.4 德国西门子集团（SIEMENS AG）

西门子股份公司是世界最大的机电类公司之一，1847 年由维尔纳·冯·西门子建立。

位于柏林和慕尼黑的西门子集团公司是世界上最大的电气工程和电子公司之一。自从公司成立以来，可持续性就一直是西门子公司的显著特征。在西门子，可持续性意味着长期的经济成功以及一个好的企业公民所应具备的环境意识和社会责任感。2022 年，公司在全球拥有大约 303 000 名雇员，实现销售额 720 亿欧元。

西门子是一家大型国际公司，其国际总部位于德国慕尼黑，业务遍及全球 190 多个国家，在全世界拥有大约 600 家工厂、研发中心和销售办事处。公司的业务主要集中于 6 大领域：信息和通信、自动化和控制、电力、交通、医疗系统和照明。西门子的全球业务运营分别由 13 个业务集团负责，其中包括西门子财务服务有限公司和西门子房地资产管理集团。此外，西门子还拥有两家合资企业——博世-西门子家用电器集团和富士通西门子计算机（控股）公司。西门子股份公司是在法兰克福证券交易所和纽约证券交易所上市的公司。

西门子集团与铁路相关的部分是西门子交通运输系统（Siemens Transportation Systems，STS）。

西门子交通运输系统是西门子集团主要业务之一，产品覆盖自动化及动力系统、公共交通铁路车辆、地方铁路及干线服务、整套承包系统及综合服务、铁路信号及控制系统以及铁路电气化。

1879 年，西门子制造了世界上第一辆电气火车（使用外部电源）。1903 年，西门子制造的交流三相高速列车，在柏林附近的 Marienfelde 到 Zossen 间达到了 210 km 的最高时速。一百多年以来，西门子在电力机车制造领域一直处于世界领先地位，1990 年开始制造 ICE 系列列车，占据了世界高速列车生产领域的一席之地。

西门子与中国在轨道交通领域合作历程如下：2016 年，建立合资公司——天津纵西牵引电机有限公司；2017 年，建立合资公司——智道铁路设备有限公司；2018 年，建立西门子轨道交通设备（天津）有限公司；2019 年，建立合资公司——西门子交通电气设备（上海）有限公司；2021 年 9 月 1 日，西门子交通中国智能交通业务独立运营，成立予途交通科技（北京）有限公司。

2.1.4.5　其他轨道交通装备公司

美国 GE 运输部（GE Transportation）是 GE（General Electric）公司的一个分部，位于宾夕法尼亚州伊利，主要生产客货运内燃机车，出口量居世界第一，其产品还包括铁路信号系统、铁路辙叉、机车车辆零部件、机车服务等。我国多个铁路相关公司与其有合作关系，如大连厂与 GE 合作研发的径向交流传动内燃机车，青藏铁路订购了 78 台 GE Evolution 系列机车，现今 GE 联合戚厂为国内提供 300 台干线内燃机车等。

EMD（Electro-Motive Diesel，Inc）公司是内燃机车的发明者，是世界第二大内燃机车出口公司，其前身是 GM 公司的电子动力部（Electro-Motive Division）。EMD 的产品应用于所有的商业铁路：城际旅客、通勤、货运、换乘、工业和采矿业。公司的总部、工程设备和部件制造都位于芝加哥西部、伊利诺伊州的拉格朗日，最终的组装则在 EMD 位于安大略湖的伦敦大工厂里完成。从那里，EMD 的产品被出口到遍布世界的客户手中。EMD 是唯一一个生产超过 70 000 台柴油机的内燃电传动机车生产商，它也是北美及全球内燃电传动机车最大的供应商。EMD 最大的一个机车订单是联合太平洋公司购买的 1000 台交流径向机车 SD70M，这也是联合太平洋历史上最大的一次订货。

除此之外，比较有名的轨道交通装备公司还有意大利安萨多布雷达（AnsaldoBreda S.p.A.）、日本车辆制造（日车）、日立制作所（HITACHI）、东芝公司等。

2.2　中国 CRH、CR

CRH 是 China Railway High-speed（中国高速铁路）的简写，指的是我国"和谐号"系列动车组。经过引进、消化、吸收、再创新，我国已经形成了具有自主知识产权的四大系列"和谐号"动车组，并在既有

中国 CRH、复兴号

线提速区段、城际客运快速通道、客运专线上成功运营。2010年以后，中国铁路推出了新一代标准动车组"复兴号"，"复兴号"英文标识CR，是"China Railway"的缩写，意为"中国铁路"，是中国自主研发、具有完全知识产权的新一代高速列车，它集成了大量现代国产高新技术，牵引、制动、网络、转向架、轮轴等关键技术实现重要突破，是中国科技创新的又一重大成果

2.2.1 中国高速铁路网络

我国第一条铁路建成于1876年，经过七十多年的发展，到1949年全国铁路总长2.18万千米，承担着全国65%的客运量和约85%的旅客周转量，是主要的客运交通工具。中华人民共和国成立以来，我国铁路得到了迅速发展，营业里程迅速增长，至2020年底，已达到8.6万千米。随着中国经济的发展，高速铁路网的建设成了必然趋势。据此，我国于2004年1月通过了《中长期铁路网规划》，并在2016年7月13日公布了《中长期铁路网规划（2016—2025年）》。本《规划》期限为2016—2025年，远期展望到2030年。规划的主要内容如下：

1）发展目标

到2020年，一批重大标志性项目建成投产，铁路网规模达到15万千米，其中高速铁路3万千米，覆盖80%以上的大城市，为完成"十三五"规划任务、实现全面建成小康社会目标提供有力支撑。

到2025年，铁路网规模达到17.5万千米左右，其中高速铁路3.8万千米左右，网络覆盖进一步扩大，路网结构更加优化，骨干作用更加显著，更好发挥铁路对经济社会发展的保障作用。

展望到2030年，基本实现内外互联互通、区际多路畅通、省会高铁连通、地市快速通达、县域基本覆盖。

2）规划方案

规划方案包括三个部分：

（1）高速铁路网。在原规划"四纵四横"主骨架基础上，增加客流支撑、标准适宜、发展需要的高速铁路，同时充分利用既有铁路，形成以"八纵八横"主通道为骨架、区域连接线衔接、城际铁路补充的高速铁路网。

我们还明确划分了高速铁路网建设标准。高速铁路主通道规划新增项目原则采用速度250 km/h及以上标准（地形地质及气候条件复杂困难地区可以适当降低），其中沿线人口城镇稠密、经济比较发达、贯通特大城市的铁路可采用速度350 km/h标准。区域铁路连接线原则采用速度250 km/h及以下标准。城际铁路原则采用速度200 km/h及以下标准。

具体规划方案：一是构建"八纵八横"高速铁路主通道。"八纵"通道为：沿海通道、京沪通道、京港（台）通道、京哈-京港澳通道、呼南通道、京昆通道、包（银）海通道、兰（西）广通道；"八横"通道为：绥满通道、京兰通道、青银通道、陆桥通道、沿江通道、沪昆通道、厦渝通道、广昆通道。二是拓展区域铁路连接线。在"八纵八横"主通道的基础上，规划布局高速铁路区域连接线，目的是进一步完善路网，扩大高速铁路覆盖。三是发展

城际客运铁路。在优先利用高速铁路、普速铁路开行城际列车服务城际功能的同时，规划建设支撑和带领新型城镇化发展、有效连接大中城市与中心城镇、服务通勤功能的城市群城际客运铁路。

（2）普速铁路网。重点围绕扩大中西部路网覆盖，完善东部网络布局，提升既有路网质量，推进周边互联互通。

具体规划方案：一是形成区际快捷大能力通道。包含12条跨区域、多径路、便捷化的大能力区际通道。二是面向"一带一路"国际通道。从西北、西南、东北三个方向推进我国与周边互联互通，完善口岸配套设施，强化沿海港口后方通道。三是促进脱贫攻坚和国土开发铁路。从扩大路网覆盖面、完善进出西藏、新疆通道和促进沿边开发开放等3个方面提出了一批规划项目。四是强化铁路集疏运系统。规划建设地区开发性铁路以及疏港型、园区型等支线铁路，完善集疏运系统。

（3）综合交通枢纽。枢纽是铁路网的重要节点，为更好发挥铁路网整体效能，配套点线能力，本次规划修编按照"客内货外"的原则，进一步优化铁路客、货运枢纽布局，形成系统配套、一体便捷、站城融合的现代化综合交通枢纽，实现客运换乘"零距离"、物流衔接"无缝化"、运输服务"一体化"。

上述路网方案实现后，远期铁路网规模将达到20万千米左右，其中高速铁路4.5万千米左右。全国铁路网全面连接20万人口以上城市，高速铁路网基本连接省会城市和其他50万人口以上大中城市，实现相邻大中城市间1~4小时交通圈，城市群内0.5~2小时交通圈。

2.2.1.1 "八纵八横"客运通道

1）八纵通道（南北向）

（1）沿海通道，预计2025年贯通。沿海通道从辽宁丹东沿海岸线至广西防城港，包括的线路有丹大客专、沈大高铁、秦沈客专、津秦高铁、津潍高铁、潍莱高铁、青荣城际、青盐铁路、盐通高铁、沪苏通铁路、通苏嘉甬高铁、杭深铁路、深湛铁路、合湛高铁、广西沿海铁路等。总里程约4 900 km（不含规划外项目），设计速度200~350 km/h，各区段技术标准差异较大。沿海通道的大部分线路均已建成，目前仅余深圳至江门铁路(仅控制性工程开工)、津潍高铁（和京沪二通道共线）、通苏嘉甬高铁、合湛高铁未开工建设。

（2）京沪通道，包括京沪主通道及京沪二通道。其中京沪主通道已全面建成，京沪主通道即京沪高铁，全长1 318 km，另包括南京—杭州、蚌埠—合肥—杭州高铁两条支路，也是我国一次性建成的速度标准最高的高速铁路通道。京沪二通道，预计2026年贯通。京沪二通道又称京沪高铁辅助通道，全长约1 440 km。控制性节点城市为天津、东营、潍坊、临沂、淮安、扬州、南通，其中京津段利用京津或京滨城际铁路，津潍段和沿海通道共线，扬州至上海段和北沿江高铁共线，另外同步建设济南至滨州和青岛（洋河口）至五莲连接线。

（3）京港（台）通道，预计2027年全部建成。京港（台）通道包括主线和联络线，主线即京九高铁和合福高铁、福平铁路，联络线为南昌至福州（莆田）铁路，在平潭预留远期延伸至台北条件。京九高铁由北京至雄安新区至商丘段、商丘至合肥至九江段、阜阳至黄冈至九江段、九江至南昌段、南昌至赣州段、赣州至深圳段组成，全线均为速度350 km/h。其中经合肥的东线预计2025年建成，经黄冈的西线预计2027年建成。

（4）京哈-京港澳通道，已全面建成。京哈-京港澳通道由哈尔滨至北京至香港和澳门，由京哈高铁、京广高铁、广深港高铁和广珠澳高铁组成，（哈京港）总里程约3 700 km/h，广珠澳段利用既有广珠城际铁路，远期规划有广中珠澳高铁。

（5）呼南通道，建成暂无时间表。根据规划，呼南通道为单一通道，控制性节点城市为呼和浩特、大同、太原、郑州、襄阳、常德、益阳、邵阳、永州、桂林和南宁，设计速度200~350 km/h。

（6）京昆通道，预计2026年贯通。北京至昆明高铁通道是我国最重要的一条高铁通道之一，也是建设难度最大的一条通道之一，全长约2 440 km（经重庆最短路径）。该通道为复合通道，包括北京至石家庄至太原至西安，再分别经成都和重庆至昆明，另含北京至张家口至大同至太原高铁（与呼南通道共线，北京至大同段已建成）。其中成都至昆明段利用在建成自宜高铁（宜宾枢纽成贵与渝昆不能直通）；西安至重庆段又可分为西线和东线：西线为西渝高铁主线，随着渝万高铁和西渝高铁万州联络线的建设，万州至重庆段也可视作京昆通道的辅助通道，并与沿江通道共线。

（7）包（银）海通道，预计2026年贯通。包（银）海通道为复合通道，主通道为包头至海口，全长约2 800 km；支线为银川至西安，另包含海南环岛高铁，设计速度200~350 km/h。其中，西安至重庆段与京昆通道共线，因此渝万高铁也被官方定性为京昆、包（银）海和沿江三条通道的共线段。目前该通道除了重庆至贵阳段和南宁至合浦段和海南环岛高铁已建成外，其他大部分区段仍处于待建阶段。另重庆至贵阳段规划有速度350 km/h的渝贵高铁，"十四五"期间有望开工。

（8）兰（西）广通道，预计2028年贯通。兰（西）广通道为兰州、西宁至广东的最便捷铁路通道，西宁至广州总里程约2 340 km，速度200~300 km/h。其中，成都至贵阳间为双通道，利用成渝、渝贵、成贵高铁，此区段也是西南地区几大通道的共线段落，也是建设难度最大的一条通道之一。该通道成都至广州段现均已建成，目前剩余建设难度最大的是位于青藏高原边缘的成都以北段。包括在建的蓉青（原成兰）铁路成都至黄胜关段，建设工期或长达10年，预计2023年才能建成；西宁至黄胜关段和兰州至合作段控制性工程已开工，工期为7.5年，需要到2028年才能建成。此外，该通道也是西部陆海新通道的重要组成部分。

2）八横（东西向）

（1）绥满通道，建成暂无时间表。绥满通道位于我国最东北部，从绥芬河经哈尔滨至满洲里，全长约1 400 km。其中绥芬河至齐齐哈尔段已建成（设计速度200~300 km/h），剩余齐齐哈尔至海拉尔至满洲里段，已纳入内蒙古自治区"十四五"铁路规划，将在"十四五"期间开展前期工作。

（2）京兰通道，预计2024年贯通。京兰通道是兰州、银川至北京最便捷的高铁通道。该通道全长约1 750 km，北京至包头段均已建成，设计速度160~350 km/h不等。

（3）青银通道，建成暂无时间表。青岛至银川高速铁路，全长约1 650 km。目前青岛至太原段已建成（胶济客专、石济客专、石太客专），太原至绥德规划有太绥（延）高铁，绥德至银川利用既有太中银铁路。

（4）陆桥通道，2021年建成。路桥通道由乌鲁木齐至连云港，自东向西由徐连高铁、郑徐高铁、郑西高铁、西宝高铁、宝兰客专、兰新客专等6条新建高铁组成，设计速度250～350 km/h，总里程3 417 km。

（5）沿江通道，建成暂无时间表。沿江通道是"八纵八横"中最重要的一条通道之一，连接上海、南京、合肥、武汉、重庆、成都等长江经济带中心城市，为多分支、多径路通道；原规划还包括南京至安庆至九江至武汉至襄阳至万州至成都铁路。

（6）沪昆通道，已全面建成。沪昆通道由上海虹桥至昆明南，全长2 252 km，设计速度350 km/h，自东向西由沪杭高铁、杭长高铁、长昆高铁三段组成，2016年12月28日随长昆高铁贵阳至昆明段全线贯通而全面建成。

（7）厦渝通道，预计2025年贯通。厦长渝通道全长约1 600 km，由在建重庆至黔江高铁、已建成黔张常铁路、在建常益长高铁、规划长赣高铁、已建成赣龙、龙厦铁路组成。其中长赣高铁预计年内开工，重庆至黔江高铁预计2025年建成，渝长厦通道预计将在2025年底前贯通。

（8）广昆通道，已全面建成。广昆通道由南昆客专和南广客专组成，全长1 283 km，已于2016年12月28日全线贯通，设计速度均为250 km/h。

"八纵八横"客运通道具体线路信息详见表2.2。

表2.2 "八纵八横"客运专线

八纵规划	
线路名称	途经城市
沿海通道	大连（丹东）、秦皇岛、天津、东营、潍坊、青岛（烟台）、日照、连云港、盐城、南通、上海、宁波、福州、厦门、汕头、深圳、江门、湛江、北海（防城港）高速铁路（丹大快速铁路、沈大高速铁路、秦沈客运专线、津秦高速铁路、津潍高速铁路、潍烟高速铁路、青荣城际铁路、青盐铁路、盐通高速铁路、沪苏通铁路、通苏嘉甬高速铁路、沪杭高速铁路、杭深铁路、深茂铁路、江湛铁路、合湛高速铁路、钦北铁路、钦防铁路）（其中，青岛至连云港段利用青连铁路，连云港至盐城段利用连盐铁路，盐城至南通段利用盐通铁路，南通至上海段利用沪通铁路，上海至宁波段新建杭州湾跨海铁路大桥），连接东部沿海地区，贯通辽中南、京津冀、山东半岛、东陇海、长三角、海峡西岸、珠三角、北部湾等城市群
京沪通道	北京—天津—济南—南京—上海（杭州）高速铁路（京沪高速铁路），包括南京—杭州（宁杭高速铁路）、蚌埠—合肥—杭州高速铁路（商合杭高速铁路），同时通过北京—天津—东营—潍坊、日照、临沂—淮安—扬州—南通—上海高速铁路（京沪高速铁路二线），连接华北、华东地区，贯通京津冀、长三角等城市群
京港（台）通道	北京—雄安新区—衡水—菏泽—商丘—阜阳—合肥（黄冈）—九江—南昌—赣州—惠州—深圳—香港（九龙）高速铁路（京港高速铁路）；另一支线为合肥—黄山—上饶—福州—台北高速铁路（合福高速铁路、福平铁路），包括南昌—福州（莆田）铁路。连接华北、华中、华东、华南地区，贯通京津冀、长江中游、海峡西岸、珠三角等城市群

续表

八横规划	
名称	途经城市
京哈-京港澳通道	哈尔滨—长春—沈阳—北京—石家庄—郑州—武汉—长沙—广州—深圳—香港高速铁路（京哈高速铁路、北京枢纽北京站至北京西站地下直径线、京广高速铁路、广深港高速铁路），包括广州—中山—珠海—澳门高速铁路（广珠城际铁路）。连接东北、华北、华中、华南、港澳地区，贯通哈长、辽中南、京津冀、中原、长江中游、珠三角等城市群
呼南通道	呼和浩特—大同—太原—长治—晋城—焦作—郑州—南阳—襄阳—常德—益阳—娄底—邵阳—永州—桂林—柳州—南宁高速铁路（呼南高速铁路）。连接华北、中原、华中、华南地区，贯通呼包鄂榆、山西中部、郑州大都市区、长江中游、北部湾等城市群
京昆通道	北京—雄安—太原—西安—重庆—昆明高速铁路（京昆高速铁路），包括北京—张家口—大同—太原高速铁路（京张高速铁路、张大高速铁路、大西高速铁路）。连接华北、西北、西南地区，贯通京津冀、太原、关中平原、成渝、滇中等城市群
包（银）海通道	包头—延安—西安—成都（重庆）—贵阳—南宁—湛江—海口（三亚）高速铁路（包海高速铁路），包括银川—西安高速铁路（银西高速铁路）以及海南环岛铁路。连接西北、西南、华南地区，贯通呼包鄂、宁夏沿黄、关中平原、成渝、黔中、北部湾等城市群
兰（西）广通道	兰州（西宁）—临夏—合作—九寨沟—绵阳（安州）—广汉—成都—眉山—乐山—宜宾—毕节—贵阳—都匀—桂林—贺州—肇庆—佛山—广州高速铁路（西成高速铁路、成兰铁路、兰渝铁路、成贵高速铁路、渝贵铁路、贵广高速铁路）。连接西北、西南、华南地区，贯通兰西、成渝、黔中、珠三角等城市群
绥满通道	绥芬河—牡丹江—哈尔滨—齐齐哈尔—呼伦贝尔—满洲里高速铁路（牡绥铁路、哈牡高速铁路、哈齐高速铁路、齐海满高速铁路）。连接黑龙江及蒙东地区
京兰通道	北京—张家口—呼和浩特—银川—兰州高速铁路（京包高速铁路、包银高速铁路、银兰高速铁路）。连接华北、西北地区，贯通京津冀、呼包鄂、宁夏沿黄、兰西等城市群
青银通道	青岛—济南—石家庄—太原—银川高速铁路（青太高速铁路、太中银铁路）（其中太原至银川段利用太中银铁路）。连接华东、华北、西北地区，贯通山东半岛、京津冀、太原、宁夏沿黄等城市群
陆桥通道	连云港—徐州—郑州—西安—兰州—西宁—乌鲁木齐高速铁路（徐连高速铁路、徐兰高速铁路、兰新高速铁路）。连接华东、华中、西北地区，贯通东陇海、中原、关中平原、兰西、天山北坡等城市群
沿江通道	上海—南京—合肥—武汉—重庆（成都）高速铁路（沪宁城际铁路、宁蓉铁路、沪渝蓉高速铁路），包括南京—安庆—九江—武汉—宜昌—万州—重庆（宁安高速铁路、安九高速铁路、武九高速铁路、汉宜铁路、宜万铁路、渝利铁路）、万州—达州—遂宁—成都高速铁路（成达万高速铁路）（其中达州至成都段利用达成铁路），连接华东、华中、西南地区，贯通长三角、长江中游、成渝等城市群

续表

八横规划		
名称	途经城市	
沪昆通道	上海—杭州—南昌—长沙—贵阳—昆明高速铁路（沪昆高速铁路）。连接华东、华中、西南地区，贯通长三角、长江中游、黔中、滇中等城市群	
厦渝通道	厦门—龙岩—赣州—长沙—常德—张家界—黔江—重庆高速铁路（渝厦高速铁路）（其中厦门至赣州段利用龙厦铁路、赣龙铁路，常德至黔江段利用黔张常铁路），包括赣州—衡阳—邵阳—怀化—铜仁—黔江高速铁路。连接海峡西岸、中南、西南地区，贯通海峡西岸、长江中游、成渝等城市群	
广昆通道	广州—南宁—昆明高速铁路（广昆高速铁路）。连接华南、西南地区，贯通珠三角、北部湾、滇中等城市群	

2.2.1.2 城际客运系统

城际客运系统是指建设于各都市圈内部，尤其是人口稠密地区（如环渤海地区、珠江三角洲、长江三角洲等地区）的短途高速铁路，线路长度一般在 500 km 以下。一部分线路的速度可以达到 200～250 km/h，另外一部分线路的速度可以达到 300 km/h 以上，如京津城际铁路。客运专线及城际铁路两者的另一主要分别是，城际铁路必定是仅供客车运行的高速客运通道，作用是缓解原客货混跑线的压力，但客运专线在建成后近期有可能依然是客货混跑线路，因为部分客运专线是建设在原先没有铁路通过的地区。目前已建成及规划建设的城际客运系统详见表 2.3。

表 2.3 城际客运系统

线路名称	长度/km	设计速度/(km/h)	动工日期	通车日期
京津城际铁路	115	350	2005-7-4	2008-8-1
成灌城际铁路	57	200	2008-11-4	2010-5
昌九城际铁路	131	200	2007-6-28	2010-6-1
沪宁城际铁路	296	350	2008-7-1	2010-7-1
广珠城际轨道交通	117	200	2005-12-28	2010
海南东环城际铁路	308	200	2007-9-29	2010
长吉城际铁路	109	250	2007-5-13	2010
津滨城际铁路	45	350	2009-10-1	2011
宁安城际铁路	257	200	2008-12-28	2012-6
莞惠城际轨道交通	97	200	2009-5-8	2012-10
宁杭城际轨道交通	251	350	2008-12-28	2012-12-28
成绵乐城际铁路	319	200	2008-12-30	2012-12-30
武汉城市圈城际铁路（武汉至孝感、黄石、咸宁、黄冈）	160	250	2009-3-22	2011—2013
哈齐城际铁路	286	250	2009-7-5	2013

续表

线路名称	长度/km	设计速度/(km/h)	动工日期	通车日期
京唐城际铁路	160	350	2016-12-29	2022
津保城际铁路	145	250	2010-9-1	2015-12-28
青烟威荣城际铁路	299	250	2010-10-10	2016-11-16
京张城际铁路	174	200	2016-4-29	2019-12-30
渝万城际铁路	250	350	2012-12	2016-11-28
哈齐城际铁路	286	300	2009-7-5	2013
沈丹城际铁路	208	350	2010-8-8	2015-9
成渝城际铁路	305	300	2010-3-22	2015-12-26
广清城际轨道交通	68	200	2013-9	2020-11-30
广佛肇城际轨道交通	87	200	2009-9-29	2011-3
长株潭3+5城际铁路	1200	200	2010	2016-12-26
丹大城际铁路	159	250	2010-3-17	2015-12-17

京津城际铁路是我国第一条拥有完全自主知识产权、具有世界一流水平的高速铁路。京津城际铁路全长115 km，列车运行最高速度350 km/h，沿途设北京南、亦庄、永乐、武清、天津5座车站，其中永乐站为预留车站。该工程于2005年7月开工建设，2007年12月全线铺通，2008年8月1日通车运营。

2.2.1.3 经提速改造后的既有线

对既有线改造主要是加强技术改造和枢纽建设，对现有铁路干线进行复线建设和电气化改造。中国在既有线上进行提速改造试验在1990年以前就已经开始了，主要是对既有干线铁路加强技术改造和枢纽建设，对现有铁路干线进行复线建设和电气化改造，以适应高速列车行驶的需求。截至2007年，已有超过6 000 km的既有线经提速改造后成为速度超过200 km/h或以上的高速铁路，速度超过250 km/h的既有线总长846 km，此类铁路主要为客货混行铁路。在2008年通过的《中长期铁路网规划》调整方案中，将增建二线19 000 km，既有线电气化改造25 000 km。中国铁路既有线提速改造水平已经达到了世界先进水平。

经过改造后线路最高速度达到200 km/h或以上的既有铁路干线包括广深线、京哈线、京沪线、京广线、沪昆线、胶济线、陇海线等。

而目前正在进行提速改造工程的铁路包括汉丹铁路、湘桂铁路、宁启铁路等。

2.2.1.4 完善路网布局和西部开发性新线

以扩大中国西部铁路网为主，以适应西部地区的经济发展，规划建设新线约41 000 km，主要为客货混行铁路，部分线路的速度为200 km/h以上，达到高速铁路标准。此类线路详见表2.4。

表 2.4 完善路网布局及西部开发性新线

线路名称	长度/km	设计速度/(km/h)	线路标准	动工日期	通车日期
龙厦铁路	171	200	Ⅰ级干线	2006-12-25	2009
向莆铁路	604	200	Ⅰ级干线	2007-11-23	2011
南广铁路	577	200	Ⅰ级干线	2008-11-9	2013
西汉成客运专线	509	350	客运专线	2009-11	2013
贵广铁路	858	300	客运专线	2008-10-13	2014
成贵客运专线	486	350	客运专线	2010	2014
沪通铁路	225	200	Ⅰ级干线	2014-3-11	2020
渝黔客运专线	345	250	Ⅰ级干线	2013	2018
云桂铁路	916	250	Ⅰ级干线	2010	2015
大西客运专线	859	250	客运专线	2009	2014
渝厦高速铁路	未定	350	Ⅰ级干线	2014	2019
九景衢铁路	349	200	Ⅰ级干线	2013	2017
青连铁路	197	200	Ⅰ级干线	2014	2018
运三铁路	83	200	Ⅰ级干线	未定	未定
渝郑客运专线	1060	350	客运专线	2012	2019
渝西客运专线	739	350	客运专线	2021	未定
渝昆客运专线	698	350	客运专线	2019	2023
阜鹰汕铁路	780	200	Ⅰ级干线	2009	2013
金温铁路扩能改造工程	188	200	Ⅰ级干线	2009	2015

2.2.2 "和谐号"动车组

中国铁路高速动车组 CRH"和谐号"动车组系列均采用动力分散式,运行速度达 200 km/h 以上,最高可达 350 km/h。铁道部于 2004 年以引进国外先进技术并吸收的方式,由中国北车集团和中国南车集团旗下的车辆制造企业生产,达到一定程度的国产化,并再以此为基础进行自主创新研发。铁道部将所有引进国外技术、联合设计生产的 CRH 系列动车组均命名为"和谐号"。这些高速列车在 2007 年 4 月 18 日实施中国铁路第六次大提速后陆续投入正式运营。图 2.11 为中国高速列车标志。

图 2.11 中国高速列车标志

现有的 CRH 系列高速"和谐号"动车组共分为 4 个系列:

(1) CRH_1:以庞巴迪 Regina C2008 为基础由合资公司青岛四方-庞巴迪铁路运输设备有限公司(BSP)生产。

(2) CRH_2:以川崎重工业新干线 E2-1000 型动车组为基础由四方股份负责国内生产。

（3）CRH₃：以西门子 ICE3（Velaro）为基础由唐山厂负责国内生产。
（4）CRH₅：以阿尔斯通意大利 Pendolino 动车组为基础由长客负责国内生产。

而每个系列之内再按列车编组、速度等方式划分为 5 大类型，以 5 个英文字母（A、B、C、D、E）表示，见表2.5。

表 2.5 中国动车组型号一览

英文字母	设计速度/（km/h）	编组形式	车型代表
A	200～250	8 节编组座车	CRH₁A、CRH₂A、CRH₅A
B	200～250	16 节大编组座车	CRH₁B、CRH₂B
C	300～350	8 节编组座车	CRH₃C、CRH₂C
D	300～350	16 节大编组座车	CRH₃D
E	200～250	16 节大编组卧铺动车	CRH₁E、CRH₂E

2.2.2.1 CRH₁动车组

CRH₁型动车组如图 2.12 所示。

图 2.12 CRH₁动车组

CRH₁型动车组总长 213.5 m，其中头车长度为 26.95 m，中间车长度为 26.6 m，车体宽 3.338 m，车体高 4.04 m。

CRH₁采用交流传动及动力分布式，最高运营速度为 200 km/h。编组方式是全列 8 节，编组为 5M3T，其中包括 2 节一等座车、5 节二等座车、1 节二等座车/餐车，一等车内座椅 2+2 布置，二等车 2+3 布置。一等车设一个坐式厕所，二等车设两个蹲式厕所。其中一辆二等车为残疾人设立一个坐式厕所。列车定员 670 人，可两组重联运行，提供 1 336 个座席。动车组有快速、舒适、可靠的特点；全部动力在车底下，动力集中，起动加速很快，停车也快。

CRH₁型动车组全部由 BSP 在青岛厂房生产。第一组列车（CRH₁-001A）于 2006 年 8 月 30 日在青岛出厂，并在同年 9 月至 12 月间先后到北京环形铁路试验场、遂渝铁路、京沪铁路、胶济铁路、陇海铁路和广深铁路等地进行试验。

2007年2月1日，载有111名旅客的T971次列车从广州东站开出，开往深圳，我国第一辆CRH$_1$型国产动车组在广深线投入春运。

BSP在2007年10月31日再次获得铁道部40列16辆编组动车组新订单，其中20列是在CRH$_{1A}$基础上扩编至16节车厢的大编组座车动车组，称为CRH$_{1B}$。全列16节编组中包括10节动车配6节拖车（10M6T），其中包括3节一等座车、12节二等座车、1节餐车，最高运营速度为200～250 km/h，而车体外观不变。

2007年10月31日签订的合同中另外20列动车组以庞巴迪新研发的ZEFIRO系列为基础，为16节车厢的大编组卧铺动车组，每组包括10节动车配6节拖车（10M6T），最高运营速度为250 km/h，成为世界上第一种能达到250 km/h的高速卧铺动车组。编组中有1节豪华软卧车、12节软卧车、2节二等座车和1节餐车。列车所使用的庞巴迪MITRAC牵引系统由庞巴迪CPC牵引系统公司（庞巴迪在常州设立的中外合资公司）和庞巴迪在欧洲的工厂生产。

截止至2009年12月，总共已有60组CRH$_1$系列动车组出厂，编号分别为CRH$_1$-001A～CRH$_1$-040A、CRH$_1$-041B～CRH$_1$-056B及CRH$_1$-061E～CRH$_1$-064E。

2.2.2.2　CRH$_2$动车组

CRH$_2$型动车组是如图2.13所示。

图2.13　CRH$_2$动车组

CRH$_2$型动车组是动力分散型动车组，编组为4M4T，2辆动力车可组成一个基本动力单元。全列车设置7辆二等车和1辆一等车，2辆头车为二等座车，分别定员64、55人，一等座车为7号车，定员51人，其余二等座车中3辆定员100人、1辆定员85人，餐座合造车为5号车，定员55人，总计定员610人。

动车组中设有2个受电弓，在单号车上设置卫生间和洗脸间。动车组可以单列运行，也可两列连挂组成一个长编组运行。随着列车运行速度的提高，列车头形的设计成为影响列车空气动力学性能的关键因素。车辆头部的形状对车辆运行的空气阻力、噪声、隧道微气压效应及移动压力场问题等影响较大。CRH$_2$型动车组为解决上述问题，以E2-1000原型车的模型的风洞试验和三维隧道驶入分析为基础，利用现代的计算机技术进行三维建模分析，从各种设计思路中最终选择了如图2.13所示的头形。列车进入隧道或交会时，产生的压力波通过车体缝隙传入车内,使乘客的耳膜产生不适感。为加强列车密封,需将能让压力波渗透入车内的缝隙面积控制在一定水平以下。CRH$_2$型动车组车辆采取了特殊的密封处理,整车气密指标从 3.9 kPa 降至 0.98 kPa,时间大于 50 s。目前,我国《200 km 及以上速度级铁道车辆密封规定》中参照欧洲标准规定,整车气密试验要求车内外压力差从 3 600 Pa 降至 135 Pa,时间大于 18 s。

中国方面订购的列车数量为数 60 列,其中 3 列在日本完成,并完整交付中国;另有 6 组以散件形式付运,由中方负责组装;其余 51 组通过日本的技术转移,由四方股份建造,但一些高技术部件仍会采用进口产品。首辆列车于 2006 年 3 月 8 日运抵中国。

为满足需要,中国先后生产了四批 CRH$_2$。

CRH$_{2A}$ 是第一批 CRH$_2$ 型电动车组,为数 60 列(编号 2001~2060),编组方式是 4M4T,每 4 节为一个单元,速度级别属 A 型(标称速度 200 km/h),最高营运速度为 250 km/h,用于经改造的既有路线上,也是 2007 年 4 月 18 日全国铁路第六次大提速时率先上线运行的列车。

2007 年,四方股份获得铁道部 20 列 CRH$_{2B}$ 型 16 节长大编组动车组新订单。CRH$_{2B}$ 在 CRH$_{2A}$ 基础上扩编至 16 节,并加装了半主动减振器,车端耦合减振,也改进了空调的通风系统。设有 3 节一等座车、12 节二等座车和 1 节餐车,其中一等座及二等座座椅均可旋转,全列车定员增加至 1 230 人。它的编组方式是 8M8T,每 4 节为一个单元,最高营运速度为 250 km/h,标称速度 200 km/h,且列车装有四副受电弓。

2005 年 6 月,铁道部展开速度 300 km/h 级别的第二轮高速动车组招标,继德国西门子及唐山厂联合中标后,四方股份和"日本企业联合体"再次联合成功中标。并获得 60 列 CRH$_{2C}$ 型(CRH$_2$-300)动车组的订单,其中包括了 CRH$_{2C}$ 第一阶段和 CRH$_{2C}$ 第二阶段。

CRH$_{2C}$(CRH$_2$-300)第一阶段共有 30 列,编号 CRH$_2$-061C~CRH$_2$-090C,是在 CRH$_{2A}$ 的 200 km/h 平台基础上进行修改,把动车数量增至 6 节(6M2T),使用 DSA350 型高速受电弓,以及在受电弓两旁加装挡板等,可两组重联运行。CRH$_{2C}$(第一阶段)持续运营速度为 275 km/h,最高营运速度为 300 km/h,最高实验速度 350 km/h,标称速度 300 km/h。列车装有两副受电弓,运用于新建的高速城际铁路及客运专线。

CRH$_{2C}$(CRH$_2$-300)第二阶段合同计划生产 30 列,但至 2007 年其中 10 列订单改为 CRH$_{2B}$ 速度 200 km/h 大编组动车组,因此目前 CRH$_{2C}$ 第二阶段共有 20 列订单。CRH$_{2C}$ 第二阶段在第一阶段的基础上进行重新研制,计划设有 8 节编组和 16 节大编组,标称速度提高至 350 km/h,最高运营速度 380 km/h。2009 年底完成,已经运用于武广客运专线。

四方股份还设计出 16 节长大编组的 CRH$_{2E}$ 型卧铺电动车组,列车编号由 2121 开始,级别属 E 型(标称速度 200 km/h),最高营运速度为 250 km/h。除 2A、2B、2C 及 2E 型外,四方股份还在研制 CRH$_2$-350 动车组,以 CRH$_{2C}$ 第二阶段为基础,预计 16 节编组,设计持续运营速度 350km/h,最高运行速度 380 km/h,最高试验速度 400 km/h 以上。

截止至 2009 年 10 月,总共已有 110 列 CRH$_2$ 系列动车组出厂,配属铁道部和北京、上海济南、武汉、沈阳、郑州各个铁路局。

2.2.2.3　CRH$_3$ 动车组

CRH$_3$ 该动车组为 4M4T 编组,采用电力牵引交流传动方式,由 2 个牵引单元组成,每个牵引单元按两动一拖构成，牵引功率为 8 800 kW。动车组外形呈流线型，降低了高速运行时的空气阻力和噪音。车体采用轻型铝合金材料焊接而成，使用寿命可达 20 年以上，如图 2.14 所示。

图 2.14 CRH$_3$ 动车组

动车组采用高速转向架、防撞车体结构和独特的防火设计结构，密封性能良好，不仅速度快、乘坐舒适，还具备极高的安全性。动车组两端为司机室，列车正常运行时由前端司机室操纵，两列动车组可以联挂运行，自动解编。

CRH$_3$ 动车组设置一等座车一辆、二等座车 6 辆和带厨房的二等座车一辆。一等车厢座席采取 2+2 布置，二等车车厢座席采取 2+3 布置，除带厨房的二等座车采用固定座椅外，其余车型均采用了可旋转座椅，保证旅客始终可以面向车辆运行方向，座椅靠背可调节，提高了车辆的乘坐舒适性。列车还设有残疾人和婴儿设施；采用航空式供餐设施；功能完备的卫生设施；每辆车设电开水炉；设有透明玻璃行李架和大件行李存放区；设有影音系统及可折叠茶桌、充电插座等旅客设施。全车定员 557 人。

CRH$_3$ 动车组的工程设计和计划工作均在西门子位于德国爱尔兰根的工厂进行。首批 3 列车和一些重要部件也同样在德国制造，并向中方合作伙伴——唐山厂、永济电机厂和铁科院提供技术支持和技术转让，使中国具备相应的生产能力，唐山厂承担其余 57 列车的生产。许多德国和欧洲的高速列车子系统和部件分包商都参与了此项目和技术转让，并与其在中国的相关公司进行合作。

2007 年 4 月 11 日，中国国产速度 350 km/h 的 CRH$_3$ "和谐号"动车组列车在唐山轨道客车股份有限公司下线，标志着中国铁路技术装备现代化取得又一重大成果，我国也由此成为世界上仅有的几个能制造速度 350 km/h 高速铁路移动装备的国家之一。

CRH$_{3C}$ 型电动车组采用动力分布式，采用 4M4T 编组，最高运营速度达 350 km/h。列车设有一等座车（ZY）1 辆、二等座车（ZE）6 辆和带酒吧的二等座车（ZEC）一辆。其中一等座采用 2+2 方式布置，二等座为 2+3 布置。除了带酒吧的二等座车外，其他车厢所有座位均能旋转。

西门子及中国北车集团在 2009 年 3 月再获得铁道部 100 列以 CRH$_{3C}$ 为基础的 16 节车厢的大编组座车动车组新订单，并称为 CRH$_{3D}$。其中 70 列由唐山厂制造，其余 30 列则由长客制造，最高运营速度为 350 km/h，而车体外观不变。

截止到 2010 年 1 月 3 日，全路共有 39 列 CRH$_{3C}$ 动车组，其中北京铁路局北京西运用所 20 列、广铁集团广州基地运用所 4 列、广铁集团长沙运用所 16 列。

2.2.2.4　CRH$_5$ 动车组

CRH$_5$ 型动车组是长客（联合阿尔斯通）生产，是铁道部为中国铁路第六次提速，向法国阿尔斯通订购的高速列车车款之一，如图 2.15 所示。

图 2.15　CRH$_5$ 动车组

CRH$_5$ 型动车组采用动力分布式设计，有别于 TGV 的动力集中式设计，是以法国阿尔斯通的 Pendolino 宽体摆式列车为基础，但取消装设摆式功能，而车体以阿尔斯通向芬兰铁路提供的 SM3 动车组为原型。

CRH$_5$ 型动车组总长 211.5 m，其中头车长 27.6 m，中间车长 25 m，车体宽 3.2 m，车体高度 3.73 m，车辆高 4.27 m。

CRH5 型动车组共设有 1 辆一等车和 7 辆二等车（含 1 辆酒吧、二等合造车）。一等车内座椅为 2+2 布置，二等车为 2+3 布置。除酒吧车外每车均设两个卫生间，一等车设一个坐式卫生间和一个蹲式卫生间，二等车设两个蹲式卫生间，7 号车还设有一个残疾人卫生间。全列车定员 622 人。在 2004 年 10 月 10 号所签订的合同下，阿尔斯通提供 3 列车完全的样车（意大利组装）和 6 列可拆装的版本样车（以散件形式付运，由中方负责组装）。其余的 51 列在接受了技术转移的中国组装，并且有 65% 国产部件安装在余下的列车上使用。

长客从合同签约到正式出车，在铁道部和北车集团的支持下，用前后不到两年半的时间，基本上构建了堪与世界水平相提并论的 200 km/h 动车组制造的技术平台，初步掌握了世界顶级高速铁路客车的设计与制造关键技术。

CRH$_5$ 型动车组采用了一系列先进技术，如轻量化高强度铝合金车体，自重仅为 8.5 t；采用国际 TCN 标准的列车网络控制系统，实现了列车的智能化自动控制和状态监测；在制动方面采用了微机控制的直通式电空制动系统，可以根据列车的运行速度和载重等情况实现精准和均匀减速的空电联合制动。采用了阿尔斯通 Pendolino 系列高速转向架，能够保证列车在高速运行时具有良好的平稳性；采取了一系列隔音降噪措施，有效地降低了车内噪声，当列车以 200 km/h 速度运行时车内的噪声不高于 65 dB；采用全自动恒温空调系统，还设有自动的压力保护装置，可以避免动车组在高速运行会车或进入隧道时由于空气压力的波动而使乘客产生不舒服的感觉；配备了可倾斜式座椅，设有扶手、头靠、脚踏、小桌、书报网架等设施；

配备了可以提供快餐食品和各种饮料的酒吧休闲区；配备了可折叠式影视娱乐和旅客信息系统。此外，该车作为绿色环保车，车内装饰全部采用环保、防火、轻量化的航空用三明治蜂窝内装材料；洗漱用水和便器污物集中收集和排放；低噪声，在以 200 km/h 速度运行时列车的外部噪声不超过 88 dB。CRH_5 动车组从车体、转向架等主要部件到整车的组装制造都是由长客股份自行完成的。在耐寒性方面，CRH_5 则较 CRH_1 及 CRH_2 型动车组好，其承受温度范围可达 ±40 ℃，因此大多数被安排于中国东北地区运用。

截止到 2010 年 1 月，全路共有 59 列 CRH_5 动车组投入运营，其中铁科院 1 列、哈尔滨铁路局 6 列、郑州铁路局 12 列、北京铁路局 15 列、沈阳铁路局 20 列、太原铁路局 4 列、西安铁路局 1 列。

2.2.3 "复兴号"动车组

2004 年，中国引进德国、日本等国的高速动车组技术，在消化吸收再创新的基础上，生产出了"和谐号"系列高速动车组，在较短的时间里满足了百姓出行的需要，然而基于不同平台研发出的"和谐号"车型，由于标准不统一，不能互联互通，难以互为备用，提高了运营和维修成本。2012 年，由中国铁路总公司主导，中国铁道科学研究院技术牵头，中车所属企业设计制造，开展了中国标准动车组设计研制工作。2016 年 7 月，中国标准动车组在世界上首次实现速度 420 km/h 交会及重联运行试验；2017 年 2 月 25 日 10 点 33 分，G65 次列车驶出北京西站，运行于京广高铁，标志着我国自行设计研制的、拥有全面自主知识产权的中国标准动车组样车正式上线运营。2017 年 6 月 25 日，中国标准动车组被正式命名为"复兴号"，"复兴号"动车组标示如图 2.16 所示。

图 2.16 复兴号标示

命名方式：CR 是 "China Railway" 的缩写，即"中国铁路"的英文简写。数字 400、300、200 是指速度等级，400 指运营速度 350 km/h、300 指运营速度 250 km/h、200 指运营速度 160 km/h，复兴号已经形成速度 160～350 km/h 的全系列动车组。

"A" 和 "B" 是生产厂家的标识：A 代表南车，B 代表北车。"F""J" 为技术类型代码：F 表示分散动力式，J 表示集中动力式。

CR400 系列衍生型号："-A" 表示 16 编组的长编组列车；"-B" 表示 17 编组的超长编组列车；"-C" 表示智能动车组，其中 CR400BF-C 为京张高速铁路专用，CR400AF-C 为京雄城际铁路专用；"-G" 表示高寒动车组；"-Z" 表示量产智能动车组；"-BZ" 表示 17 编组的智能动车组；"-GZ" 表示高寒智能动车组。

复兴号动车组有 CR400、CR300、CR200 三个系列。截至 2021 年 10 月，复兴号动车组已有车型：

CR400 系列：CR400AF、CR400AF-A、CR400AF-B、CR400AF-C、CR400AF-G、CR400AF-Z、CR400AF-BZ、CR400BF、CR400BF-A、CR400BF-B、CR400BF-C、CR400BF-G、CR400BF-Z、CR400BF-BZ、CR400BF-GZ。

CR300 系列：CR300AF、CR300BF。

CR200 系列基于现有准高速机车设计，其中 FXD1-J 和 FXD3-J 分别基于 FXD1 型电力机车和 FXD3 型电力机车设计（CR200J 型动车组、CR200J2 型鼓形动车组），HXD1D-J 和

FXN3-J 分别基于 HXD1D 型电力机车和 FXN3 型内燃机车（CR200J 高原动车组）。

此外还有未量产的可变轨距动车组、双层动车组 CR400AF-S、卧铺动车组 CR400BF-E、货运动车组 CR400AF-H 等。

2.2.3.1 CR200 动车组

复兴号 CR200J 型电力动车组（简称"CR200J"），是中国铁路复兴号系列的一款动力集中式的电力动车组。截至 2021 年 7 月，复兴号 CR200J 型电力动车组为复兴号电力动车组系列中的低等级的产品。该车以 HXD1G、HXD3G 型电力机车与 25T 型客车为原型，由中国国家铁路集团有限公司和中国中车牵头，中车唐山、浦镇、大连、青岛四方、株洲、大同等六家公司联合研制。

最高运营速度为 160 km/h，可用于开行长途列车和中短途城际列车，能在中国约 10 万千米的既有电气化铁路上开行。截至 2019 年 12 月 31 日，"CR200J"已在京沪线、京九线、沪昆线、兰渝线、京广线、南昆线等多条铁路干线上投入运用，CR200J 动车组如图 2.17 所示。

图 2.17 CR200J 动车组

2.2.3.2 CR300 动车组

复兴号 CR300 动车组包括 CR300AF 型电力动车组和 CR300BF 型电力动车组。

复兴号 CR300AF 型电力动车组是中国"复兴号"标准动车组系列的成员之一，运营速度为 200~250 km/h，是中国铁路总公司向中车青岛四方机车车辆股份有限公司订购的高速铁路动车组，CR300 动车组如图 2.18 所示。

图 2.18 CR300AF 动车组

复兴号 CR300BF 型电力动车组是中国"复兴号"系列的成员之一,由中国中车长春轨道客车股份有限公司研发,中车长春轨道客车股份有限公司和中车唐山机车车辆有限公司生产制造,是中国标准动车组系列化产品之一。设计最高运营速度 250 km/h,列车总长 208.95 m,车体最大宽度 3.36 m,车辆最大高度 4.05 m,列车总质量 431.3 t,车体材质为铝合金,CR300BF 动车组如图 2.19 所示。

图 2.19　CR300BF 动车组

2.2.3.3 CR400 动车组

CR400 动车组主要包括 CR400AF 型电力动车组和 CR400BF 型电力动车组,又可根据其编组形式、铁路线使用情况等形式将其细分为 CR400AF、CR400AF-A、CR400AF-B、CR400AF-C、CR400AF-G、CR400AF-Z、CR400AF-BZ、CR400BF、CR400BF-A、CR400BF-B、CR400BF-C、CR400BF-G、CR400BF-Z、CR400BF-BZ、CR400BF-GZ 等不同型号。

复兴号 CR400AF 型电力动车组,早期称为中国标准动车组,2017 年 6 月 26 日后改为现名。它是由中国铁路总公司组织中国中车股份有限公司自主研发的电力动车组,营运于中国铁路客运专线及高速铁路。该动车组现有型号列车的最高营运速度为 350 km/h,为动力分散式、交流传动的铝合金空心型材车体列车,CR400AF 动车组如图 2.20 所示。

图 2.20　CR400AF 动车组

复兴号 CR400BF 型电力动车组是复兴号电力动车组 CR400 级别里的一款，是由中车唐山轨道客车股份有限公司和中车长春轨道客车股份有限公司研制的动车组。2017 年 1 月 3 日，中国动车组采用全新命名，"金凤凰"动车组被命名为 CR400BF。复兴号 CR400AF 型电力动车组（CR400AF）头部玻璃平，侧面有一条凸尖线，CR400BF 头部玻璃凸，侧面比较平缓。CR400BF 动车组如图 2.21 所示。

图 2.21　CR400BF 动车组

2.2.3.4 "复兴号"系列特点

与"和谐号"CRH 系列相比，"复兴号"高速动车组具有以下几大升级点：

1）寿命更长

中国标准动车组在降低全寿命周期成本、进一步提高安全冗余等方面加大了创新力度。为适应中国地域广阔、温度横跨正负 40 ℃、长距离、高强度等运行需求，"复兴号"进行了 60 万千米运用考核，比欧洲标准还多 20 万千米。最终，整车性能指标实现较大提升，"复兴号"的设计寿命达到了 30 年，而"和谐号"是 20 年。

2）外观更美

采用全新低阻力流线型头型和车体平顺化设计，车型看起来更优雅，跑起来也更节能。坐过"和谐号"的朋友都会发现，动车组车顶有个"鼓包"，那其实是受电弓和空调系统。"复兴号"把这个"鼓包"下沉到了车顶下的风道系统中，使列车不仅外观看起来更美，而且运行总阻力大幅降低。CR400AF 定员载荷在 350 km/h 时阻力比 CRH380A 降低 12.3%，CR400BF 比 CRH380B 降低 7.5%，CR400AF 在 350 km/h 下运行，京沪高铁实测人均百千米能耗 3.63 kW·h，较 CRH380A 下降 17%左右。

3）容量更大

从外面看"复兴号"身材更好了，登车后，旅客还会惊异于空间更大，因为列车高度从 3 700 mm 增高到 4 050 mm。虽然断面增加、空间增大的情况下，按速度 350 km/h 运行，列车运行阻力、人均百千米能耗和车内噪声明显下降。并且座位间距更宽敞，乘坐更加舒适。

4）舒适度更好

"复兴号"空调系统充分考虑减小车外压力波的影响，通过隧道或交会时减小耳部不适感；列车设有多种照明控制模式，可根据旅客需求提供不同的光线环境。车厢内实现了 Wi-Fi 网络全覆盖。

5）安全性更高

"复兴号"设置智能化感知系统，建立强大的安全监测系统，全车部署了 2 500 余项监测点，比以往监测点最多的车型还多出约 500 个，能够对走行部状态、轴承温度、冷却系统温度、制动系统状态、客室环境进行全方位实时监测。它可以采集各种车辆状态信息 1 500 余项，为全方位、多维度故障诊断、维修提供支持。此外，列车出现异常时，可自动报警或预警，并能根据安全策略自动采取限速或停车措施。在车头部和车厢连接处，还增设碰撞吸能装置，在低速运行中出现意外碰撞时，可通过装置变形，提高动车组被动防护能力。

第 3 章
地铁轻轨概况

轻轨（Light rail），是城市轨道交通线路制式的一种，也是当今世界发展最为迅猛的轨道交通形式。轻轨的机车重量和载客量要比一般列车小，因此称为"轻轨"。城市轻轨具有运量大、速度快、污染小、能耗低、准点运行、安全性高等优点。城市轻轨与地下铁道、城市铁路及其他轨道交通形式构成城市快速轨道交通体系。它可以有效缓解人口与交通资源、汽车与交通设施之间的紧张关系。轻轨作为改善城市交通现状的有效载体，成为现代化大都市的重要选择。它在极大程度上方便了乘客出行，使居民享受更高品质的生活。轻轨也更符合绿色交通的标准，轨道延伸之处的大规模市政配套设施建设，更有利于环境综合治理。

学习目标

1. 了解地铁轻轨的定义与特点
2. 了解国外地铁轻轨的概况和特点
3. 了解国内地铁轻轨的发展概况和特点

3.1 国外地铁轻轨概况

3.1.1 欧洲地铁轻轨概况

3.1.1.1 法国地铁轻轨

法国是欧洲地铁轻轨系统发展最早且规模最大的国家之一。法国地铁轻轨系统覆盖了全国各大城市，为居民和游客提供了便捷的出行方式，具有以下特点：

（1）多样化的网络：法国地铁轻轨系统包括地铁、有轨电车和快速轻轨等多种形式，形成了一个多层次、多模式的交通网络。

（2）全天候运营：法国地铁轻轨系统通常全天候运营，提供便捷的交通选择，方便居民和游客的出行。

国外地铁轻轨概况

（3）高效的运营管理：法国地铁轻轨系统采用先进的运营管理技术，包括自动售票系统、列车调度系统等，以提高运输效率和乘客体验。

例如，巴黎地铁是法国地铁轻轨系统中最大的一部分，覆盖了巴黎市区及周边地区，共有 16 条地铁线路和 5 条快速轻轨线路，每天运送数百万乘客，是世界上最繁忙的地铁之一。它为巴黎市区的居民和游客提供了快速、便捷的交通方式，具有网络覆盖广泛，高密度运输的特点。另外，马赛有轨电车是法国地铁轻轨系统中的一部分，是一种环保、低碳的交通方式。它使用电能驱动，减少了对环境的污染。

以上是法国地铁轻轨系统的一些特点和示例，它们为法国的居民和游客提供了便捷、高效的交通选择。在未来，随着技术的不断发展，法国地铁轻轨系统将继续完善和扩展，为更多人群提供更好的出行体验。

3.1.1.2 德国地铁轻轨

德国是欧洲地铁轻轨系统发展最为成熟的国家之一，拥有众多高效便捷的地铁轻轨网络。以下是德国地铁轻轨系统的一些特点和代表性城市：

（1）柏林地铁：柏林地铁是德国最大的地铁系统，由 U-Bahn（地铁）和 S-Bahn（城市快铁）两部分组成。U-Bahn 覆盖城市内部，而 S-Bahn 则连接城市与周边地区。柏林地铁系统运营时间长，线路密集，乘客数量庞大，为城市居民和游客提供了便捷的交通工具。

（2）慕尼黑地铁：慕尼黑地铁是德国南部城市慕尼黑的主要交通工具之一。该地铁系统由 U-Bahn 和 S-Bahn 组成，覆盖了城市内外的大部分地区。慕尼黑地铁以其高效、准时和舒适的服务而闻名。

（3）汉堡地铁：汉堡地铁是德国北部城市汉堡的主要交通网络之一。该地铁系统由 U-Bahn 和 S-Bahn 组成。汉堡地铁以其现代化的设施和便利的服务而受到赞誉，为居民和游客提供了高效的交通方式。

（4）科隆地铁：科隆地铁是德国西部城市科隆的主要交通系统之一。该地铁系统由 U-Bahn 和 S-Bahn 组成，连接了城市内外的各个重要地点。科隆地铁以其广泛的覆盖范围和方便的换乘点而受到赞赏，为居民和游客提供了便捷的出行选择。

德国地铁轻轨系统的发展经验为其他国家提供了借鉴和参考，其高效、准时和舒适的服务使其成为城市交通的重要组成部分。

3.1.1.3 英国地铁轻轨

英国地铁轻轨系统是英国城市交通的重要组成部分。以下是英国几个主要城市的地铁轻轨系统的概况：

（1）伦敦地铁：伦敦地铁是世界上最古老、最大的地铁系统之一。它于 1863 年开始运营，目前共有 11 条线路和 270 多个车站。伦敦地铁的运营时间长达 20 小时，每年运送数亿乘客。

（2）曼彻斯特轻轨：曼彻斯特轻轨系统于 1992 年开始运营，是英国第一条现代化的轻轨系统。它共有 7 条线路，覆盖曼彻斯特市区及周边地区，提供便捷的城市交通服务。

（3）伯明翰轻轨：伯明翰轻轨系统于 1999 年开始运营，是英国最新的轻轨系统之一。它共有 2 条线路，覆盖伯明翰市区及周边地区，为居民和游客提供方便快捷的交通选择。

（4）纽卡斯尔轻轨：纽卡斯尔轻轨系统于1980年开始运营，是英国最早的城市轻轨系统之一。它共有2条线路，覆盖纽卡斯尔市区及周边地区，为居民和游客提供方便的出行方式。

这些英国地铁轻轨系统在城市交通中起到了重要的作用，为居民和游客提供了快捷、便捷的出行方式。无论是在伦敦、曼彻斯特、伯明翰还是纽卡斯尔，这些地铁轻轨系统都是城市发展和交通运输的重要组成部分。

3.1.2 亚洲地铁轻轨概况

3.1.2.1 日本地铁轻轨

日本是一个以高效、准时而闻名的国家，其地铁轻轨系统也是如此。日本地铁轻轨系统较为发达和复杂，覆盖了大部分城市和地区。以下是一些关于日本地铁轻轨系统的特点和亮点：

（1）线路网络广泛：日本的地铁轻轨系统覆盖了全国各地，包括东京、大阪、京都、名古屋等主要城市，以及一些较小的城市和乡村地区。这些线路连接了城市中心、商业区、居民区和旅游景点，为居民和游客提供了方便的交通选择。

（2）准时性和可靠性：日本地铁轻轨系统以其准时性和可靠性而闻名。列车在规定的时间内到达和离开车站，乘客可以依靠这个系统进行日常的通勤和出行。此外，日本地铁轻轨系统还采用了先进的技术和自动化系统，以确保列车的运行安全和顺畅。

（3）发达的地铁文化：日本地铁轻轨系统不仅是一个交通工具，也是一个文化现象。日本人非常重视地铁轻轨的纪律和礼仪，乘客在地铁轻轨上保持安静，不会大声喧哗或打电话。此外，日本地铁轻轨系统还提供了便利的服务和设施，如免费Wi-Fi、自动售票机、儿童乘车优先等。

（4）多样化的票价和优惠：日本地铁轻轨系统提供了多种票价和优惠方式，以满足不同乘客的需求。乘客可以根据自己的行程和需求选择单程票、日票、周票或月票等不同的票种。此外，日本地铁轻轨系统还为学生、老年人和残疾人等特殊人群提供了相应的优惠政策。

综上所述，日本地铁轻轨系统以其广泛的线路网络、准时性和可靠性、发达的地铁文化以及多样化的票价和优惠而闻名。它为居民和游客提供了便捷、舒适和安全的交通选择，成为日本城市生活中不可或缺的一部分。

3.1.2.2 韩国地铁轻轨

韩国地铁轻轨系统是亚洲地区最为发达的地铁轻轨系统之一，其拥有现代化的设施和高效的运营管理。以下是韩国地铁轻轨系统的一些特点和亮点：

（1）覆盖范围广泛：韩国地铁轻轨系统覆盖了主要城市及其周边地区，包括首尔、釜山、仁川等地，形成了一个庞大的交通网络。这使得乘客可以方便地在城市之间来往。

（2）高度智能化：韩国地铁轻轨系统采用了先进的智能化技术，包括自动驾驶、智能票务系统、实时信息显示等。这些技术的应用提高了系统的运行效率和乘客的出行体验。

（3）高频率运营：韩国地铁轻轨系统的列车运营频率非常高，特别是在高峰时段。这意味着乘客不需要等待太长时间就能搭乘一班列车，提高了出行的便利性。

（4）多元化服务：韩国地铁轻轨系统提供了多种服务，满足不同乘客的需求。例如，一些列车设有专门的儿童车厢和残疾人车厢，为特殊人群提供更好的出行环境。

（5）环保节能：韩国地铁轻轨系统注重环保和节能，在列车设计和运营中采取了一系列措施。例如，列车采用了高效的能源利用技术，减少了能源消耗和碳排放。

综上所述，韩国地铁轻轨系统以其广泛的覆盖范围、智能化的设施、高频率的运营、多元化的服务和环保节能的特点而著名。它为韩国及其居民提供了便捷、高效和环保的出行方式。

3.1.3 北美地铁轻轨概况

3.1.3.1 美国地铁轻轨

美国是北美地区地铁轻轨系统发展最为成熟的国家之一。美国的地铁轻轨系统覆盖面广，服务于许多大城市和市中心。以下是一些美国地铁轻轨系统的概况：

（1）纽约地铁：纽约地铁是美国最大的地铁系统，也是世界上最繁忙的地铁系统之一。它由纽约市运输局（MTA）运营，覆盖纽约市五个行政区，并延伸至纽约市周边地区。纽约地铁拥有广泛的路线网络和多个车站，每天运送数百万乘客。

（2）芝加哥地铁：芝加哥地铁系统，也被称为"L"（代表"高架"），是美国最早的地铁系统之一。它由芝加哥交通局（CTA）运营，覆盖芝加哥市及其周边地区。芝加哥地铁系统主要以高架铁路为主，但也包括地下和地面线路。它是芝加哥市内主要的公共交通工具之一。

（3）旧金山轻轨：旧金山轻轨系统，也被称为"Muni Metro"。它由旧金山市交通局（SFMTA）运营，覆盖旧金山市及其周边地区。旧金山轻轨系统包括地下、地面和高架线路，连接了市内各个重要地点。

（4）华盛顿特区地铁：华盛顿特区地铁系统，也被称为"地铁"或"地铁轻轨"。它由华盛顿都会区交通局（WMATA）运营，覆盖华盛顿特区及其周边地区。华盛顿特区地铁系统包括地下和高架线路，连接了市内各个重要地点。

（5）波士顿地铁：波士顿地铁系统，也被称为"T"。它由马萨诸塞湾交通局（MBTA）运营，覆盖波士顿市及其周边地区。波士顿地铁系统包括地下、地面和高架线路，是市内主要的公共交通工具之一。

这些地铁轻轨系统在美国的城市交通中发挥着重要的作用，为居民和游客提供便捷的出行方式。它们的建设和运营也对城市的发展和经济起到了积极的推动作用。

3.1.3.2 加拿大地铁轻轨

加拿大是北美洲的一个国家，以下是加拿大几个主要城市的地铁轻轨概况：

（1）多伦多地铁：多伦多地铁是加拿大最大的地铁系统，由多伦多公共交通局（TTC）运营。它于1954年开始运营，目前有4条地铁线路，共计75个车站。多伦多地铁系统覆盖了多伦多市区及其周边地区，为市民提供了便捷的出行方式。

（2）蒙特利尔地铁：蒙特利尔地铁是加拿大第二大地铁系统，覆盖了蒙特利尔市区及其周边地区，由蒙特利尔都市公共交通公司（STM）运营。它于1966年开始运营，目前有4条地铁线路，共计68个车站。

（3）温哥华天车：温哥华天车是加拿大西海岸城市温哥华的轻轨系统，连接了温哥华市中心与周边地区，由大温哥华地区交通局（TransLink）运营。它于1985年开始运营，目前有3条天车线路，共计53个车站。

（4）卡尔加里C-Train：卡尔加里C-Train是加拿大西部城市卡尔加里的轻轨系统，连接了卡尔加里市中心与周边地区，由卡尔加里交通局（Calgary Transit）运营。它于 1981 年开始运营，目前有 2 条轨道线路，共计 45 个车站。

以上是加拿大几个主要城市的地铁轻轨概况，这些系统为加拿大居民和游客提供了便捷的城市交通服务。

3.2 中国地铁轻轨概况

中国城市轨道交通（Urban Rail Transit in China）是指中华人民共和国境内采用专用轨道导向运行的城市公共客运交通系统，包括地铁系统、轻轨系统、市域快速轨道交通系统、单轨系统、现代有轨电车系统、自动导向轨道（APM）系统、磁浮系统。

中国地铁轻轨概况

截至 2023 年 6 月 30 日，我国（港澳台地区除外）累计有 57 个城市投运城轨交通线路 10 566.55 km。从运输能力来看，在这些城轨交通运营线路中，大运能系统（地铁）8 112.23 km，占比 76.77%；中运能系统（含轻轨、跨座式单轨、市域快轨、磁浮交通、自导向轨道系统）1 760.2 km，占比 16.66%；低运能系统（含有轨电车、电子导向胶轮系统、导轨式胶轮系统）694.08 km，占比 6.57%。

3.2.1 发展概况

1953 年 9 月，《改建与扩建北京市规划草案要点》第一次明确提出"为了提供城市居民以最便利、最经济的交通工具，特别是为了适应国防的需要，必须及早筹划地下铁道的建设"。

1965 年 7 月 1 日，北京地下铁道一期工程正式开工，按照"战备为主，兼顾交通"的方针设计。

1969 年 10 月 1 日，北京地铁建成通车，北京由此成为我国第一个拥有地铁的城市。

1976 年 1 月，天津轨道交通新华路至海光寺段（现属天津轨道交通 1 号线）试通车。

1993 年 5 月 28 日，上海地铁 1 号线南段（锦江乐园至徐家汇）建成通车。

1997 年 6 月 28 日，广州地铁 1 号线首段（西塱至黄沙）开通。

2002 年 10 月 30 日，长春轨道交通 3 号线一期（长春站至卫光街）开通运营。

2003 年 1 月 4 日，由中德两国合作开发的世界第一条磁悬浮列车，上海磁浮列车示范运营线正式开始商业运营。

2004 年 12 月 28 日，深圳地铁 1 号线（Shenzhen Metro Line 1）开通运营一期工程，其标志色为绿色。

2005 年 6 月，重庆轨道交通 2 号线（较场口至动物园）正式开通运营（见图 3.1）。

2006 年 12 月 6 日，天津滨海新区胶轮有轨电车开通。

2010 年 11 月 8 日，广州地铁 APM 线开通。

2014 年 10 月 26 日，苏州高新有轨电车 1 号线开通。

2016 年 5 月 6 日，长沙磁浮快线开通试运营。

2017 年 12 月 30 日，北京地铁燕房线投入载客运营。

2019 年 1 月 23 日，温州轨道交通 S1 线开通。12 月 30 日，高明有轨电车开通运营。

图 3.1 重庆单轨

3.2.2 运营数据

2019 年年底，我国（港澳台地区除外）城市轨道交通累计投运车站总计 3 982 座（线网车站每个车站只计一次，换乘站不重复计算），其中换乘车站 354 座。拥有换乘站的城市达到 28 个。据不完全统计，累计投运车辆段和停车场共计 317 座。我国（港澳台地区除外）已开通城市轨道交通运营线路 208 条，城轨交通线路长度共计 6 730.27 km，其中地铁 5 187.02 km、轻轨 255.40 km、单轨 98.50 km、市域快轨 715.61 km、现代有轨电车 405.64 km、磁浮交通 57.90 km、APM 10.20 km；按线路敷设方式来分，地下线 4 366.5 km，地面线 920.3 km，高架线 1 449.4 km。

2020 年 5 月 1 日，我国已开通城市轨道交通的城市共有 47 个。

至 2021 年 12 月，31 个省（区、市）和新疆生产建设兵团共有 51 个城市开通运营城市轨道交通线路 269 条，运营里程 8 708 km，实际开行列车 279 万列次，完成客运量 20.8 亿人次，进站量 12.7 亿人次，客运量环比增加 1.1 亿人次、增长 5.6%，较 2020 年 12 月增加 0.5 亿人次、增长 2.5%，未发生运营安全责任事故。

截至 2023 年 12 月 31 日，31 个省（自治区、直辖市）和新疆生产建设兵团共有 55 个城市开通运营城市轨道交通线路 306 条，运营里程 10165.7 千米，车站 5897 座。2023 年全年，新增城市轨道交通运营线路 16 条，新增运营里程 581.7 千米，新增红河和咸阳 2 个城市首次开通运营城市轨道交通。2023 年全年实际开行列车 3759 万列次，完成客运量 294.4 亿人次，进站量 176.6 亿人次，客运周转量 2418 亿人次千米。2023 年全年客运量较 2022 年增加 100.4 亿人次，增长 51.7%。具体情况见表 3.1

表 3.1 中国城市轨道交通线路开通情况

统计年份	开通城市数量/个	运营线路数量/条	运营里程/km	年客运总量/亿人次
2012	17	—	2 286	87
2013	19	—	2 746	110
2014	22	—	3 173	126

续表

统计年份	开通城市数量/个	运营线路数量/条	运营里程/km	年客运总量/亿人次
2015	26	116	3 618	138
2016	30	133	4 152.8	160.9
2017	34	165	5 033	184.8
2018	35	185	5 761.4	210.7
2019	40	208	6 730.27	237.1
2020	44	233	7 545.5	175.9
2021	51	269	8 708	237.1
2022	53	290	9 584	194.0
2023	59	306	10 165.7	294.4

3.2.3 城际市域列车概况

随着我国城市群的快速发展，占地少、能耗低、容量大、效率高的城际轨道交通应运而生。城际轨道交通网络可有效填补干线网与城轨交通网两大网络之间的空白，替代公路或高铁，提高门到门服务效率，与干线互联互通，促进干线、城际、市域和城轨"四网融合"，实现零距离换乘，并承担区域内城际间或大城市周边的中短途客流运输，干线铁路的中长途客流集散等功能。

3.2.3.1 CINOVA 系列城际动车组

中车青岛四方机车车辆股份有限公司研制的 CINOVA 系列和谐号 CRH_6 型城际动车组（见图3.2和图3.3）是以 CRH_2 型高速动车组技术为平台，充分借鉴CRH380A的技术创新成果，为实现高速与城市轨道交通网无缝连接而研发的新型轨道交通工具，是城际轨道交通的核心技术装备。和谐号 CRH_6 型城际动车组采用交-直-交电传动方式，具有安全可靠、快起快停、快速乘降、载客能力强的特点，适应城市群区域主要中心城市之间和区域内以大型城市为中心、承担通勤通商客流为主的城际轨道交通系统。

图 3.2 CRH_{6A} 城际动车组　　　　图 3.3 CRH_{6F} 城际动车组

CINOVA 系列城际动车组主要技术参数见表 3.2，其主要技术特点如下：

（1）造型时尚：线条流畅、动感时尚，冲击力强。

（2）安全可靠：动力学性能裕量充足，关键承载部件结构可靠，基础制动热容量大，防火设计覆盖国标标准，故障导向安全设计。

（3）适应性强：满足与干线铁路互联互通，具有持续和短时工作制特点，适应城际点对点长距离、越站停和站站停不同运营模式，满足高速持续运转和频繁起停的不同运营特点。

（4）编组灵活：采用模块化设计，编组形式 4 动 4 拖、4 动 2 拖、2 动 2 拖均可；必要时可重联运行，编组可达 16 辆。

（5）运能强大：宽车体设计（3 300 mm），单车载客量大，最小追踪间隔 3 min，单位时间发车频率高，8 辆编组载客高达 1 488 人，小时输送能力可达 3 万人。

（6）性能优越：加速能力强（0～40 km/h：0.65 m/s^2）、制动距离短（1 348 m）；侧门开度大（1 100 mm）、走廊通道宽（850 mm），乘降速度快（42 s 实现一半乘客乘降）、疏散能力强。

（7）舒适度高：运行平稳性指标优良；乘坐环境宽敞明亮、通透时尚、视野开阔；服务功能完善；新风量充足（≥20 m^3/人/h）；噪声低，车内环境安静；气密性设计、设压力保护装置，避免隧道运行乘客耳鸣。

（8）节能环保：轻量化设计，牵引能耗低（人均比干线同等速度等级车辆降低约 44%），轮轨冲击及磨耗小，噪声低；再生制动能量 100% 回馈电网；采用真空集便系统，废水污物集中收集，实现零排放。

表 3.2 CINOVA 系列城际动车组主要技术参数

参 数	CRH$_{6F}$ 城际动车组	CRH$_{6A}$ 城际动车组
编组形式	8 辆编组（4 动 4 拖）	4 动 4 拖
动力形式	交流传动、电力牵引	电力牵引 动力分散
供电制式	25 kV/50 Hz	25 kV/50 Hz
牵引功率/kW	5 520	5 152
再生功率/kW	9 040	6 400
轴重/t	16.5	16.5
速度/(km/h)	运营速度 200 试验速度 220	最高运营速度 160 试验速度 176
载客量/人	额定（座席）557 超员（座席+4 人/m^2）1 488	座席（AW1）512 定员（AW2）1 502（AW1+4 人/m^2） 超员（AW3）1 998（AW1+6 人/m^2）
加速能力/(m/s^2)	起动（0→40 km/h）≥0.65 平均（0→200 km/h）≥0.30	起动（0→40 km/h）≥0.80 平均≥0.38
减速能力/(m/s^2)	最大常用制动≥0.9 紧急制动≥1.12	最大常用制动≥1.0 紧急制动 1.20（850 m）
转向架轴距/mm	2 500	2 500
轮径/mm	860	860

续表

参　数	CRH$_{6F}$城际动车组	CRH$_{6A}$城际动车组
车体宽度/mm	3 300	3 300
车体长度/mm	中间车 24 500 头车 25 450	中间车 24 500 头车 25 450
车体高度/mm	3 860	3 860
地板距轨面高/mm	1 260	1 260
车门/对	2	2、3

3.2.3.2　140 km/h 双制式市域列车

中车青岛四方机车车辆股份有限公司以和谐号 CRH$_6$ 型城际动车组及 A 型地铁技术平台为基础，结合城际轨道交通速度快、城郊城区运用的要求，保持载客量大、起停速度快、乘降迅速的技术特点，研制了 140 km/h 双制式市域列车，如图 3.4 所示。市域列车为动力分散、交流传动电动车组（交-直-交和直交两种模式共存），采用轻量化车体、大轴重转向架、VVVF 牵引控制、电空复合制动、安全冗余网络控制等技术，适应区域快速轨道交通的特殊运营模式。

图 3.4　CRH$_6$ 型车平台市域列车

140km/h 双制式市域列车主要技术参数见表 3.3，其主要技术特点如下：

（1）满足"大载客量、快起快停、快速乘降"的技术要求，适应市域运营需求，与大城市既有城轨线网互联互通、充分利用既有资源。

（2）充分考虑经济性并采用成熟可靠的技术，具有较高的性价比，安全可靠。

（3）以国家标准 A 型地铁车辆、和谐号 CRH$_6$ 型城际动车组为技术基础，进行适用性开发。

表 3.3　140 km/h 双制式市域列车主要技术参数

参　数	CRH6型车平台市域列车	A 型地铁平台市域列车
编组形式	2 动 2 拖	2 动 2 拖
动力形式	动力分散　电力牵引	
供电制式	AC 25 kV 和 DC 1 500 V 双制式供电	AC 25 kV 和 DC 1 500 V 双制式供电
牵引功率/kW	2200	2200
再生功率/kW	不低于牵引功率 400	不低于牵引功率 400

续表

参　　数	CRH6型车平台市域列车	A型地铁平台市域列车
最大设计轴重/t	17	17
速度/（km/h）	运营速度 140 试验速度 160	最高运行速度 140 平均旅行速度 37（50）
载客量/人	座席 220（232） 额定 698（AW1+4 人/m^2） 超员 926（AW1+6 人/m^2）	定员 1 860 超员 2 580
加速能力/（m/s^2）	起动加速度 （0→40 km/h）0.80 平均加速度 0.38	起动（0→36 km/h）≥1.0 起动（0→80 km/h）≥0.6 起动（0→140 km/h）≥1.0
减速能力/（m/s^2）	最大常用制动 ≥1.0 紧急制动 ≥1.2	最大常用制动 ≥1.0 紧急制动 ≥1.2
转向架轴距/mm	2 500	2 500
轮径/mm	860	新轮时直径 840
车体宽度/mm	3 300	最大宽度 3 000
车体长度/mm	头车 25 450 中间 24 500	头　车 24 390 中间车 22 800
车体高度/mm	3 880	3 745
地板距轨面高/mm	1 280	1 130
车门/对	3	4

3.2.3.3　温州市域车

温州市域车是我国首个 140 km/h 速度等级的市域动车组项目，以 CINVOA 城际动车组平台为基础，针对温州市域铁路 S1 线一期工程的技术要求而研制的市域车辆（见图 3.5）。该市域动车组充分借鉴城市轨道交通成熟经验，其采用大载重轻量化整体承载铝合金车体、大轴重轻量化无摇枕转向架、完全自主化的架控制动系统、全自主化的主辅一体化的牵引传动及辅助供电系统、完全自主化 TCN 网络控制系统。为保证工程的安全性、可靠性、先进性、经济性，首次聘请中铁 CRCC 认证中心进行整车第三方安全评估。

图 3.5　温州市域车

温州市域车主要技术参数见表 3.4，其主要技术特点如下：

（1）大载客量、高强度、轻量化。

（2）优化气动设计。采用鼓形断面流线型设计，具有优良的气动性能，降低列车进入隧道时压力波动，减小横向倾覆力矩。

（3）大轴重轻量化转向架。设计轴重 17 t，设计使用寿命 30 年，满足强度要求的同时，采用轻量化设计，动车转向架不大于 8.5 t，拖车转向架不大于 6.8 t。

（4）大载重、高减速度。速度 140 km/h 条件下，针对大载客量、紧急制动减速度≥1.2 m/s^2 的特点，采用高热容量制动盘。

表 3.4 温州市域车主要技术参数

编组形式	2 动 2 拖（近期）3 动 3 拖（远期）
供电制式/kV	25
牵引功率/kW	2 560
再生功率/kW	3 200
轴重/t	16.5
速度/(km/h)	运营速度 140 最高试验速度 160
载客量/人	192（座席） 902（座席+5 站客/m^2） 1 322（座席+8 站客/m^2）
加速能力/(m/s^2)	起动加速度（0→40 km/h）≥0.8 平均加速度（0→140 km/h）≥0.4
减速能力/(m/s^2)	最大常用制动≥1.0
轴重/t	≤17
车体宽度/mm	3 300
车体高度/mm	3 880
车辆定距/mm	15 700
转向架轴距/mm	2 500
轮径/mm	860
车体长度/mm	头车 24 390 中间车 22 800
地板距轨面高/mm	1 130
车门/对	4

第4章

"和谐号""复兴号"动车组关键技术

通过从世界高速铁路技术发达国家引进高速动车组,经过中国中车集团的消化、吸收、再创新,中国铁路形成了具有自主品牌的"和谐号"CRH系列高速动车组,而后又根据需求完全自主研发了"复兴号"CR系列高速动车组。在先进、成熟、经济、适用、可靠的方针指导下,中国高速铁路在系统集成、轻量化、高速转向架、交流传动、高速受流、高速制动、网络控制、人机工程、节能环保等方面达到了世界先进水平。

> **学习目标**

1. 掌握"和谐号""复兴号"动车组的关键技术。
2. 了解"和谐号""复兴号"动车组的总体技术。
3. 了解动车组的轻量化技术、动车组转向架、交流传动技术、高速受流技术、高速制动技术、动车组控制和管理系统、动车组人机工程技术、动车组节能环保技术等。

4.1 总体技术

我国 CRH 系列动车组引入的都是动力分散式动车组,均为 8 辆编组,可重联运行。而 CR 系列动车组动力类型可根据需求分为的动力分散式和动力集中式动车组,编组类型有短编组和长编组之分。两种类型的动车组在总体布置、可靠性设计、列车控制与管理、复合制动等方面均达到了世界先进水平。

4.1.1 CRH$_1$型动车组总体技术

4.1.1.1 概述

CRH$_1$型动车组由 8 辆车构成一个基本编组,如图 4.1 所示。M 代表动车,转向架用黑色圆圈表示;T 代表拖车,转向架用白色圆圈表示。包含 4 种类型的车辆:带司机室的动车(Mc1和 Mc2)、带受电弓的拖车(Tp1 和 Tp2)、中间动车(M1、M2 和 M3)及带吧台拖车(Tb)。

CRH$_1$型动车组按"2 动 1 拖"或"1 动 1 拖"两种单元结构形式组成,整列车为 5 动 3

拖编组。Mc1-Tp1-M1 三辆车为基本单元 1（TBU 1），M3-Tb 两辆车为基本单元 3（TBU3），Mc2-Tp2-M2 三辆车为基本单元 2（TBU2）。

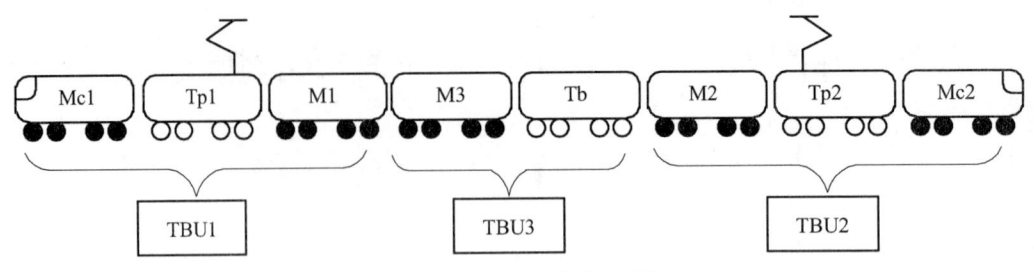

图 4.1　CRH₁ 型动车组编组

4.1.1.2　平面布置

CRH₁ 型动车组各车平面布置如图 4.2～图 4.9 所示，车内布置情况代码见表 4.1。每节车均在接近中间位置的两侧布置外车门，两个车门之间为通过台，方便旅客上下车。中间位置还设有卫生间和大型行李存放架，通过台两端与客室相接处设有感应式内车门，各车厢端部还设有端门，相邻车辆端门由风挡形成通道相连，将全车所有客室连通。表 4.1 为车内各设备名称。

列车两端的 Mc 车是一等车，座席采用 2+2 布置，每节车布置一个座式卫生间，如图 4.2 和 4.3 所示。Tp 车和 M 车为二等车，座席采用 2+3 布置，每节车布置两个蹲式卫生间，如图 4.4 和图 4.6 所示。Tb 车为二等车与餐车的合造车，A 端采用 2+3 的二等车座席布置，还布置有两个残疾人轮椅位置及残疾人卫生间；B 端餐车及酒吧，布置 24 个餐车座椅、三个酒吧立桌及酒吧（厨房）制作间，如图 4.9 所示。

一等、二等车座席上方侧墙上均布置有行李架，方便旅客放置小件行李。过道门上方设有信息显示屏，提供温度、车速、站台等信息。车内还设有乘客信息系统（PIS）和视频娱乐系统，用来播放旅客需要了解的各种信息、MP3 音乐或调频广播。

表 4.1　车内各设备名称

序号	设备	序号	设备	序号	设备
1	一等车座椅	14	行李架（500）	27	轮椅升降装置
2	二等车座椅	15	餐车桌子	28	司机操作台
3	折叠椅	16	信息显示屏	29	司机座椅
4	司机室灭火器	17	洁具室	30	司机室门
5	一等车桌子	18	热水炉	31	LKJ 主计算机
6	二等车桌子（大）	19	垃圾箱	32	ATP 装置
7	二等车桌子（小）	20	灭火器	33	乘务室门
8	逃生窗	21	客室门	34	走道地毯
9	显示屏	22	通过台门	35	站立就餐桌
10	餐车储藏间	23	吧台	36	扶手
11	卫生间（坐式）	24	轮椅位置	37	客室分隔屏
12	卫生间（蹲式）	25	餐桌		
13	卫生间（残疾人）	26	乘务员室		

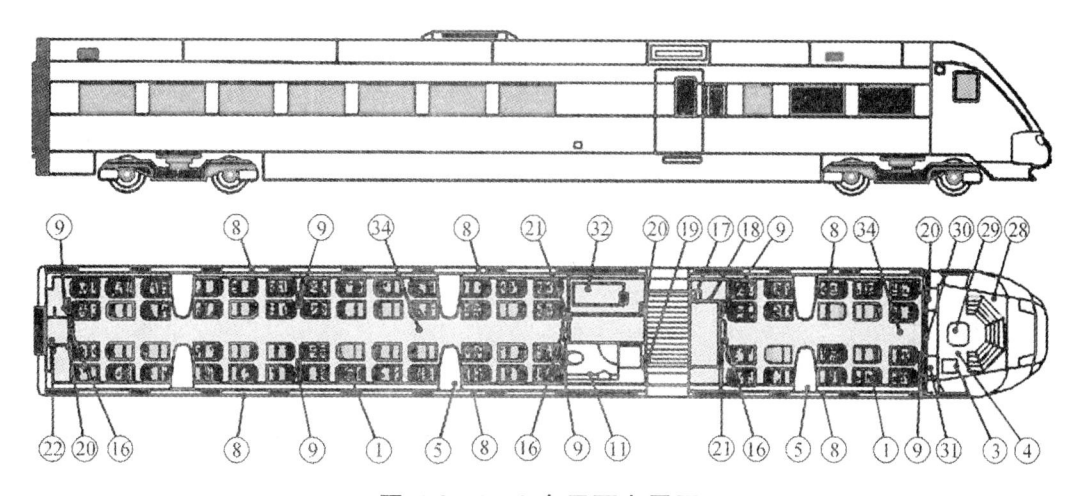

图 4.2　Mc2 车平面布置图

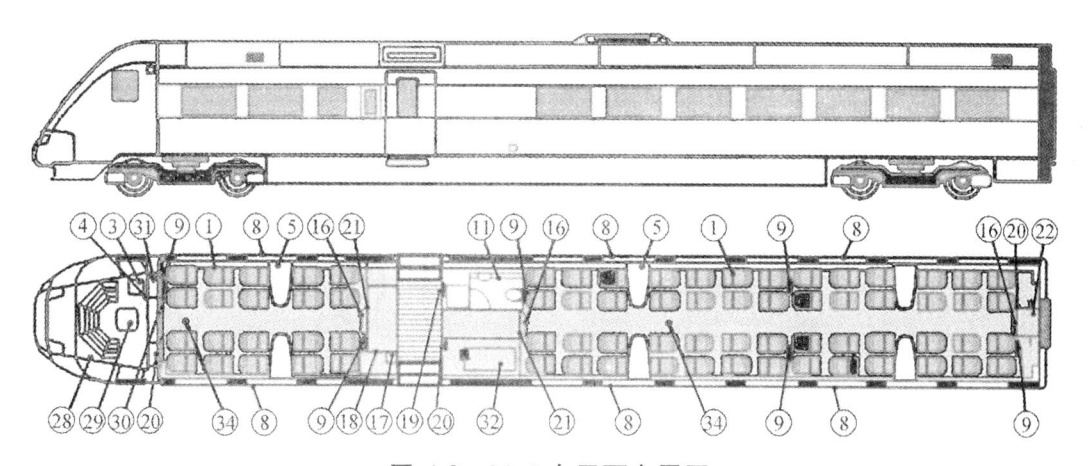

图 4.3　Mc1 车平面布置图

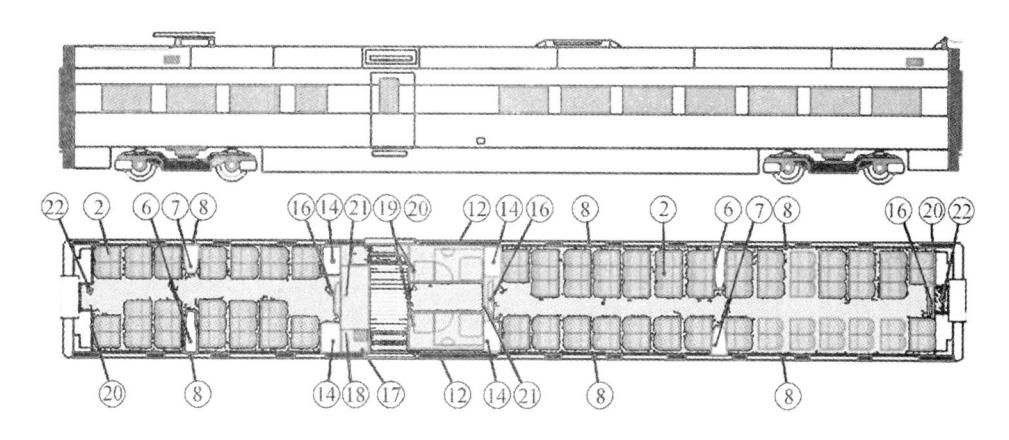

图 4.4　Tp1 车平面布置图

089

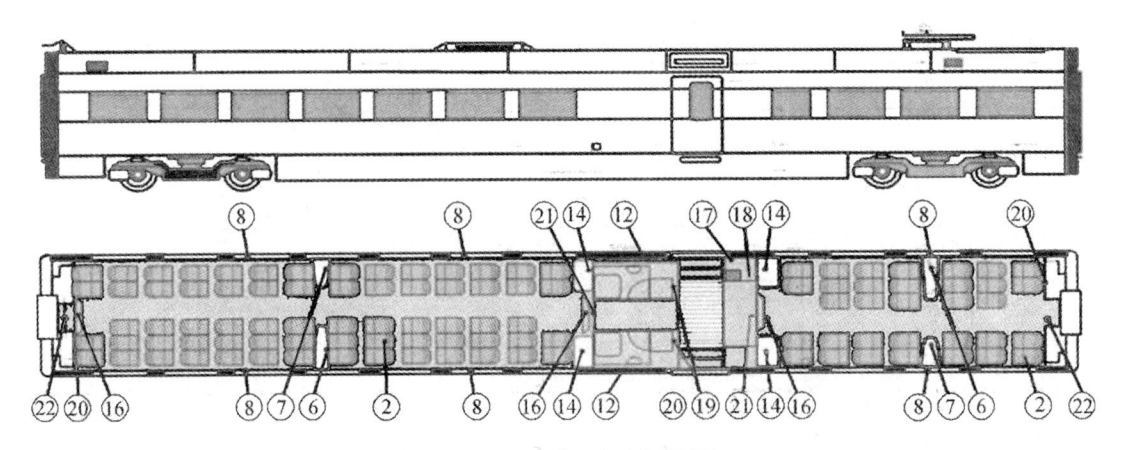

图 4.5　Tp2 车平面布置图

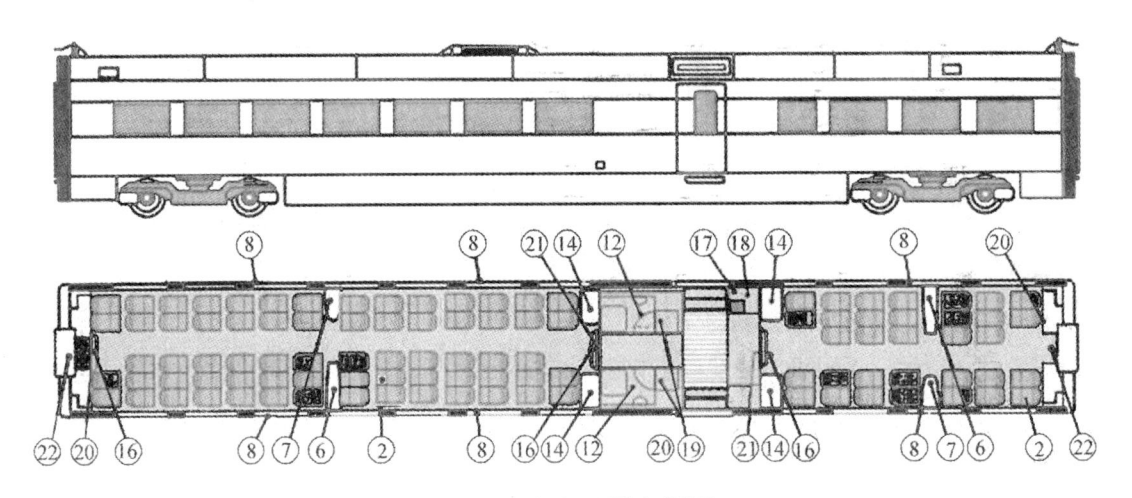

图 4.6　M1 车平面布置图

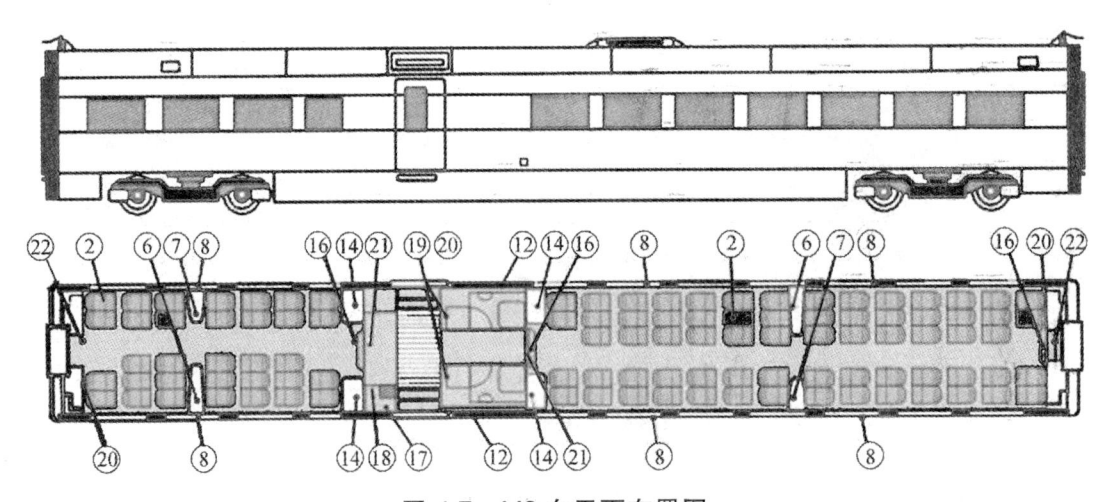

图 4.7　M2 车平面布置图

090

图 4.8　M3 车平面布置图

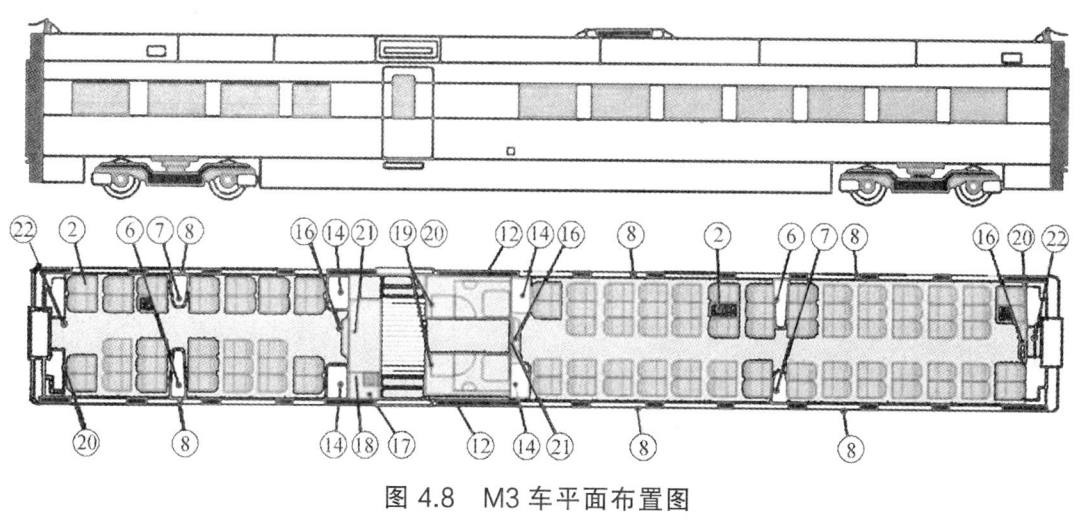

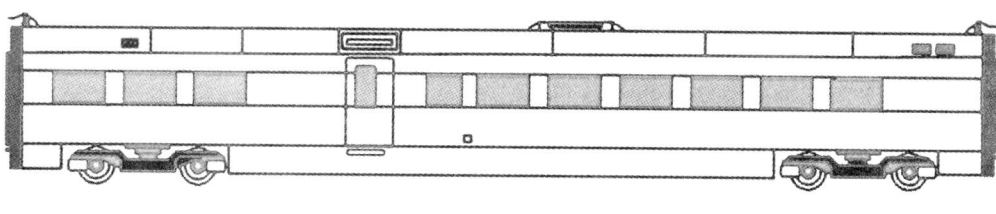

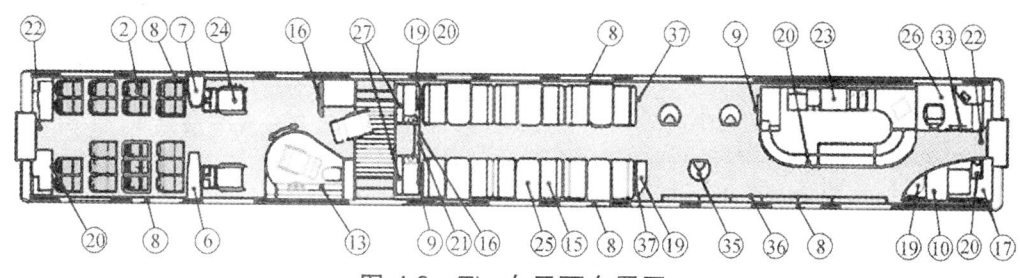

图 4.9　Tb 车平面布置图

4.1.1.3　主要技术参数

CRH$_1$型动车组的主要技术参数见表 4.2。

表 4.2　主要技术参数

参　数	项　点		参　数
轨道系统	轨距/mm		1 435 mm
	轨底坡		1/40
	最小曲线半径/m	竖曲线	1 000
		车站内竖曲线	2 000
	最小通过曲线半径/m	连挂时	145
		单车调车	100
	线间距/m		4.2
	最大坡度/‰		30

091

续表

参 数	项 点		参 数
列车参数	列车编组/辆		8
	最大编组数量/辆		16
	连挂时间		3 min 内完成自动连挂
	最高运营速度/（km/h）		200
	设计寿命/年		25
	总座椅数		668（固定）或 611（旋转）
	辅助电源		3×380 V，50 Hz
	蓄电池系统		DC 110 V
	计算机系统		分布式
	制动系统		电空摩擦制动（盘形制动）和动力制动（再生制动）
	最大载荷及平直道上，200 km/h 的最大制动距离/m	再生+盘形	<2 000
		纯盘形制动	
	停放制动		确保最大正常质量时，车辆在 30‰ 坡道上安全停放，不溜坡
	最大正常载荷时的起动加速度/（m/s²）		>0.6
	200 km/h 时的剩余加速度/（m/s²）		≥0.1
列车参数	常用制动减速度/（m/s²）		0.8
	质量	整备质量/t	421
		定员质量/t	474
		超员质量（超员20%）/t	485
	最大功率/kW		5 500
	额定电压（kV）/频率（Hz）		25/50
	连续最大电压/kV		30（连续）
	最小电压/kV		17.5
	瞬时最大电压（<1 s）/kV		31
	牵引及制动效率（额定）		≥0.8
	持续点的牵引电机效率		≥0.94

续表

参　数	项　点	参　数
平面布置及尺寸	列车总长（车钩面之间，8辆编组）/mm	213 500
	端部车辆长（车钩面之间）/mm	26 950
	中间车辆长（车钩面之间）/mm	26 600
	转向架中心距/mm	19 000
	地板高度/mm	1 250
	车顶高（新轮）/mm	4 040
	车体宽度/mm	3 328
	外部车门宽/mm	1 100（每车每侧一个）
	外部车门高/mm	2 000
	天花板高/mm	2 250
	行李架高/mm	1 750
	窗间距/mm	1 900
	自动车钩高/mm	880
	轮径（新/旧）/mm	915/835

4.1.1.4　主要技术特点

CRH$_1$型动车组主要有如下几个技术特点：

1）高可靠性、低成本的不锈钢车体

车体设计考虑了高速、经济性、碰撞安全性、乘坐舒适性、车辆自重等要求，采用了单层外壳内部构架结构，列车固有频率高，满足高速运行要求。不锈钢车体寿命周期成本低，防腐、防火性能好。

2）成熟可靠的转向架

转向架设计采用了成熟先进的设计理念，悬挂装置的设计能最大限度地降低轮轨作用力，减少车轮磨耗和噪声。

3）牵引电动机与牵引变流器优化匹配

每台动力转向架上的两个牵引电机并联连接到一个计算机控制的变流器上，可实现牵引/再生制动工况的灵活转换。两者的优化匹配设计，减小了波形畸变和转矩波动，噪声小，损耗少，最大限度减少了牵引电机零部件数量，减少了维修时间，提高系统可靠性。

4）微机控制的牵引电动机变流器

牵引电机变流器功率器件采用IGBT模块，开关频率高，抗干扰及短路保护能力强，性能好，工作可靠。变流器采用微机控制，具有自检、自诊断和保护功能，模块化程度高，冷却系统效率高，控制系统协调性好。

5）高度自动化的牵引控制系统

整列车分为三个基本单元，每个单元有相对独立的高压系统、牵引系统和辅助动力供给系统，单元之间采用多功能车辆总线（MVB）相连，MVB 总线通过网关（GW）与列车总线（TB）相连成为一个统一的系统。牵引控制系统是一个基于现场总线的分布式控制系统，各列车基本单元独立运行，受列车主控制器的协调与监控。

6）模块化、智能化的 TCMS

TCMS 系统是分布式计算机系统，全车需要控制的装置均受 TCMS 监控，如牵引系统、制动系统、压缩空气供给系统、通信系统、车钩系统、列车安全和自动保护系统、旅客信息系统、车内环境调节系统、门系统等。TCMS 相关软硬件设计模块化、智能化程度高，为列车安全、高速运行提供了可靠保证，同时也为旅客提供了舒适的旅行环境。

7）电空及再生制动系统

CRH$_1$ 型动车组采用复合制动模式。动力制动采用再生制动方式，空气制动采用盘形制动。制动系统由微机控制，不但可以根据列车速度、制动方式等情况自动在动力制动与空气制动之间分配制动力，而且空气制动本身采用电空制动，保证了良好的制动性能。

8）轻量化的受电弓

CRH$_1$ 型动车组采用 DSA250 型受电弓，压缩空气气囊驱动升弓，自重降弓。大量轻量化优质材料的采用，使得受电弓质量轻，机械及动力学性能优异，工作性能优良，运行可靠。

9）具有压力保护功能的车内空气调节系统

CRH$_1$ 型动车组采用分体式空调系统，是 IC Steuerwagen 列车空调系统的第三代产品，具有压力保护功能，在车外空气压力发生剧变的瞬间（如列车交会或过隧道），保持车内压力不发生较大变化，提高舒适性。空调系统还采用多种温度传感器传递各处的温度信号至微机系统，从而进行最优化控制。

10）特殊设计的车钩

CRH$_1$ 型动车组车钩由 Voith 公司提供，包括自动车钩、半永久车钩和过渡车钩。自动车钩能保证列车间的自动连挂，同时实现空气管路和电气的对接。不连挂状态时，可将车钩收回至车钩外罩内，从而保护车钩，保证车头的流线型，改善空气动力学性能。半永久车钩连接编组内车辆，具有缓冲装置和吸振装置，并装有横向减振器，能增加乘坐舒适度，减少脱轨系数，增强安全性。过渡车钩用于与普通车辆之间的连挂。

11）膨胀式密封的车辆外门

CRH$_1$ 型动车组外门采用了先进的电动塞拉门，门页周围采用膨胀式密封，能抵挡出入隧道时产生的压力波引起的剧烈振动，有效抵挡压力波造成的影响，避免乘客的耳朵受到伤害。门的开闭由微机控制，具有障碍探测功能。共有 3 种探测保障模式：电动机电流、电动感应门边及红外感应装置。

12）模块化设计的真空集便系统

CRH$_1$ 型动车组卫生间采用模块化设计，内部设备都预先安装完成后再整体安装到车上。内部设备包括集便器系统、洗漱设备、加热器系统、照明系统、扬声器系统、温控系统、烟火探测器系统等。真空集便系统由微机控制，能以较小耗水量实现良好的清洗效果。

13）新材料、新结构内装

在内装方面，采用了许多新材料和新技术，如地板、侧墙、端墙、天花板等采用了铝型材、铝板、HPL 树脂板，能满足质量轻、强度高、抗振、防火等性能要求。

14）特殊设计的侧窗和盲窗

高强度聚氨酯密封胶粘贴的侧窗采用防寒中空玻璃窗，与侧墙外表面平齐，而且与盲窗连接成一整体，以满足美学和空气动力学的要求。因侧窗强度高，不易击碎，故在车辆上还设置了一定数量的逃生窗并配有小锤，以保证 10~20 s 能击破窗户进行逃生。

15）一体压制成型双层折棚风挡

与橡胶风挡相比，折棚式风挡质量较轻，能更好地适应相邻车辆间的相对运动。双层设计保证了良好的隔热和隔声性能，保证了更优异的气密性。

4.1.2 CRH$_2$ 型动车组的总体技术

4.1.2.1 概述

CRH$_2$ 型动车组为动力分散、交流传动电动车组，具有"先进、成熟、经济、适应、可靠"的技术特点。列车采用 8 辆车组成一个基本编组，如图 4.10 所示。CRH$_2$ 型动车组分成两个动力单元，每个动力单元按"2 动 2 拖"单元（T-M-M-T）结构形式组成。T1c-M2-M1-T2 四辆车为动力单元 1，T1k-M2-M1s-T2c 四辆车为动力单元 2。T1c、T2c 表示分布在列车两端的带司机室和控制台的拖车，T1k 表示带餐车的拖车，M1s 表示头等车，M1 和 M2 表示中间动力车。

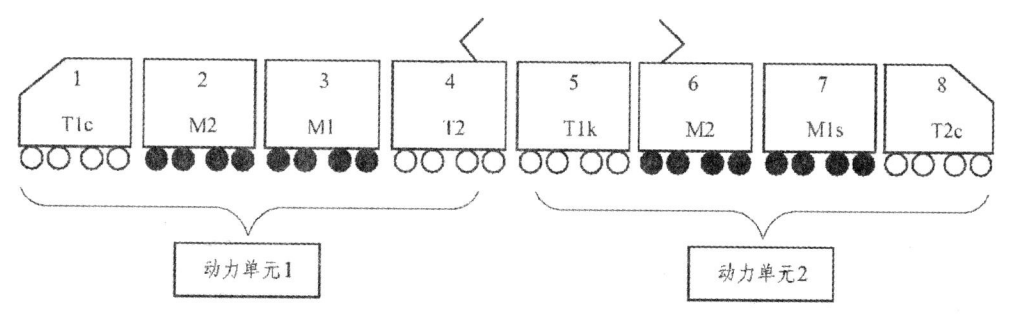

图 4.10 CRH$_2$ 型动车组编组

4.1.2.2 平面布置

CRH$_2$ 型动车组的几种车型的平面布置图如图 4.11~图 4.16 所示，车内布置情况代码见表 4.3。与 CRH$_1$ 型动车组不同的是，每节车均在车体两端位置设置外车门，而且卫生间不是每节车都设置。

表 4.3 车内各设备名称

序号	设备	序号	设备	序号	设备
1	显示控制装置/无线电设备控制箱	15	车号显示器	29	立式席
2	侧拉门（宽）	16	车侧灯	30	小卖部仓库/下部垃圾箱
3	驾驶室隔断门	17	列车无线天线	31	小卖部
4	侧拉门	18	目的地显示器	32	饮茶室

续表

序号	设　备	序号	设　备	序号	设　备
5	内端墙拉门	19	紧急逃生窗	33	列车员室
6	双人坐席	20	排障器	34	乘务员室
7	服务设备配电盒	21	外侧墙拉门	35	轮椅空间
8	温水、污水配电盒	22	接触器盒	36	机器室
9	盥洗室	23	垃圾箱	37	坐便式卫生间（残疾人）
10	小便室	24	仓库	38	轮椅对应盥洗室
11	卫生间（坐式）	25	搭载品室	39	多功能室
12	行李放置处	26	冷温水器	40	配电盒
13	驾驶配电盒	27	电话台	41	驾驶室侧拉门
14	三人坐席	28	电话角		

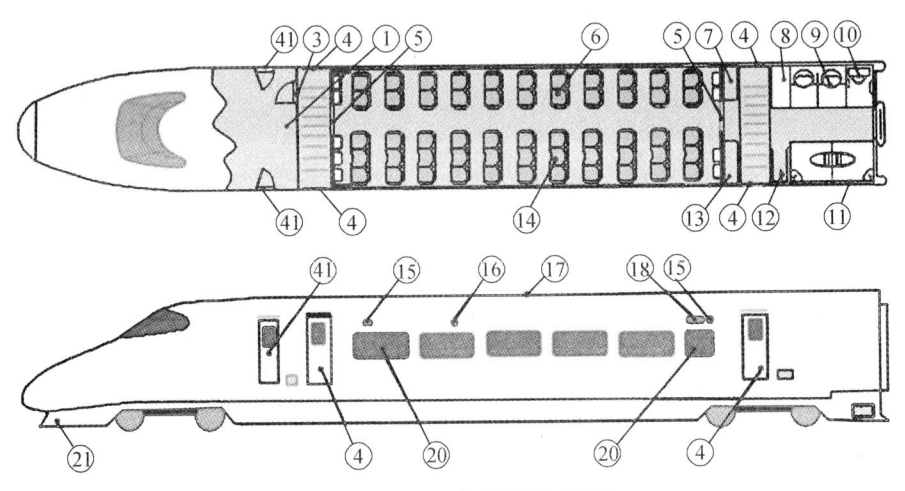

图 4.11　T1c 车平面布置图

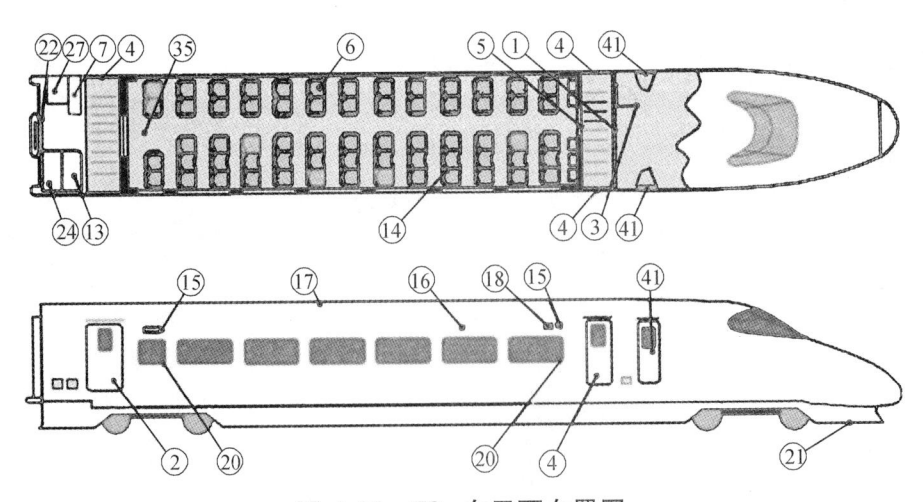

图 4.12　T2c 车平面布置图

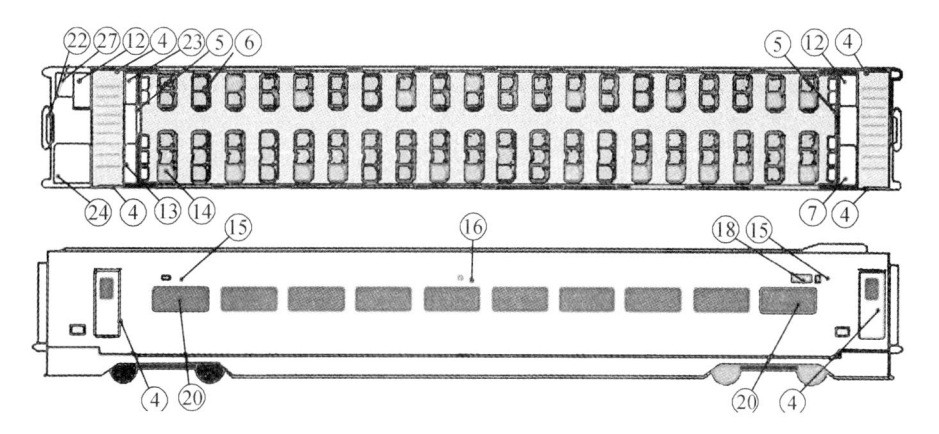

图 4.13　M2 车平面布置图

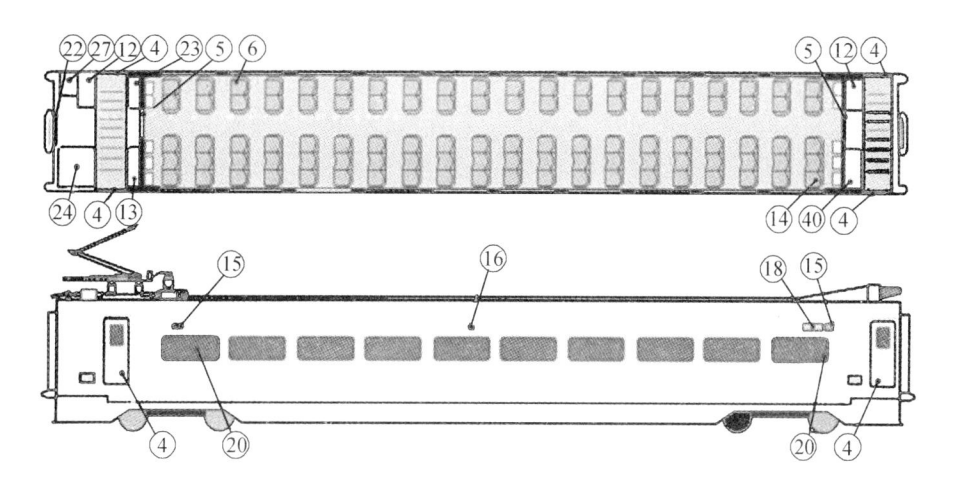

图 4.14　T2 车平面布置图

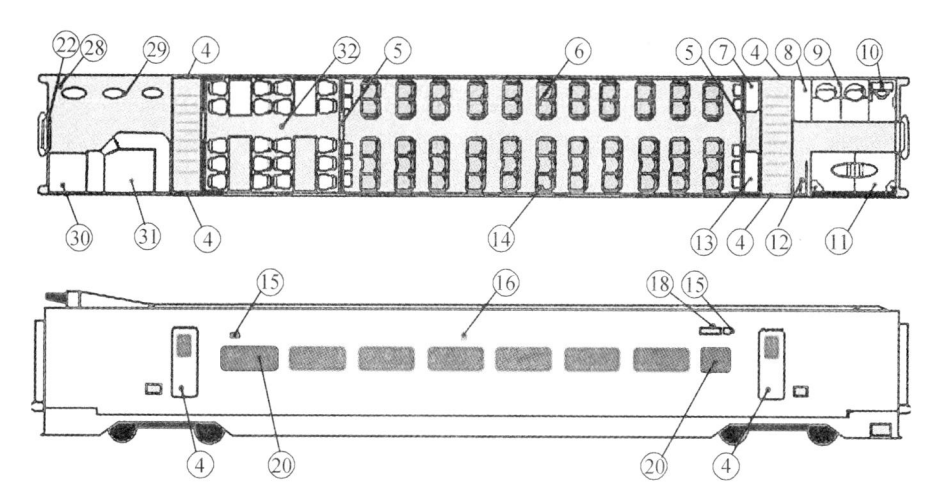

图 4.15　T1k 车平面布置图

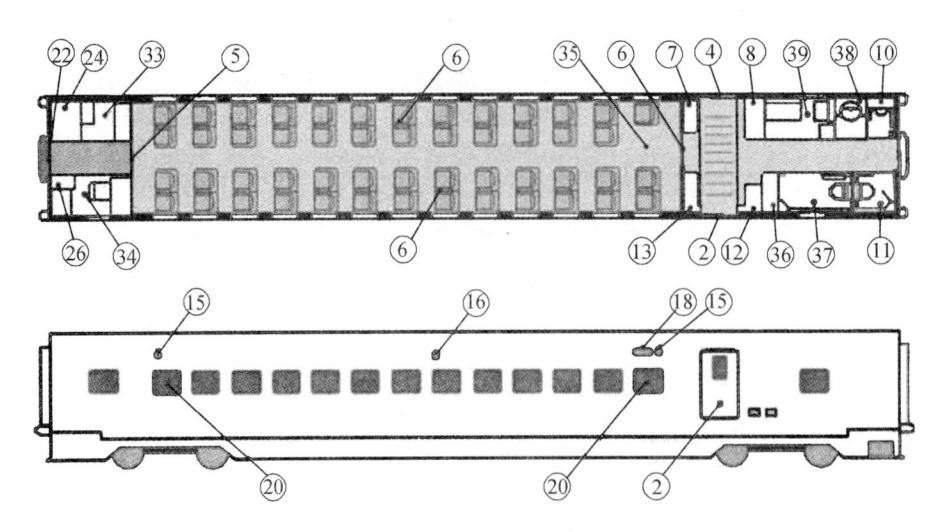

图 4.16　M1s 车平面布置图

列车两端的 T1c 和 T2c 为带司机室控制台的二等车，座席采用 2 + 3 布置。M1s 车为一等车，座椅采用 2 + 2 布置，内设多功能室、残疾人卫生间等；T1k 车为二等车与餐车的合造车。各车厢主要设备详见表 4.4。

表 4.4　车内各主要设备

车号	代号	定员	车厢等级	主要设备
1	T1c	55	二等车	司机室、坐式卫生间、盥洗室、小便间
2	M2	100	二等车	饮水机
3	M1	85	二等车	备品室、坐式卫生间、盥洗室、小便间
4	T2	100	二等车	饮水机
5	T1k	55	二等车	酒吧餐饮区、电话间、坐式 卫生间、盥洗室、小便间
6	M2	100	二等车	饮水机
7	M1s	51	一等车	多功能室、乘务员室、备品室、坐式卫生间、盥洗室、小便间
8	T2c	64	二等车	司机室、饮水机

4.1.2.3　主要技术参数

CRH$_2$ 型动车组的主要技术参数见表 4.5。

表 4.5　主要技术参数

参　数	项　目	参　数
轨道系统	轨距/mm	1 435
	轨底坡	1/40
	最小通过曲线半径/m　连挂时	180 m
	最小通过曲线半径/m　单车调车	130 m

续表

参　数	项　目	参　数
列车参数	列车编组/辆	8
	最大编组数量/辆	16
	最高运营速度/(km/h)	250
	制动系统	电空摩擦制动（盘形制动）和动力制动（再生制动）
	最大载荷及平直道上 200 km/h 的最大制动距离/m　再生+盘形 / 纯盘形制动	<2 000
	最大正常载荷时的起动加速度/(m/s²)	>0.406
	200 km/h 时的剩余加速度/(m/s²)	≥0.12
	整备质量/t	408.5
	最大功率/kW	4 800
	额定电压（kV）/频率（Hz）	25/50
	最小电压/kV	17.5
	瞬时最大电压（<1 s）/kV	31
平面布置及尺寸	端部车辆长/mm	25 700
	中间车辆长/mm	25 000
	转向架中心距/mm	17 500
	地板高度/mm	1 300
	车顶高（新轮）/mm	3 700
	车体宽度/mm	3 380
	天花板高/mm	2 277
	自动车钩高/mm	880
	轮径（新）/mm	860

4.1.2.4　主要技术特点

CRH₂ 型动车组主要有如下几个技术特点：

1）铝合金中空型材车体结构

CRH₂ 型动车组车体采用大型中空铝合金挤压型材双面焊接结构（即双壳结构），上下为整体铝壳板，采用交叉斜筋支撑，形成中空状。车体强度满足（JIS E7105）《车体强度及载荷规范》。CRH₂ 型动车组双壳结构铝合金车体具有许多优点：制造成本低，质量好；质量轻，降低轴重，减少运营成本；隔声效果好，提高乘坐舒适度；整体刚性好；维护小，寿命周期成本低；防腐性好等。

2）流线型头部结构

CRH₂ 型动车组头型采用纵向双曲面拱面，横向采用五曲面拱面，具有良好的气动特性，完全满足高速行驶要求。

3）高速转向架

CRH₂型动车组转向架采用了很多新技术，为无摇枕转向架，具备诸多高速转向架的主要特征。如 H 形构架、空气弹簧悬挂、抗蛇行减振器、转臂式轴箱定位、盘形制动、架悬式电机、挠性浮动齿式联轴节、空心车轴等。

4）轻量化牵引系统

CRH₂型动车组采用了 VVVF 牵引控制方式，牵引变流器功率器件采用 IGBT 或 IPM 模块，工作频率达 1 500 Hz，牵引电机为三相鼠笼式异步电动机，功率为 300 kW。牵引系统各部件体积小、质量轻、集成化程度高，使牵引变压器和牵引变流器可以整合在同一辆车上。

5）复合制动系统

CRH₂型动车组采用复合制动模式，其中动车为再生制动＋电气指令式空气制动，拖车采用电气指令式空气制动。基础制动装置采用空压-油压变换的增压气缸和油压盘式制动装置。

制动系统由微机控制，不但可以根据列车速度、制动方式等情况自动在动力制动与空气制动之间分配制动力，还具有防滑保护、安全制动等，保证了良好的制动性能。

6）保持车内压力稳定的换气装置

CRH₂型动车组在车体下部安装有供排气一体的换气装置，防止车外空气压力发生剧变的瞬间（如列车交会或过隧道）将压力差传递车内，保持车内压力不发生较大变化，提高乘坐舒适性。

7）气密侧拉门

CRH₂型动车组外门采用侧拉门结构，设 5 km/h 自动关门、30 km/h 自动压紧功能。压紧装置采用空压-油压增压方式，利用油的不可压缩性及管路中导向止回阀，实现压紧力的恒定及车门的气密性。

4.1.3　CRH₃型动车组总体技术

4.1.3.1　概　述

CRH₃型动车组为 8 辆编组，分成两个动力单元，采用 4 动 4 拖形式，如图 4.17 所示。其中 1、3、6、8 号车为动车，2、4、5、7 号车为拖车。EC01、TC02、IC03 及 BC04 为一个动力单元，FC05、IC06、TC07、EC08 为一个动力单元。EC01 和 EC08 为端部带司机操作台的动力车辆，TC02、TC07 为带受电弓和变压器的拖车，BC04 为餐车，IC06 和 IC03 为中间动力车辆，FC05 表示头等拖车。

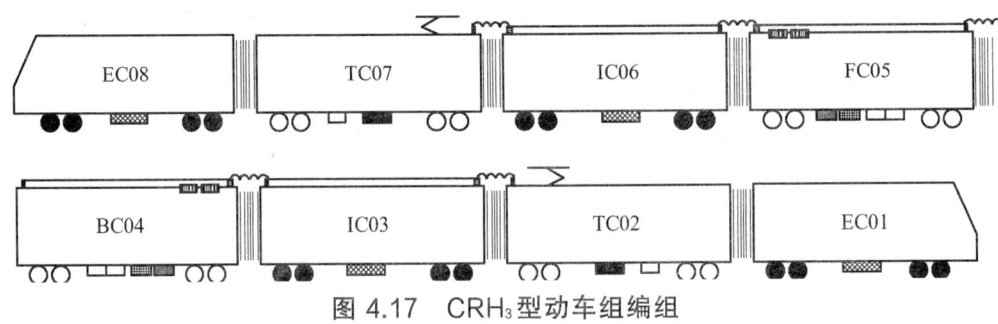

图 4.17　CRH₃型动车组编组

4.1.3.2 平面布置

CRH₃型动车组中设一等座车、二等座车和一辆座车与餐车的合造车。一等车厢座席采取 2+2 布置，在司机室后部为观光一等坐席区；二等车车厢座席采取 2+3 布置。在 TC02、IC03、FC05、IC06、TC07 上设有卫生间，其中在 FC05 车上设有轮椅存放区和残疾人卫生间。各车厢平面布置情况如图 4.18～图 4.22 所示，各颜色表示功能组及设备情况见表 4.6，内部各设备详见表 4.7～表 4.11。

表 4.6　图中各颜色示意情况

内视图中颜色	表　征	地板下视图中颜色	表　征
红色	电气设备柜	绿色	空气制动设备
黄色	卫生设施	黄色	卫生设施
蓝色	客室	蓝色	高压/牵引系统
紫色	乘务员室	紫色	辅助供电系统
橙色	司机室		

表 4.7　01 号车和 08 号车各部分名称

1	灭火器	25	垃圾箱
2	观光区	26	牵引电动机和齿轮装置
3	风挡玻璃水箱系统	27	固定式对讲机站
4	司机柜	28	切断阀主风缸管塞门
5	车辆控制面板	29	切断阀前车钩罩控制/解编器
6	PIS 控制柜	30	切断阀车钩
7	列车无线电	31	BP 切断阀
8	列车控制	32	切断阀轮缘润滑
9	电气柜，车辆开关装置	33	轮缘润滑装置
10	OCS 柜	34	BP 切断阀（整车）
11	HVAC 柜	35	切断阀撒砂设备
12	电气柜	36	BP 切断阀（援救用途）
13	自动车钩	37	切断阀转向架制动设备
14	车内目的地显示器	38	切断阀制动系统，不同消耗装置
15	车外目的地显示器	39	切断阀空气悬挂设备
16	饮用水加热器	40	切断阀内门
17	牵引电动机通风器	41	切断阀空调装置
18	牵引变流器/冷却装置	42	手柄（断开车间通道的铰接桥）
19	制动显示	43	供水饮用水加热器
20	制动控制模块	44	填砂
21	电气柜车载电源	45	挡风玻璃清洗系统填充液位槽指示器
22	储气器/排气装置	46	填充清水
23	雷达倍频器	47	"联挂就绪信号灯"按钮
24	司机室冷凝器空调装置	48	"测试轮缘润滑装置"按钮

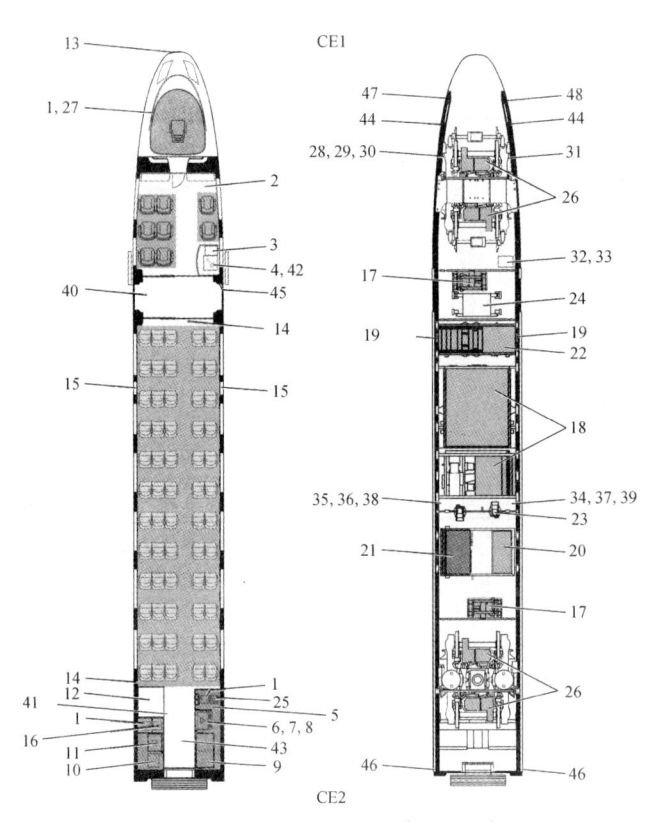

图 4.18　01 号和 08 号车平面布置

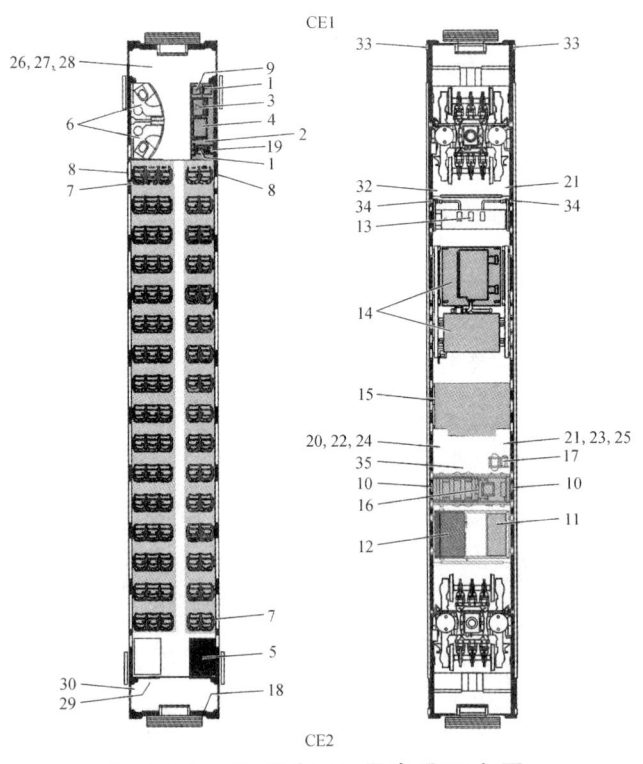

图 4.19　02 号和 07 号车平面布置

表 4.8 02 号车和 07 号车各部分名称

1	灭火器	19	垃圾箱
2	车辆控制面板	20	切断阀驻车制动器
3	电气柜	21	BP 切断阀
4	HVAC 柜	22	切断阀制动系统，厕所设备
5	电气柜，车辆开关装置	23	切断阀转向架制动设备
6	标准卫生设施	24	切断阀受电弓设备
7	车内目的地显示器	25	切断阀空气悬挂设备
8	车外目的地显示器	26	切断阀供水厕所
9	饮用水加热器	27	切断阀供水饮用水加热器
10	制动显示	28	切断阀内门/空调装置
11	制动控制模块	29	切断阀内门
12	电气柜车载电源	30	接地开关
13	污水箱	31	切断阀 MRP
14	变压器/冷却装置	32	BP 切断阀
15	辅助变流器箱	33	清水填充器
16	储气/排气装置	34	污水吸入/排出连接
17	辅助压缩机	35	切断阀供气厕所
18	内部通信装置		

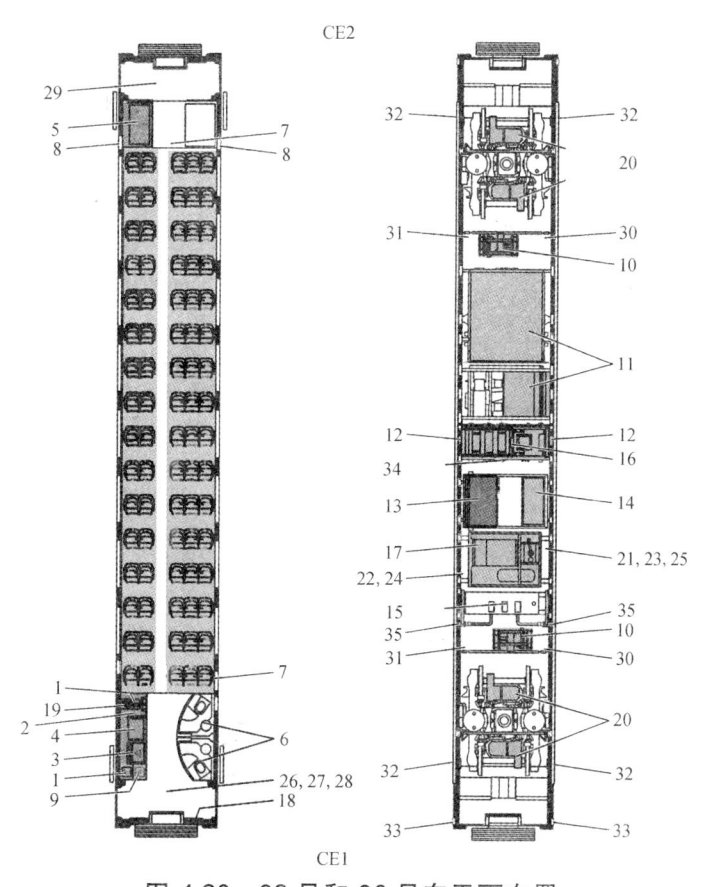

图 4.20 03 号和 06 号车平面布置

103

表 4.9 03 号车和 06 号车各部分名称

1	灭火器	19	垃圾箱
2	车辆控制面板	20	牵引电动机和齿轮装置
3	电气柜	21	BP 切断阀
4	HVAC 柜	22	切断阀制动系统，厕所设备
5	电气柜，车辆开关装置	23	切断阀转向架制动设备
6	标准卫生设施	24	切断阀
7	车内目的地显示器	25	切断阀空气悬挂设备
8	车外目的地显示器	26	切断阀供水厕所
9	饮用水加热器	27	切断阀供水饮用水加热器
10	牵引电动机通风器	28	切断阀内门/空调装置
11	牵引变流器/冷却装置	29	切断阀内门
12	制动显示	30	切断阀 MRP
13	制动控制模块	31	BP 切断阀
14	电气柜车载电源	32	填砂
15	污水箱	33	填充清水
16	储气器/排气装置	34	切断阀供气厕所
17	供气装置	35	污水吸入/排出连接
18	内部通信装置		

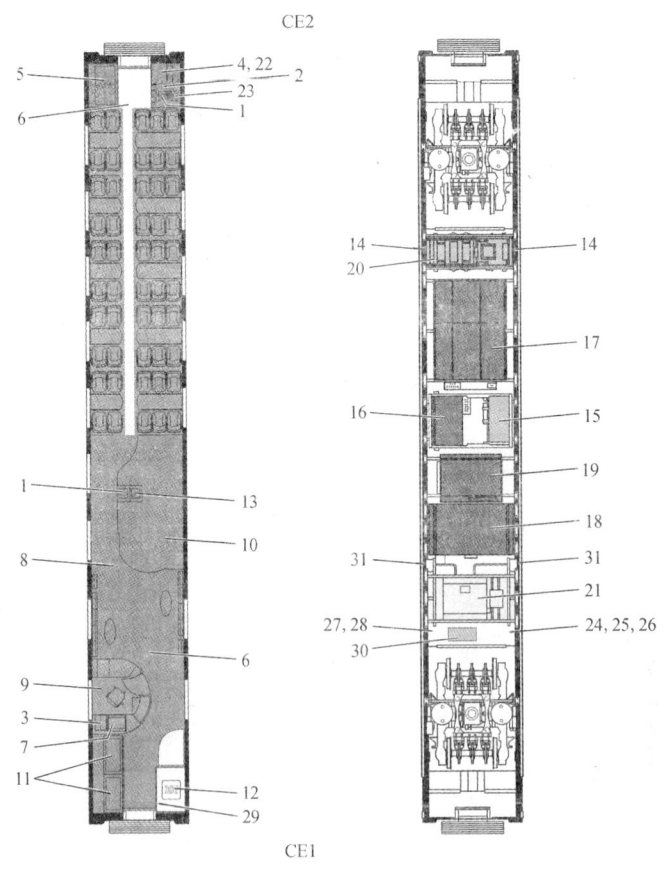

图 4.21 04 号车平面布置

表 4.10　04 号车各部分名称

1	灭火器	17	双辅助变流器装置
2	车辆控制面板	18	电池
3	电气柜	19	电池充电器
4	HVAC 柜	20	储气器/排气装置
5	电气柜，车辆开关装置	21	厨房清水库
6	车内目的地显示器	22	钥匙锁定接地装置
7	内部通信装置	23	垃圾箱
8	简餐车	24	切断阀转向架制动设备
9	乘务员室	25	BP 切断阀
10	厨房	26	切断阀空气悬挂设备
11	厨房贮藏柜	27	切断阀制动系统，厕所设备
12	疏散通道	28	切断阀驻车制动器
13	饮用水加热器	29	切断阀空调装置
14	制动显示	30	厨房用变压器
15	制动控制模块	31	注水口
16	车载电源电气柜		

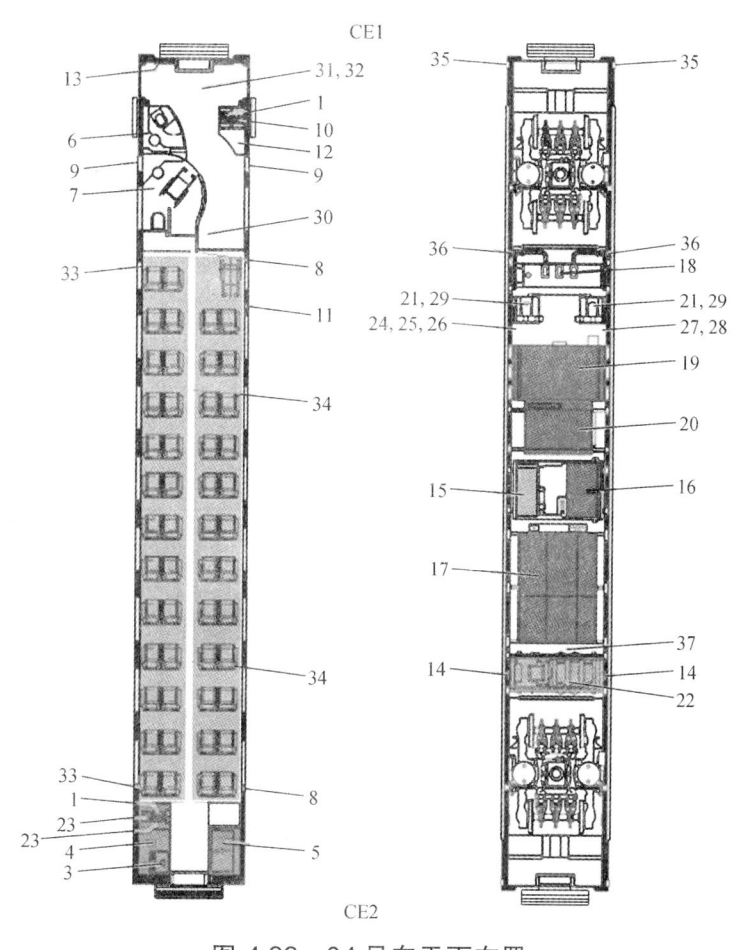

图 4.22　04 号车平面布置

表4.11 05号车各部分名称

1	灭火器	20	电池充电器
2	车辆控制面板	21	紧急接合车钩，带ULC电缆
3	电气柜	22	储气器/排气装置
4	HVAC柜	23	垃圾箱
5	电气柜，车辆开关装置	24	切断阀转向架制动设备
6	标准卫生设施	25	BP切断阀
7	通用卫生间	26	切断阀空气悬挂设备
8	车内目的地显示器	27	切断阀制动系统，次级消耗装置
9	车外目的地显示器	28	切断阀驻车制动器
10	饮用水加热器	29	制动块
11	残疾人区	30	切断阀内门/空调装置
12	轮椅坡道	31	切断阀供水厕所
13	内部通信装置	32	切断阀供水饮用水加热器
14	制动显示	33	视频监测器（单）
15	制动控制模块	34	视频监测器（双）
16	电气柜车载电源	35	清水填充器
17	双辅助变流器装置	36	污水吸入/排出连接
18	污水箱	37	切断阀供气厕所
19	电池	38	气动脚踏泵，自动钳

4.1.3.3 主要技术参数

CRH$_3$型动车组的主要技术参数见表4.12。

表4.12 主要技术参数

部件		参数
动车组长度/m		约200
动车组配置		8辆车编组的电动车组
定员		556人+1轮椅存放区
轨距/mm		1 435
限界		高速机车车辆限界
车辆长度/mm	中间车	24 825
	端车	25 860
车辆定距/mm		17 375
转向架固定轴距/mm		2 500
车体宽度/mm		3 265
车顶高度/mm		3 890
地板面高度/mm		1 260

续表

部　件		参　数
供电制式		25 kV / 50 Hz
最大轮周牵引功率/kW		8 960
最大再生制动功率/kW		8 800
最高运营速度/（km/h）		300
最高试验速度/（km/h）	15 km/h 逆风，剩余加速度为 0	330
	不逆风，无剩余加速度和新轮	350
适应站台高度（站台边缘到轨道中心线的距离）/mm		1 250
车钩高度/mm		1 000
最大起动牵引力/kN		300
最大起动加速度/（m/s^2）		0.5
最大轴重/t		<17（1±0.04）
最小曲线半径/m	连挂	250
	单车	150
	s 形曲线	180 曲线 + 10 过渡直线 + 180 曲线
紧急车钩高度/mm		880
最大坡度/‰	正线	12
	困难条件下	20
	站场联络线	30
隧道的断面积/（m^2）	双线	100
	单线	75
制动初速 300 km/h 时平直道上纯空气紧急制动时的制动距离 3 700 m（目标值）/m		3 700
车轮直径（新轮/磨耗到限）/mm	动力转向架	920/860
	非动力转向架	920/830

4.1.3.4　CRH$_3$ 的主要技术特点

CRH$_3$ 动车组是在 Velaro-E 高速动车组的基础上，依照中国的客运需求进行适应性优化设计而来的，它继承了 Velaro-E 高速动车组的高新技术，并根据技术的发展趋势进行了改进。其主要技术特点有：

（1）车体采用大型中空挤压铝型材焊接结构，司机室采用弯曲铝型材梁和板状铝型材作蒙皮的焊接结构。车体的强度按 EN12663 进行设计。

（2）防火安全性按 DIN5510 和 EN45545 设计，可以满足火灾发生后，以 80 km/h 的速度运行 10 min 的要求，车体、电气柜和重要电缆、外端门、重要电缆和系统的防护、材料选择等都采用特殊的设计。

（3）转向架采用经过实践验证、性能优良的 SF500 转向架。为适应车体的加宽和速度的要求，仅对枕梁、减振器、弹簧参数、传动比等进行了适应性的改变和优化。

（4）牵引系统与Velaro-E动车组基本相同，牵引功率同样为8 800 kW，牵引部件分散配置在6辆车上。主变压器设计成单制式的变压器，容量为5.6 MV·A，与Velaro-E动车组不同的是它取消了辅助绕组。主变压器采用强迫导向油循环风冷方式，当变压器冷却系统的风机故障时，车辆的可用牵引力只减少25%。牵引变流器采用结构紧凑、易于运用和检修的模块化结构，功率模块采用的半导体元件是IGBT。

（5）辅助供电系统采用列车线供电方式，由分散布置在若干车厢的各电源设备向干线供电。列车车载电源的电力是通过牵引变流器的直流环节提供的。静止辅助变流器（ACU）把直流电转换为车辆的车载电源系统的三相交流电。

（6）网络控制系统由列车控制微机网络系统完成信息传输功能。列车控制网络系统由两级传输组成：MVB和WTB。列车通信和控制微机网络系统应为车载分布式计算机网络系统，可由多级网络构成。通信协议基本上基于标准UIC 556和IEC 61375-1。

4.1.4 CRH$_5$型动车组总体技术

4.1.4.1 概 述

CRH$_5$型动车组编组情况如图4.23所示，共由8辆车构成。车体两端为带司机室控制台的动车（Mc1和Mc2），Tp和Tpb为带受电弓的拖车（Tpb为酒吧和二等车合造车），M2s和Mh为中间动车，T2是中间拖车。整列车为5动3拖的动力分散式，分为两个牵引单元。

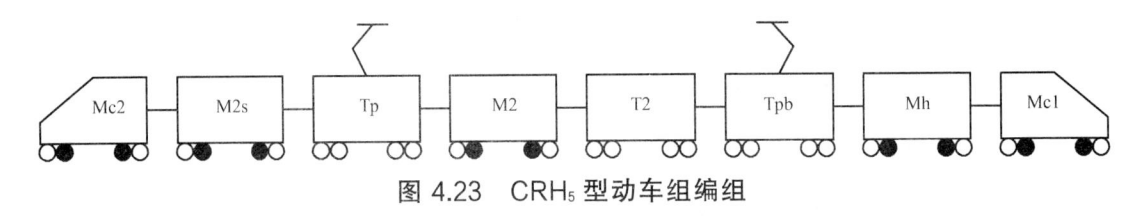

图 4.23　CRH$_5$型动车组编组

4.1.4.2 平面布置

CRH$_5$型动车组几种车型的平面布置如图4.24～图4.31所示，各代码见表4.13。

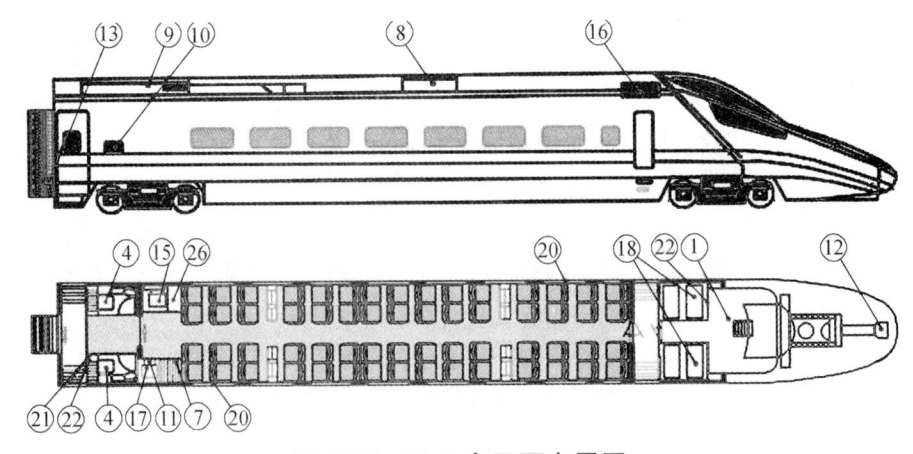

图 4.24　Mc1车平面布置图

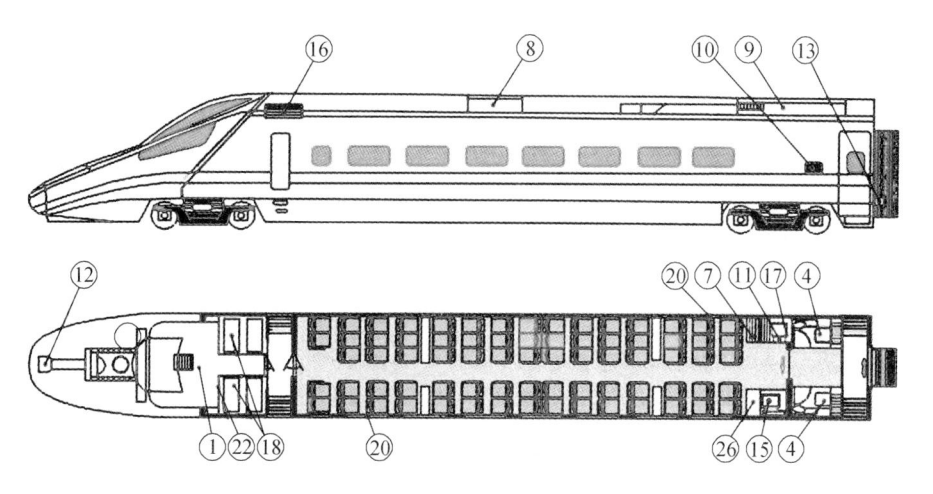

图 4.25　Mc2 车平面布置图

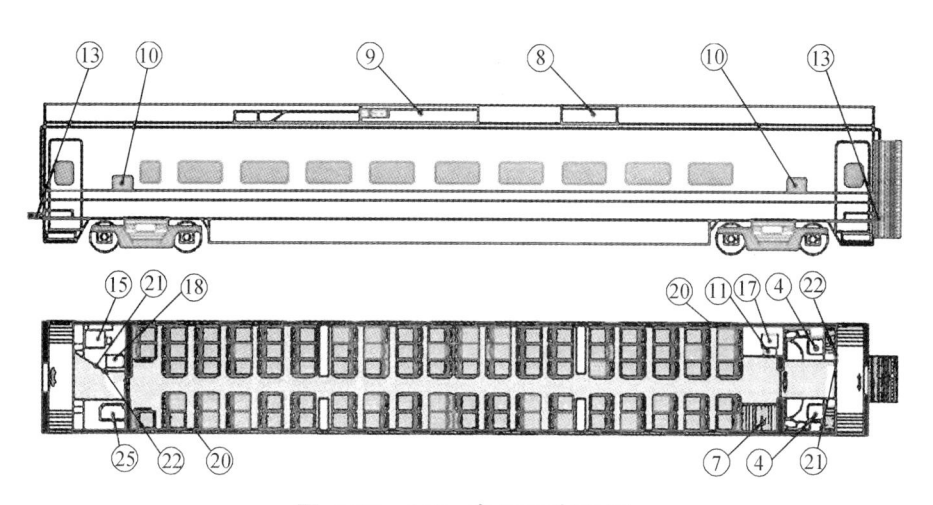

图 4.26　M2s 车平面布置图

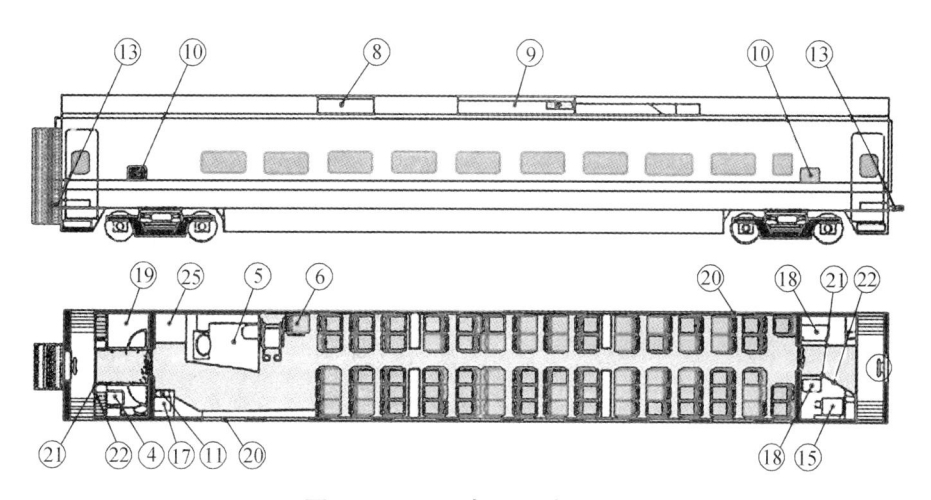

图 4.27　Mh 车平面布置图

109

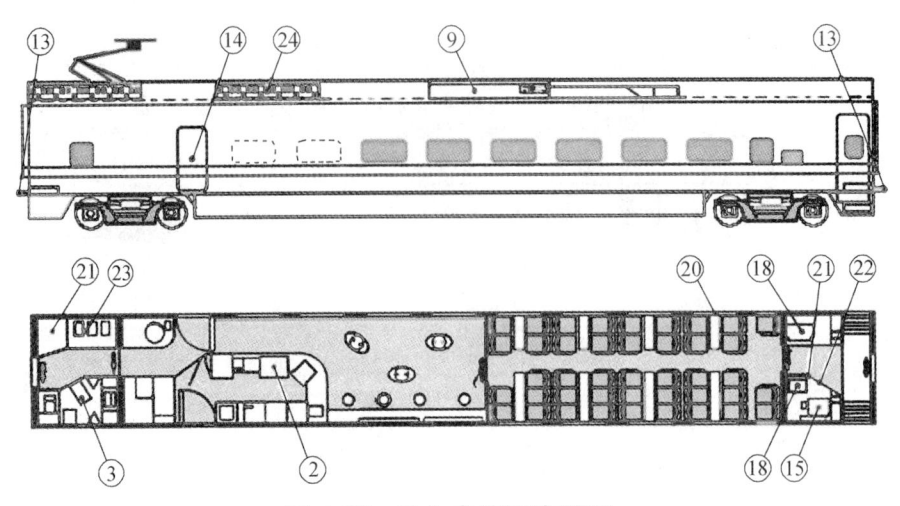

图 4.28 Tpb 车平面布置图

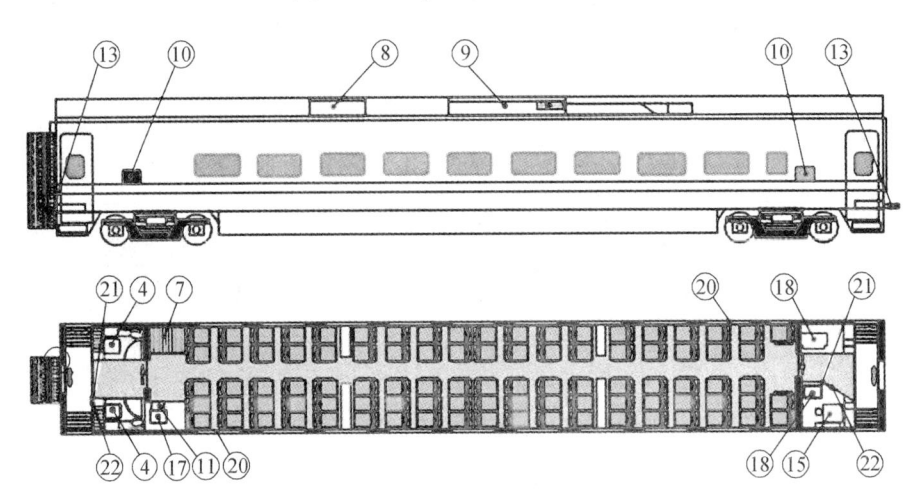

图 4.29 M2 车平面布置图

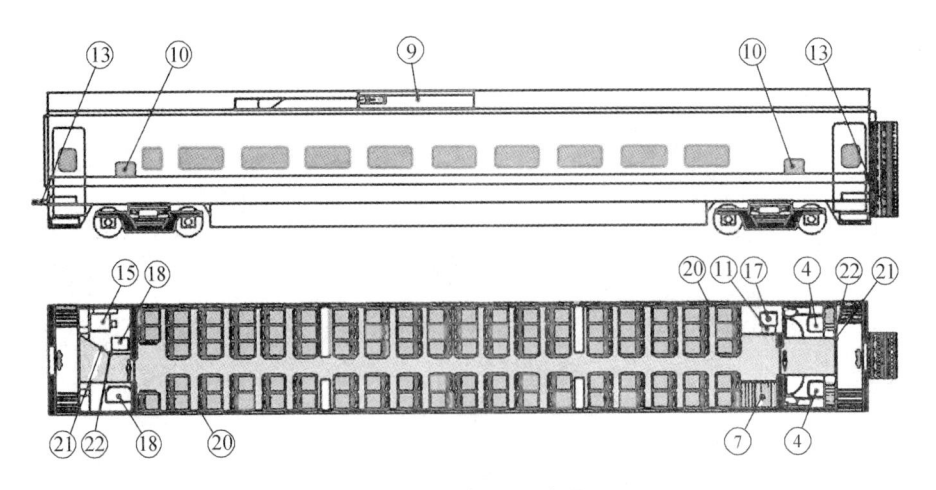

图 4.30 T2 车平面布置图

110

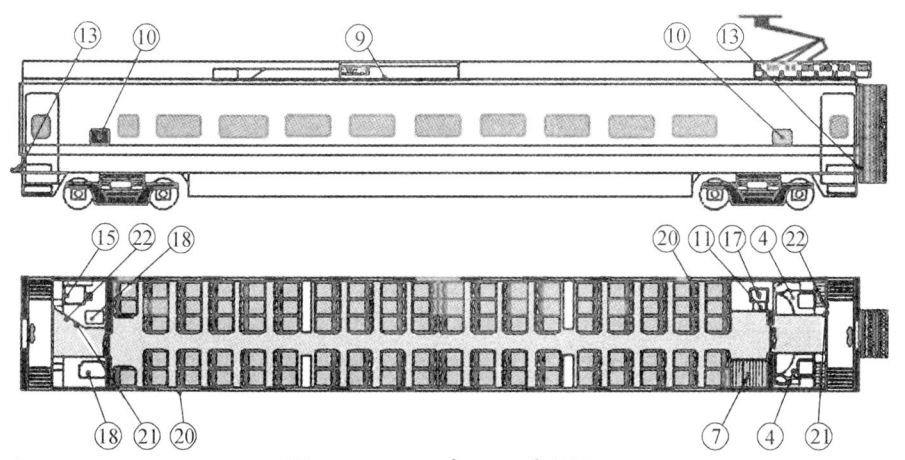

图 4.31 Tp 车平面布置图

表 4.13 CRH₅型动车组车内各设备名称

序号	设备	序号	设备	序号	设备
1	司机室	10	目的地显示器	19	乘务员室
2	自助餐厅	11	饮水机	20	紧急窗
3	车长室	12	自动车钩	21	垃圾箱
4	卫生间	13	半永久车钩	22	灭火器
5	残疾人卫生间	14	餐车服务门	23	售货小车
6	轮椅间	15	空调控制和废排装置	24	酒吧设备,制冷单元
7	行李间	16	司机室空调装置	25	储物柜
8	制动电阻器	17	温水器	26	工具室
9	空气调节装置	18	电气设备		

列车两端为带司机室控制台的一等车(Mc1 和 Mc2),座席采用 2+2 布置;Tpb 车为酒吧车与二等车的合造车;其余为二等车,座席采用 2+3 布置,在 Mh 车上还设有残疾人卫生间。所有座椅均设计为可旋转,一等车和酒吧区还设有娱乐系统。

4.1.4.3 主要技术参数

CRH₅型动车组的主要技术参数见表 4.14 所列。

表 4.14 主要技术参数

参数	项目	参数
轨道系统	轨距/mm	1 435 mm
	轨底坡	1/40
	最小通过曲线半径/m 连挂时	145 m
	最小通过曲线半径/m 单车调车	100 m
列车参数	列车编组/辆	8(5M3T)
	最大编组数量/辆	16
	最高运营速度/(km/h)	250

续表

参 数	项 目		参 数
列车参数	制动系统		空气制动和再生制动
	最大载荷及平直道上，200 km/h 的最大制动距离/m	再生+盘形	< 2 000
		纯盘形制动	
	最大正常载荷时的起动加速度/（m/s²）		> 0.5
	200 km/h 时的剩余加速度/（m/s²）		≥ 0.11
	整备质量/t		451.3
	最大功率/kW		5 500
	额定电压（kV）/频率（Hz）		25/50
	最小电压/kV		17.5
	瞬时最大电压（<1 s）/kV		31
	牵引变流器		IGBT VVVF
	空调系统		车顶单元式空调系统
	定员		622（固定）/586（旋转）
	车体结构		中空铝合金挤压型材结构
	轮周最大牵引力/kN		302
平面布置及尺寸	端部车辆长/mm		27 600
	中间车辆长/mm		25 000
	转向架中心距/mm		19 000
	地板高度/mm		1 270
	车顶高（新轮）/mm		4 270
	车体宽度/mm		3 200
	自动车钩高/mm		880
	轮径（新）/mm		890

4.1.4.4 主要技术特点

CRH$_5$ 型动车组主要有如下几个技术特点：
（1）大截面中空铝合金挤压型材结构。
（2）流线型空气动力学头形。
（3）可用于摆式列车的高速列车转向架。
（4）采用 IGBT 变流技术。
（5）体悬式大功率牵引电动机。
（6）压力保护空调系统。
（7）速度可提升平台。

4.1.5 CR200型动车组总体技术

4.1.5.1 概　述

复兴号 CR200J 型电力动车组，是中国铁路复兴号系列的一款动力集中式电力动车组。截至 2021 年 7 月，复兴号 CR200J 型电力动车组为复兴号电力动车组系列中的低等级的产品。根据编组情况可分为短编组和长编组动车组。其中，短编组 CR200J 为单端推拉式的动力集中式列车，最大编组为 1 动 8 拖。整列编组由 1 节带驾驶室的 KZ25T 型客车、7 节不带驾驶室的 25TA/25TB 型客车和 1 辆复兴 1 型动力集中式动车组动力车（FXD1-J）或复兴 3 型动力集中式动车组动力车（FXD3-J）组成。动力机车可在编组最前进行牵引运行，也可在编组尾端进行推行运行，类似 20 世纪 90 年代末至 21 世纪初的 "中华之星" "蓝箭" 等推挽式电力动车组的做法。短编组 CR200J 设计为可重联运行，由于短编组动力车驾驶室端车钩为 15 号托梁钩，控制车驾驶室一端为密接式自动车钩，故重联时仅可以控-控重连，不可以动-控重连或动-动重连。列车编组除控制车为一等座车外，其余均为二等座车（含一节二等座/餐车合造车）。

而长编组 CR200J 为双端牵引的电力动车组，最大编组为 2 动 18 拖，由 18 辆拖车和 2 辆首尾相对的 FXD1-J 或 FXD3-J 型动力车组成。动力车分列编组的前后两端进行推挽运行，类似于 DJJ2 型电力动车组（中华之星）及 NDJ3 型内燃动车组（和谐长城号）的做法。与短编组 CR200J 不同，长编组动集不设带有驾驶室的拖车，由于编组长度已接近站台允许设计长度，故不允许重联运行。可根据运输的需要，在出厂前进行混合编组，诸如单独的餐车、一/二等座车、一/二等卧车乃至行李车均可编入编组运行。这同时意味着该型车本质上仍是基于普速机辆模式的深度改进产品。此外，长编组的 CR200J 型动力集中电力动车组可根据客流、开行时间等因素，自由变化列车的编组长短（范围为 9 节至 18 节），但变化编组长短的作业须在生产厂完成，且须录入国铁集团的数据库方可上线运营。这一对列车编组的管理方式与复兴号、和谐号动车组的管理方式保持基本一致。

4.1.5.2　平面布置

本型列车为 HXD1G 型电力机车、HXD3G 型电力机车与 25T 型客车一同进行统一设计、统一编组、不可自由拆卸的一种电力动车组，属普通机辆形式列车编组的一种改良式形态。根据运行线路不同以及开行用途不同，其拥有一等座、二等座、一等卧、二等卧、二等座/餐车合造车等多种客车车型。

CR200J 型电力动车组分为单端动力、可推挽运行的短编组列车以及双端动力，彼此共同推挽运行的长编组列车。仅一端具有动力的短编组列车在列车的另一端设有一节带有司机室的载客拖车（Tc），而长编组的编组两端均为动力机车，不设带有司机室的拖车。由于 CR200J 采取整体电空制动并搭配密接车钩，一般较少出现像普速列车在调速时产生 "冲动" 的情况，相较于快速列车大量运用的 25G 型空调客车，部分提升了运行舒适度。

与动车组相同，全列禁烟，该车车厢内各位置均设有烟雾报警装置。内饰仿照复兴号系列动车组客室标准设计制造，部分车厢配备无障碍卫生间。座车类似于其他动车组的 3+2 座位布局。由于受车厢宽度限制，"CR200J" 所有座车的座椅均不可旋转。在列车高速运行时，与运行方向相反座位的乘车体验较差。一/二等卧车内饰基于 25T 型软/硬卧车优化而来，每个铺位增设了 USB 充电接口，二等卧车每个铺间的小桌板下方均设有 220 V 电源插座，但车内总体布局与 25T 型软/硬卧车并无太大差异。

4.1.5.3 主要技术参数

CR200J 动力集中型动车组的两端各有一节流线型车头：一个是动力机车，外观类似于传统的电力机车，设有驾驶室和大型机电设备，装置电动机引擎和驱动车轮，不载客，负责整列列车的各种供电运转和操作控制，又称"动力车"；另一个车头被称为"控制车"，同样设有驾驶室和司机操控平台，但无大型机电设备和动力装置，其车体除驾驶室外的剩余空间用于搭载旅客，既不是动力车厢也不是机车，而是带驾驶室的无动力车厢（复兴号系列动车组的两个或一个端头车厢是没有动力的，虽有驾驶室但仍属于拖车，以减少车轮的打滑空转）。

CR200J 动力集中型动车组采用了列车头尾两端都配置驾驶室的设计，列车无须更换车头即可折返行驶，其依然以单节机车牵引多节车厢的模式运行。当列车朝机车一端方向行驶时，由于动力机车在前，火车的运行模式是"动车牵着拖车走"；当列车朝控制车方向行驶时，运行模式改为"动车推着拖车跑"，这种牵引方式和 20 世纪 90 年代从瑞典引进的 X2000 型电力动车组的一致。两列 CR200J 短编组重联时，由于 CR200J 短编组列车动力车驾驶室一端为普通詹氏自动车钩，而控制车驾驶室一端为密接车钩，所以短编组重连方式为"控控重连"，行驶模式为双动车的"前拉后推"。

CR200J 电力动车组采用相对固定编组和双端头车设计，牵引动力集中可靠，通过实行双向运营大幅减少调车和立折时间，车站到发能力和咽喉通过能力分别提高 80% 和 100%，有效提升了铁路运输组织效率，解决了普铁车站接发能力趋于饱和的问题，其主要技术参数见表 4.15。

表 4.15 主要技术参数

车 型	普通型		改进型		
	短编组	长编组	短编组	双源高原型	长编组
轨距/mm	1 435				
定员/人	KZ：56（2+2）ZE：98（2+3）ZEC：76（2+3，含2个无障碍坐席）	WY：40（包厢、上下铺）WE：66（半包、上中下铺）ZE：98（2+3）ZEC：46（2+3，含2个无障碍坐席）	KZ：56(2+2)ZE：98（2+3）ZEC：76（2+3，含2个无障碍坐席）	ZYS：48+6 ZY：71 ZE：93 ZEC：72	ZE：95（2+3）ZEC：42（2+3，含1个无障碍坐席1A座位）WY：40（包厢、上下铺）WE：66（半包、上中下铺）
	720	918	720	755	1 012
适用站台/mm	低站台（300/500）/高站台（1 250）		高站台（1 250）		
车体宽度/mm	3 105		3 360		
车辆高度/mm	4 030（动力车）/4 433（拖车、控制车）		4 436		

续表

车型	普通型		改进型		
	短编组	长编组	短编组	双源高原型	长编组
车辆长度（不计车钩）/mm	19 979（动力车）/25 500（拖车）/27 955（控制车）				
编组	1M8T	2M16T	1M8T	3M9T	2M16T
构造速度/(km/h)	210				
运营速度/(km/h)	160				
轴重/t	动力车≤19.5/拖车、控制车≤16.5、高原型≤21				
受流电压	交流 25 kV/50 Hz				
动力车轴式	B0—B0/A1A—A1A（FXN3J）				
电机型号	YQ1430-1(FXD1J)/YJ277B/C(FXD3J)/YQ-1224（HXD1D-J）/YJ217(FXN3J)				
电机功率/kW	1 430（FXD1J/FXD3J）/1 224（HXD1D-J）/697（FXN3J）				
内燃机型号	—	—	—	12V265B×2	—
内燃机功率	—	—	—	3 200 kW×2	—
装机功率/kW	5 720（短编组）/11 440（长编组）				
轮周功率/kW	5 600（短编组）/11 200（长编组）/12 600（高原型）				
列车供电制式	DC 600 V				
车钩中心高度/mm	880				
运行通过最小曲线半径/m	150 m				
制动系统	整体电空制动				
紧急制动距离	初速120 km/h：≤800 m 初速160 km/h：≤1400 m				
车钩	动力车：15号托梁钩（驾驶室端）、密接式自动车钩（尾端） 拖车：密接式自动车钩				

4.1.5.4 主要技术特点

（1）车头的詹式车钩隐藏在整流罩内，整车外观更具流线型，贴近高速动车组，更符合复兴号系列家族风采。

（2）将火灾报警和轴温报警纳入到整车安全环路内，提升了动车组的安全性。

（3）拖车可为动力车提供110 V电压，提升了动车组运用的稳定性和可靠性。

（4）在电气、车体、冷却、制动等方面均有较大的优化升级。

4.1.6 CR300型动车组总体技术

4.1.6.1 概 述

CR300系列动车组分为CR300AF、CR300BF两个系列。其中CR300AF是由中车青岛四方机车车辆股份有限公司生产的高速铁路动车组，为动力分散型列车，列车设有一等/商务座车（1005~1009）、一等座车、二等座车、二等座/餐车合造车等席别，列车为8编组。CR300BF型电力动车组则由中国中车长春轨道客车股份有限公司研发，中车长春轨道客车股份有限公司和中车唐山机车车辆有限公司生产制造，列车总长208.95 m，车体最大宽度3.36 m，车辆最大高度4.05 m，列车总质量431.3 t，车体材质为铝合金，为动力分散型列车，列车设有一等座车，二等座车，二等座/餐车合造车等席别，列车为8编组。CR300系列复兴号动车组（250 km/h级）是自CR400系列（350 km/h级）、CR200J系列（160 km/h级）之后的第三个级别。

4.1.6.2 平面布置

CR300AF采用8辆编组，4动4拖的统一动力配置形式，由2个基本动力单元组成，其中02车、04车、05车、07车为动车，01、03、06、08车为拖车，在3号和6号车厢设置受电弓，在正常运行时使用一个受电弓，重联运行则使用两个受电弓，其车厢排布如图4.32表4.16所示。

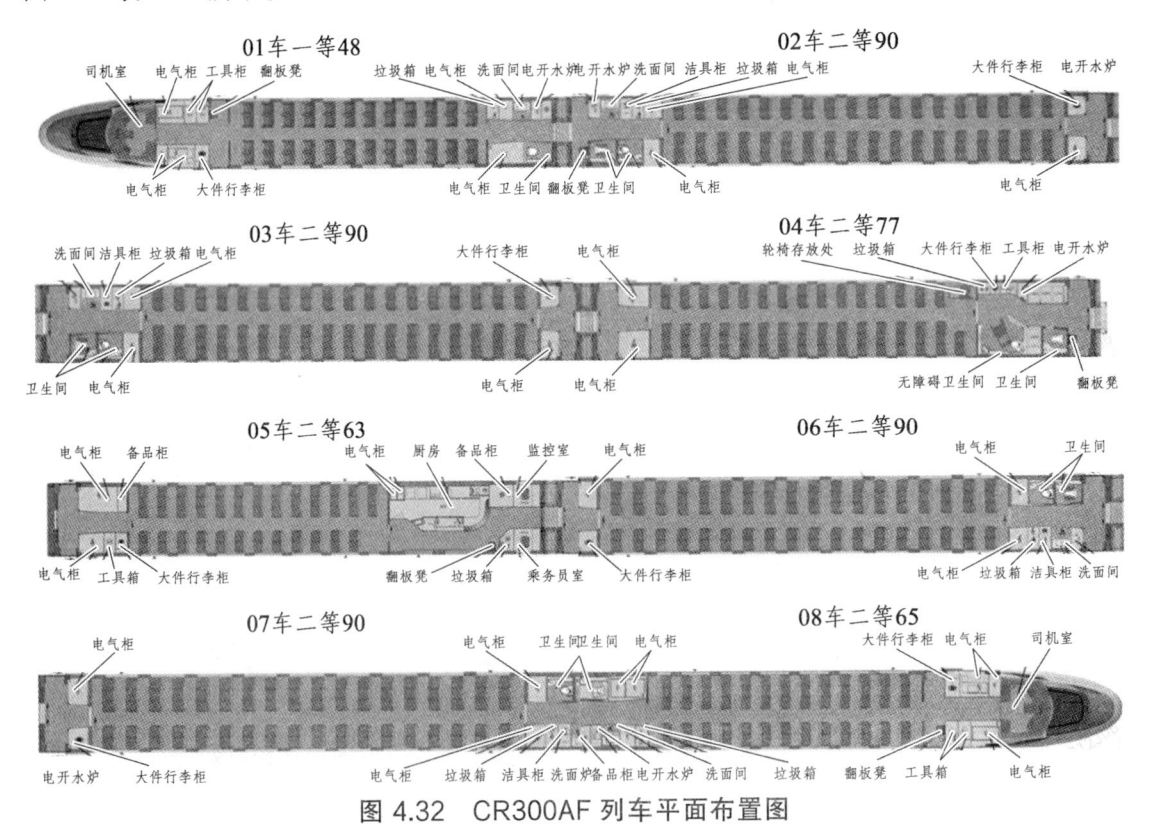

图 4.32 CR300AF 列车平面布置图

表 4.16 CR300AF 型车体车厢排布

车厢号	1	2	3	4	5	6	7	8
车 型	一等座（或一等/商务座车）	二等座	二等座	二等座	二等座/餐车	二等座	二等座	二等座
车辆编号	CR300AF-×××ZY×××01（或ZYS 100501~100901）	ZE×××02	ZE×××03	ZE×××04	ZEC×××05	ZE×××06	ZE×××07	CR300AF-×××ZE×××00（或ZYS 100500~100900）
定 员	48（或28+5）	90	90	77	63	90	90	65（或28+5）
动力配置	拖车带驾驶室（Tc）	动车（M）	拖车带受电弓（Tp）	动车（M）	动车（M）	拖车带受电弓（Tp）	动车（M）	拖车带驾驶室（Tc）
动力单元	单元 1				单元 2			

CR300BF 采用 8 辆编组，4 动 4 拖的统一动力配置形式，由 2 个基本动力单元组成，其中 02 车、04 车、05 车、07 车为动车，01、03、06、08 车为拖车。CR300BF 型在 3 号和 6 号车厢设置受电弓，在正常运行时使用一个受电弓，重联运行则使用两个受电弓，其车厢排布如图 4.33 及表 4.17 所示。

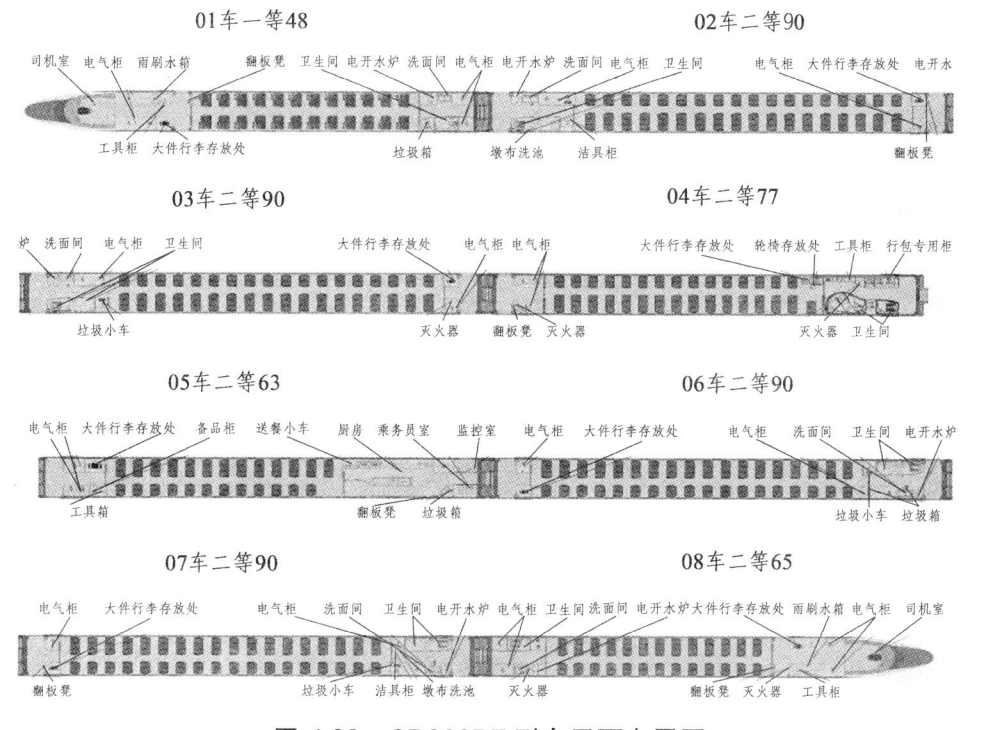

图 4.33 CR300BF 列车平面布置图

表 4.17 CR300BF 型车体车厢排布

CR300BF 型车体车厢排布								
车厢号	1	2	3	4	5	6	7	8
车型	一等座	二等座			二等座/餐车	二等座		
车辆编号	CR300BF-×××ZY××××01	ZE××××02	ZE×××××03	ZE×××××04	ZEC×××05	ZE×××××06	ZE×××××07	CR300BF-×××× ZE××××00
定员	48	90	90	77	63	90	90	65
动力配置	拖车带驾驶室（Tc）	动车（M）	拖车带受电弓（Tp）	动车（M）	动车（M）	拖车带受电弓（Tp）	动车（M）	拖车带驾驶室（Tc）
动力单元	单元 1				单元 2			

4.1.6.3 CR300 型动车组的主要技术参数

CR300AF 型动车组的主要技术参数见表 4.18。

表 4.18 CR300AF 型动车组主要技术参数

列车编组	4M4T
编组长度/m	约 209
轨距/mm	1 435
转向架	无摇枕空气弹簧转向架
车体材质	铝合金
编组定员	613 人（一等座 48 席，二等座 565 席） 598 人（海南东环铁路订制版，商务座 5 席，一等座 28 席，二等座 565 席）
营运速度/（km/h）	250
设计最高速度/（km/h）	300
供电制式	交流 25 kV/50 Hz，架空电缆取电
牵引电动机	中车株洲电机制鼠笼式三相异步交流牵引电动机（4×4 台）
控制装置	株洲中车时代电气制 IGBT-VVVF 控制（1C4M1 群方式，4 组）
制动方式	再生制动、直通式电空制动

CR300BF 型动车组的主要技术参数见表 4.19。

表 4.19 CR300BF 型动车组主要技术参数

列车编组	4M4T
编组长度/m	约 209
轨距/mm	1 435
转向架	无摇枕空气弹簧转向架
车体材质	铝合金
编组定员	613 人（一等座 48 席，二等座 565 席）
营运速度/（km/h）	250
设计最高速度/（km/h）	300
供电制式	交流 25 kV/50 Hz，架空电缆取电
牵引电动机	中车永济电机制三相诱导交流牵引电动机
控制装置	中车时代电气制 IGBT 水冷 VVVF
制动方式	再生制动、直通式电空制动

4.1.7 CR400 型动车组总体技术

4.1.7.1 概　述

复兴号 CR400 系列动车组分为 CR400AF、CR400BF 两个系列。CR400AF 型电力动车组由中车青岛四方机车车辆股份有限公司研发生产，列车的最高营运速度为 350 km/h，为动力分散式、交流传动的铝合金空心型材车体列车，基础类型采用 8 辆编组，4 动 4 拖的统一动力配置形式，由 2 个基本动力单元组成。CR400BF 型电力动车组由中车唐山机车车辆有限公司和中车长春轨道客车股份有限公司研制生产，列车的最高营运速度为 350 km/h，为动力分散式、交流传动的铝合金空心型材车体列车，基础类型采用 8 辆编组，4 动 4 拖的统一动力配置形式，由 2 个基本动力单元组成。

4.1.7.2 衍生车型

CR400AF 型电力动车组衍生车型分为短编组和长编组两大类型，其特点分别如下：

1）短编组

CR400AF 双控版：带有 LKJ 设备的 CR400AF，能够在没有 CTCS-2 列控的普速铁路运行。

CR400AF 城际版：京雄城际铁路使用，二等座为 2+2 布局且不可旋转方向，增加多个大件行李存放处。

CR400AF-G：CR400AF-G 动车组（4M4T）是在 CR400AF 基础上，为京包、京哈等线路设计的高寒抗风沙车型。

CR400AF-C：CR400AF-C 动车组（4M4T）是在 CR400AF 基础上设计生产的 8 辆编组的智能高速动车组。

CR400AF-Z：CR400AF-Z 动车组（4M4T）是在 CR400AF-C 基础上改造生产的 8 辆编组的智能高速动车组，其车厢排布如图 4.34 所示。

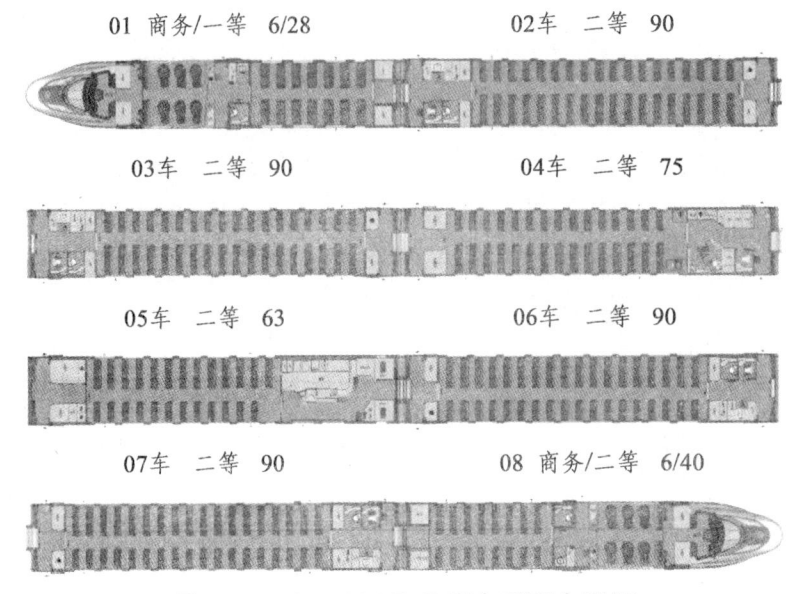

01 商务/一等 6/28　　02车 二等 90

03车 二等 90　　04车 二等 75

05车 二等 63　　06车 二等 90

07车 二等 90　　08 商务/二等 6/40

图 4.34　CR400AF-Z 列车平面布置图

CR400AF-J：CR400AF-J 是基于 CR400AF 系列研发的高速综合检测列车，同时也是下一代 CR450 系列动车组的试验列车，为 CR450 的研制积累宝贵数据。

KCIC400AF：为印度尼西亚雅万高铁设计生产的速度 350 km/h 高速动车组。

KCIC400AF-CIT：为印度尼西亚雅万高铁设计生产的高速综合检测列车。

2）长编组

CR400AF-A：CR400AF-A 动车组（8M8T）是在 CR400AF 基础上设计生产的 16 辆编组的高速动车组。

CR400AF-B：CR400AF-B 动车组（8M9T）是在 CR400AF 基础上设计生产的 17 辆编组的高速动车组。

CR400AF-BZ：CR400AF-Z 动车组（8M9T）是在 CR400AF-Z 基础上设计生产的 17 辆编组的智能高速动车组。

CR400AF-S：CR400AF-S 动车组（8M8T）是在 CR400AF-A 基础上设计生产的 16 辆编组双层高速动车组。

CR400AF（12 编组，5M7T）一种特殊用途的 CR400AF。

CR400BF 型电力动车组衍生车型分为基础型和智能型两大类型，其特点分别如下：

1）基础型

CR400BF：基础量产版，设计的 8 节标准编组高速动车组，采用 4M4T 的动力配置。

CR400BF-A：在 CR400BF 基础上设计的 16 节长编组高速动车组，采用 8M8T 的动力配置。

CR400BF-B：在 CR400BF 基础上设计的 17 节长编组高速动车组，比 CR400BF-A 增加了一节定员 90 人的二等座车厢，采用 8M9T 的动力配置。

CR400BF-G：在 CR400BF 基础上设计的 8 节高寒型高速动车组，在原车基础上增加了耐高寒和抗风沙的属性，主要运营于东北地区、西北地区的线路以及北京北站以北的客运专线。

2）智能型

以下为经过了全新的外观及内饰设计，并采用了多种最新技术的 CR400BF 智能系列

CR400BF-C：在 CR400BF 基础上，为京张铁路及 2022 冬奥会设计的新一代智能高速动车组，采用 8 辆编组，可耐高寒及抗风沙。

CR400BF-Z：在 CR400BF-C 基础上设计的 8 节编组高速智能动车组，于 2021 年 6 月 25 日中国铁路第三季度调图中正式投入京广高速铁路运营，其车厢排布如图 4.35 所示。

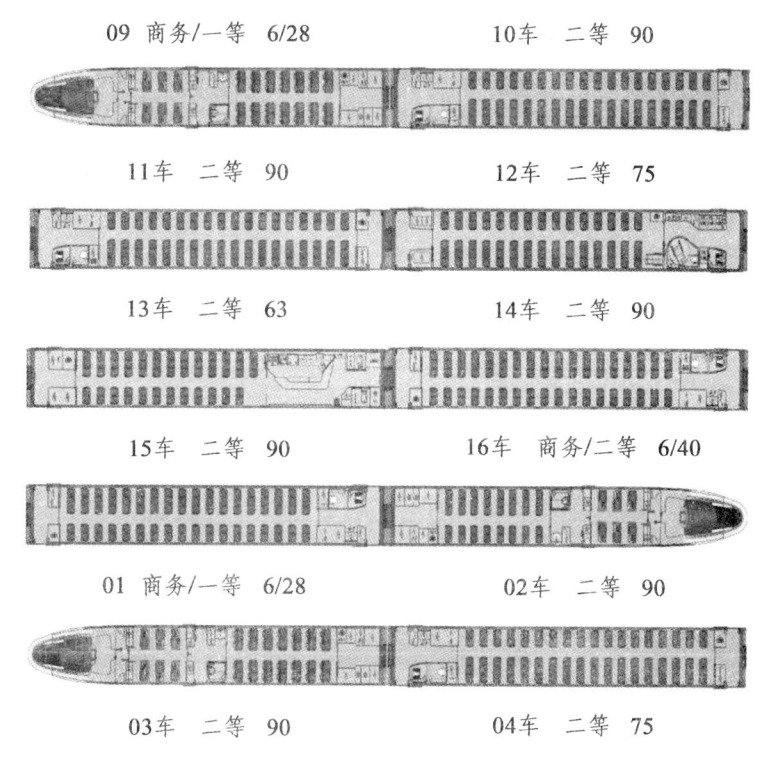

09 商务/一等 6/28	10 车 二等 90
11 车 二等 90	12 车 二等 75
13 车 二等 63	14 车 二等 90
15 车 二等 90	16 车 商务/二等 6/40
01 商务/一等 6/28	02 车 二等 90
03 车 二等 90	04 车 二等 75

图 4.35 CR400BF-Z 列车平面布置图

CR400BF-AZ：在 CR400BF-Z 基础上设计的 16 节长编组高速智能动车组，于 2022 年 09 月 15 日在京广、郑渝高铁投入运营。

CR400BF-BZ：在 CR400BF-Z 基础上设计的 17 节长编组高速智能动车组，于 2021 年 6 月 25 日中国铁路第三季度调图中正式投入京沪/宁杭高铁运营。

CR400BF-GZ：在 CR400BF-Z 基础上设计的 8 节高寒型高速智能动车组，可耐高寒及抗风沙，于 2021 年 6 月 25 日中国铁路第三季度调图中正式投入运营，主要运营于京哈高铁。

CR400BF-J：在 CR400BF-Z 基础上设计制造的高速综合检测列车，除安装检测设备外，03、06 车安装轨道涡流制动装置，为实现 400 km/h 运行进行测试，并为今后 CR450 系列积累经验。

4.2 动车组轻量化技术

4.2.1 轻量化简介

随着现代科学技术的快速发展和在铁路产业上的应用，铁路高速化已成为现实，并朝着更高速度方向发展。在高速铁路技术中，高速列车占有十分重要的地位，而高速列车车体承载结构轻量化的研究也显得十分重要。对于列车来说，笨重的车体一直是限制其高速行驶的障碍，故而，要实现列车的高速运行，在确保车体强度、刚度的前提下，减轻列车重量势在必行。

动车组轻量化技术

车体、车内设备以及走行部（转向架）重量的减轻实现了列车的轻量化，不仅可以减少原材料的消耗，降低牵引功率，提高列车运行速度，改善列车起动和制动性能，而且可有效减小轮轨间的动力作用，减小振动和噪声，增加机车和线路的使用寿命，达到节能和环保的要求。

轻量化主要有三大优点：一是节能；二是减小对轨道的破坏；三是改善振动噪声引起的环境问题。节能主要体现在牵引和制动消耗的能量上，重量越轻，所需牵引和制动功率就越小。列车越重，对轨道的振动冲击越严重，易造成轨道的破坏。重量越大，振动噪声越大。

列车轻量化是一个综合工程，需从材料、结构、工艺等多方面进行考虑，直观体现在轴重变轻上。具体可分为车体结构轻量化，转向架轻量化，车内设备、变电系统的轻量化，这些反映了一个国家的综合设计及制造水平。

4.2.2 降低轴重

由于轴重的增加，列车在高速运行时钢轨承受轮载而产生的轮轨接触应力、轨头内部的剪切应力、局部应力和弯曲应力将相应增加，同时疲劳荷载作用下的应力水平也将随之提高，从而大大缩短了钢轨的使用寿命。减轻轴重能有效地降低对地基的振动，减少线路的破坏和维修工作量，进而减少钢轨的损伤和提高其使用寿命。

研究结果表明，钢轨头部损伤几乎全是疲劳损伤，钢轨折损率随轴重的增加而增加。而接触理论表明，轮、轨面上的接触应力和轨头内部的剪切应力与轴载荷成正比，且与车轮直径及踏面外形有关。所以减小轴重可减少钢轨的损伤和提高其使用寿命。牵引动力集中配置的动车组，动力车的轴重最大。

日本高速列车在轻量化技术上处于业界领先，从 0 系的 16 t 降到 500 系的 11.2 t，这是所有高速列车中轴重最轻的。这主要得益于日本在车体轻量化、转向架轻量化、电气设备小型化、制动装置轻量化及车内装饰和设备轻量化方面的突出成就。通过对车体结构、转向架结构、车内设备及其他设备从选材和结构优化设计上采取措施，可使车辆自重（轴重）明显降低。

表 4.20 为各国高速列车轴重比较。

表 4.20　各国高速列车轴重比较

车型	法国 TGV	德国 ICE-2	日本 500系	中国 CRH₁	中国 CRH₂	中国 CRH₃	中国 CRH₅	中国 CR200J	中国 CR300AF	中国 CR400AF
平均轴重/t	17.0	14.2	11.2	≤16	11.7~14	15	≤17（动）、16（拖）	动力车≤19.5/拖车、控制车≤16.5、高原型≤21	≤17	≤17

显然，轴重受机车车辆结构设计、制造水平的限制。但从降低对线路的损伤和动力作用出发，还是应该要求机车车辆适应线路，实现车辆的轻量化。

4.2.3　车体结构轻量化设计

车体轻量化技术的主要措施是采用铝合金车体。目前，国外铁路动车和拖车的车体承载结构已经由原来的碳钢结构经过不锈钢结构发展到铝合金结构时代。而铝合金结构也由最初的以铝代钢的原钢结构，经过铝型材结构、铝蜂窝结构、大型铝挤压型材，发展到中空双表面大型铝合金挤压型材。"和谐号"系列车型的一个共同特点就是车体轻，速度快。在首列国产化高速列车上，四方股份采用的铝合金车体，重量比欧洲同类车体轻 20% 以上。车体如此之轻，使列车在节能上的表现极为优越。铝合金车体的优势可综合为以下几点：① 制造工艺简单，加工费用节省；② 减重效果好；③ 良好的运行品质；④ 耐腐蚀，可降低维修费。此外，铝合金车体还具有外表平滑美观的优点。

在保证车体强度和刚度的基础上，应充分利用等强度理论和结构的有限元分析程序，对车体结构进行优化设计，以减轻自重。国内外经验证明，通过优化计算，车体结构设计可显著降低。目前世界各国的铝合金车体有以下 3 种结构：

（1）大型中空挤压铝型材焊接结构。
（2）大型中空挤压铝型材与开口型材的混合结构，如图 4.36 所示。
（3）骨架式（航空）铝合金车体结构，如图 4.37 所示。

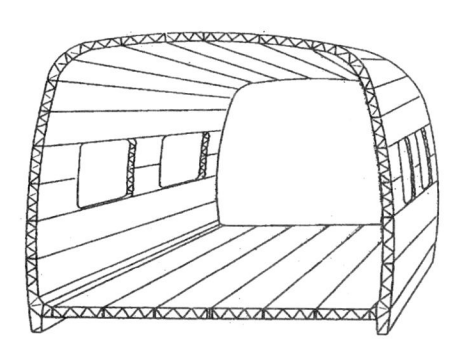

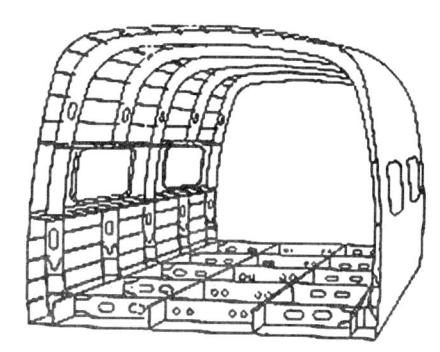

图 4.36　大型中空挤压铝型材与开口型材的混合结构　图 4.37　骨架式（航空）铝合金车体结构

中国 CRH 系列动车组车体经优化设计,可以满足高速、碰撞安全、乘坐舒适、车辆自重及经济等方面的要求。CRH_1 型动车组车体采用单层外壳加内部构架结构,整体薄壁筒型。CRH_2 型动车组车体主要采用中空型材的双壳结构,大幅减少零件数量,可在内腔填充减振材料。CRH_3 型动车组车体主要采用大型中空铝合金型材组焊而成,为筒型整体承载结构。CRH_5 型动车组车体主要采用了 12 种与车体等长的铝合金挤压型材纵向焊接而成的整体筒型承载结构。

车体承载结构材料及重量见表 4.21。

表 4.21 CRH 系列动车组车体材料及质量对比

项 目	CRH_1	CRH_2	CRH_3	CRH_5
车体承载结构材料	不锈钢	铝合金	铝合金	铝合金
车体结构质量/t	Mc 车 12.5,Tb 和 M 车 11.9	7.185~8.373	10.885~11.085	8.095~8.500

4.2.4 车内设备的轻量化技术

车内设备材料,应先满足功能要求和防火阻燃要求,装饰板应反映时代感。车内设备约占客车总重量的 20%,轻量化具有重要意义。车内设备如门、窗、行李架、座椅、供水设备、卫生设备等,广泛选用轻合金或高分子工程材料和复合材料,使设备重量大为减轻,车内装饰板材广泛采用薄膜铝合金墙板、工程塑料顶板等。

4.2.5 转向架结构轻量化技术

降低转向架自重是高速转向架技术开发非常重要的一个方面,反映了先进材料、先进工艺、先进设计理念、先进制造手段等多个层面,是高新技术的集成。减轻转向架自重对改善车辆振动性能和减小轮轨之间的动力作用均具有显著效果。目前转向架轻量化主要体现在如下几个方面:

(1)采用无摇枕结构。现今的高速动车组转向架几乎都取消了摇枕结构,而采用垂向、横向性能良好的空气弹簧来支撑车体。

(2)构架结构轻量化。采用焊接构架可比铸钢结构减重 50% 左右,拖车转向架采用 H 形结构,取消两端的端梁。

(3)轮对轻量化。采用空心车轴和小直径车轮;采用 S 形腹板车轮;采用双排圆锥滚子轴承。

(4)轴箱和齿轮箱采用铝合金结构,两者均可减为原来质量的一半左右。

(5)动力车转向架采用交流电机,质量可减轻至 300 kg 以下,而原来提供相同功率的直流电机质量达 800 多千克。

(6)轴箱定位装置采用转臂式拉杆。传统机车车辆多采用双拉杆形式,高速列车多采用转臂式单拉杆结构。

(7)牵引电机体悬式悬挂。将牵引电机悬挂在车体下面,可减轻转向架重量。现今高速列车多采用架悬式结构,经试验验证,电机架悬式列车也能达到 300 km/h 的高速运行。

CRH 系列动车组转向架轻量化采取的技术见表 4.22。从表中的对比可以看出,CRH 系列动车组采用了多种轻量化技术:如所有动车组均采用空气弹簧结构,CRH_1、CRH_2 采用无摇枕结构;均采用空心轴技术,CRH_5 空心轴内孔直径达 65 mm;CRH_1、CRH_2 及 CRH_3 均采用单侧转臂式轴箱定位装置;采用小直径车轮,如 CRH_2 型动车组车轮直径仅有 860 mm(新轮);均采用交流电机；均采用 H 形焊接结构转向架构架，CRH$_2$、CRH$_3$、CRH$_5$ 横梁采用无缝钢管结构。这系列措施减轻了转向架的自重，并降低了簧下重量，从而减小了对轨道的冲击破坏作用，减小了对列车的振动，保障了 CRH 系列动车组高速运行的稳定性和平稳性。

表 4.22 CRH 系列动车组转向架轻量化措施

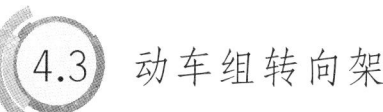

项 目	CRH$_1$	CRH$_2$	CRH$_3$	CRH$_5$
二系	空气弹簧 无摇枕	空气弹簧 无摇枕	空气弹簧 +枕梁	空气弹簧 +枕梁
构架结构	H 形焊接结构	H 形焊接结构 无缝钢管横梁	H 形焊接结构 无缝钢管横梁	H 形焊接结构 无缝钢管横梁
车轴轴颈直径/mm	130	130	130	130
空心轴内孔直径/mm	ϕ60	ϕ60	ϕ30	ϕ65
车轮直径（新/旧）/mm	915/835	860/790	动车 920/830 拖车 920/860	890/810
齿轮箱	球墨铸铁承载式	铸铝	—	—
牵引电机悬挂方式	架悬式	架悬式	架悬式	体悬式
牵引电机	交流	交流	交流	交流
牵引电机功率/kW	265	300	560	568
牵引电机质量/kg	600	440	750	1613
轴箱定位装置	单侧转臂式	单侧转臂式	单侧转臂式	双拉杆
转向架总重/t	动力转向架 8.2 拖车转向架 6.3	动力转向架 7.5 拖车转向架 6.87	动力转向架<10.0 拖车转向架<7.5	动力转向架 8.06 拖车转向架 7.66

4.3 动车组转向架

4.3.1 动车组转向架构成及相关技术

转向架是动车组车辆最重要的组成部件之一，其结构是否合理直接影响车辆的运行品质、动力性能和行车安全。转向架具有承载、导向、缓冲、牵引和制动等功能。在设计制造高速转向架时，必须解决其高速运行时的稳定性、平稳性及良好的曲线通过性能等关键技术。经过几十年的发展，高速转向架的研制设计从最初多式多样逐渐趋于类同，其主要特点是：无摇枕、二系空气弹簧悬挂、转臂式轴箱定位装置、具有回转阻尼、抗侧滚装置等。

1）构架

构架是转向架的骨架，是各种转向架零部件的承载体，承受和传递车体与轮对之间各种方向的力和扭矩等。如构架上有空气弹簧安装座、制动装置安装座、一二系减振器安装座、轴箱拉杆座等。高速转向架构架目前主要采用 H 形焊接结构形式，横梁采用无缝钢管，侧梁采用 U 形结构，拖车取消端梁等，以减轻自重。有的构架上还设置有空气弹簧的附加空气室。

2）轮对

轮对直接向轨道传递列车的静、动作用力，通过轮对的回转运动实现列车向前运行。高速列车轮对通常采用空心轴形式以减轻簧下重量，从而降低轮轨作用力。另外还采用小直径车轮，进一步减小簧下重量，如 CRH_2 型动车组车轮直径仅有 860 mm。

3）一系悬挂装置

一系悬挂装置设在构架与轮对之间，直接缓解和衰减轨道给予轮对的振动冲击，主要结构是弹簧加减振器结构。高速转向架一系悬挂逐渐趋于相似，主要采用钢圆弹簧加液压减振器结构。

4）轴箱定位装置

轴箱定位装置是连接构架和轮对的活动"关节"，传递轮对和构架之间的纵向力（牵引力、制动力等），传递轮对构架间横向力，限制构架和轮对之间相对过大的横向位移。轴箱定位装置有多种结构形式，如双拉杆式、单（双）拉板式、转臂式、橡胶堆弹簧等。现今高速转向架轴箱定位装置也渐渐趋于一致，主要采用单侧转臂式轴箱定位装置。对轴箱结构采用轻型高强度材料以进一步减轻簧下重量。

5）二系悬挂装置

二系悬挂装置设在构架与车体之间，以提供较好的乘坐舒适度。早期二系悬挂多采用高圆弹簧和摇枕结构，随着空气弹簧的出现及其在三个方向的良好性能，渐渐取代了圆弹簧和摇枕结构。通常在空气弹簧悬挂下设置有橡胶弹簧以保证一旦空气弹簧失效时列车仍然能以较高速度平稳性运行。

6）牵引装置

牵引装置是用来传递车体与转向架之间纵向力并保证车体与转向架之间的回转运动。目前，发展起来的高速动车组牵引装置主要有单牵引杆形式和 Z 字形拉杆形式。

7）抗侧滚装置

抗侧滚装置设置在转向架与车体之间，主要抑制曲线通过时车体向曲线外侧过大的倾摆，提高旅客乘坐舒适度。

8）回转阻尼装置

回转阻尼装置主要设置在车体与转向架之间，用来抑制高速转向架的蛇行运动，主要采用抗蛇行减振器结构。

9）基础制动装置

基础制动装置是将列车的动能消耗掉以阻止列车继续前进的装置。目前已经从最早的闸瓦踏面制动形式发展成轮盘制动和轴盘制动。

4.3.2 动车组转向架分类

关于转向架的分类，有很多种形式。由于车辆用途、运行条件、制造维修方法等具体因素不同，以及对转向架的性能、结构、参数和采用的材料工艺等要求的差别，出现了多种形式的转向架。有按轴数分类，有按轴箱定位方式分类，有按有无摇枕分类。各种转向架的主要区别在于：弹簧悬挂装置的结构与参数，垂向载荷的传递方式，轴箱定位方式，制动装置的类型与安装，构架的结构形式以及作用原理等方面。因此，转向架可按其作用原理及结构形式分类。但目前大多数高速动车组转向架的主要区别在轴箱定位方式上。轴箱定位装置的纵向刚度对高速列车的临界速度影响非常大，如过小容易出现蛇行失稳，过大则曲线通过性较差。

对轴箱定位装置的基本要求是：

（1）它应该在纵向和横向具有适宜的弹性定位刚度，其值是该装置的主要参数。

（2）它的结构形式应能保证良好地实现弹性定位作用，性能稳定，结构简单可靠，无磨耗或少磨耗，制造检修方便，重量轻，成本低等。

适宜的轴箱弹性定位，不仅可以避免车辆在运行速度范围内发生激烈的振动，还能保证车辆在曲线上运行时具有良好的导向性能，从而减小轮对与钢轨之间的冲击和侧压力，减轻车轮轮缘与钢轨的磨耗，确保车辆运行的安全性和平稳性。

轴箱定位装置有多种结构方式，用于高速动车组上最常见的有拉板式、拉杆式、圆锥叠层橡胶式和转臂式轴箱定位。表4.23是这4种轴箱定位方式的对比情况。

表 4.23 轴箱定位方式比较表

项目	转臂式	拉杆式	橡胶弹簧式	拉板式
高速运行稳定性	◎	○	△	○
曲线运行性能	◎	◎	◎	△
前后左右刚性最优化	◎	○	○	△
乘坐舒适度	◎	◎	×	○
拆卸及组装	◎	◎	◎	△
轻量化	◎	◎	◎	○
耐久性	◎	◎	△	○
轮重变动特性	◎	○	×	△
成本	◎	◎	○	△
综合评价	◎	○	×	△

注：◎表示非常适合，○表示较适合，△表示基本适合，×表示不适合。

从表4.23可以看出转臂式轴箱定位的优越性，具体特点如下：① 容易选定轴箱支撑刚性；② 可以独立选定上下、前后、左右的方向；③ 可以减小上下弹簧常数，提高乘坐舒适性；④ 部件件数少；⑤ 可以实现轻量化；⑥ 低成本；⑦ 轴箱支撑装置便于分解、组装；⑧ 免维修。

4.3.3 CRH动车组高速转向架

中国引进的4种高速动车组，均配备了不同速度等级的高速转向架，有速度等级200 km/h的CRH$_1$型转向架，有速度等级250 km/h的CRH$_2$、CRH$_5$型转向架，有速度等级300 km/h的CRH$_3$型转向架。它们均具备上述高速转向架的各种特征，均能保障动车组平稳高速地运行。下面简要介绍各种动车组转向架的结构特点。

4.3.3.1　CRH₁型动车组转向架

CRH₁型动车组转向架是在既有 AM96 转向架上进行改进设计的,其轮对、轴箱、牵引装置等技术成熟,满足高速列车在速度和承载方面的要求。它可分为动力转向架和拖车转向架两种,动车和拖车分别安装动力转向架和拖车转向架。两种转向架分别如图 4.38 和 4.39 所示,其参数见表 4.24。

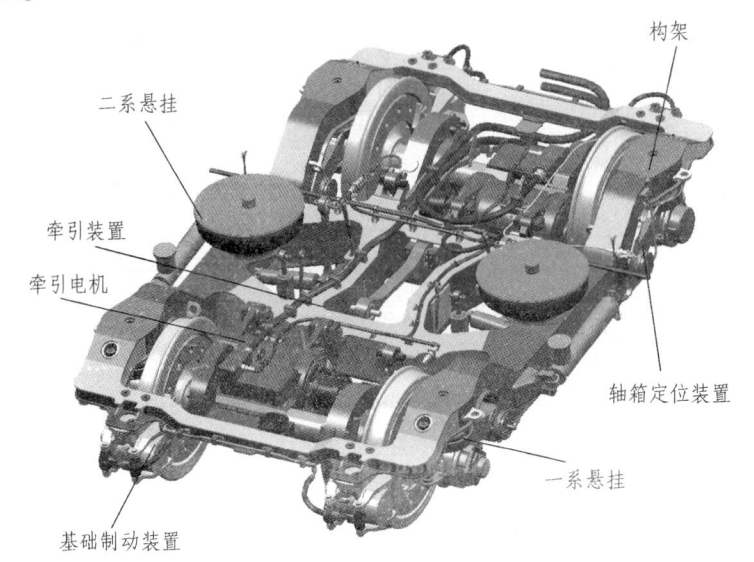

图 4.38　CRH₁动车转向架

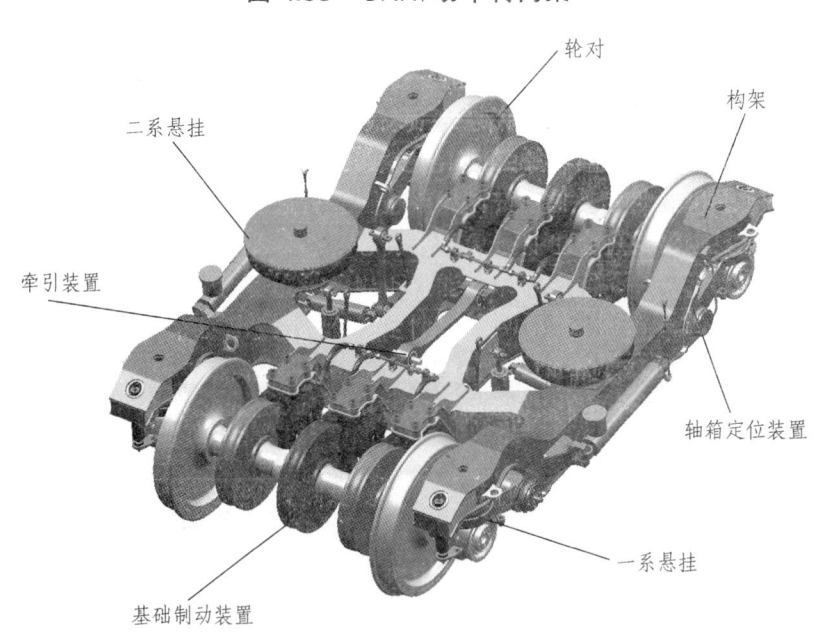

图 4.39　CRH₁拖车转向架

动力转向架由 H 形构架、轮对轴箱、牵引装置、基础制动装置(轮盘制动)、二系悬挂装置、牵引电机及齿轮箱等组成。每台动力转向架有两根动力轴,电机采用架悬方式。拖车转向架组成结构与动力转向架基本相同,但没有牵引电机和齿轮箱,采用轴盘制动。

表 4.24 CRH₁型动车组转向架主要技术参数

轨距/mm	1 435
轴式	B₀—B₀（M） B—B（T）
轴距/mm	2 700
车轮直径/mm	915
空气弹簧中心距/mm	1 860
轴颈直径/mm	130
轴颈中心距/mm	2 070
质量/t	动车转向架 8.2 拖车转向架 6.3
最小通过曲线半径/m	联挂时 145 单车调车 100
驱动装置悬挂方式及驱动方式	架悬式、WN节联轴节（M）
基础制动方式	轮盘制动 4 组（M） 轴盘制动 6 组（T）
轴箱定位方式	转臂式
速度/（km/h）	最高运行速度 200 最高试验速度 250

（1）构架：采用H形焊接结构形式，其上有空气弹簧安装座、制动装置安装座、一二系减振器安装座、轴箱拉杆座等。拖车取消端梁，以减轻自重。

（2）轮对：动车和拖车转向架均采用空心车轴形式以减轻簧下重量，从而降低轮轨作用力，车轮采用 LMA 磨耗形踏面。动力转向架车轴上装有从动齿轮和齿轮箱以传递牵引电机产生的扭矩，动力车轮上装有制动盘。拖车转向架车轴上装有 3 个轴式制动盘。

（3）一系悬挂装置：设在构架与轮对之间，直接缓解和衰减轨道给予轮对的振动冲击，采用钢圆弹簧加液压减振器结构。

（4）轴箱定位装置：采用单侧转臂式，在轴箱外侧采用横向止挡以防止过大横向移动对轴箱轴承的破坏。

（5）二系悬挂装置：采用无摇枕的空气弹簧，下设橡胶弹簧以保证空气弹簧失效时列车仍然能以较高速度较平稳地运行。在构架两侧还设置有抗蛇行减振器，以抑制高速转向架的蛇行运动。在车体和转向架之间设有抗侧滚装置以抑制曲线通过时车体向曲线外侧过大的倾摆，提高乘坐舒适度。

（6）牵引装置：采用结构简单、性能良好的单牵引杆形式。

（7）驱动装置：由架悬式牵引电机、带平衡杆的齿轮箱及 WN 联轴节组成。

（8）基础制动装置：因动力车转向架在构架上安装有架悬式牵引电机，车轴上有齿轮箱，故采用轮盘式基础制动，共 4 套，即在车轮上安装制动盘，在构架端梁上安装单元制动器实施基础制动。而拖车转向架没有牵引电机，采用了轴盘式制动，总共 6 套，单元制动器安装在构架横梁上，取消了构架端梁，可减轻重量。

4.3.3.2 CRH$_2$型动车组转向架

CRH$_2$型转向架是在原川崎重工生产的动车转向架 DT206 和拖车转向架 TR7004B 基础上改进发展而来的，国产后型号分别为 SKMB-200 和 SKTB-200 型转向架，如图 4.40 和图 4.41 所示。动车组每节动车车厢下有两个动力转向架，动力转向架由构架、轮对轴箱、牵引装置、基础制动装置、二系悬挂装置、驱动装置等组成。每台动力转向架有两根动力轴，电机采用架悬方式，降低了簧下质量，改善了动力学性能。拖车下是拖车转向架，与动车转向架组成结构基本一致，但没有驱动装置。

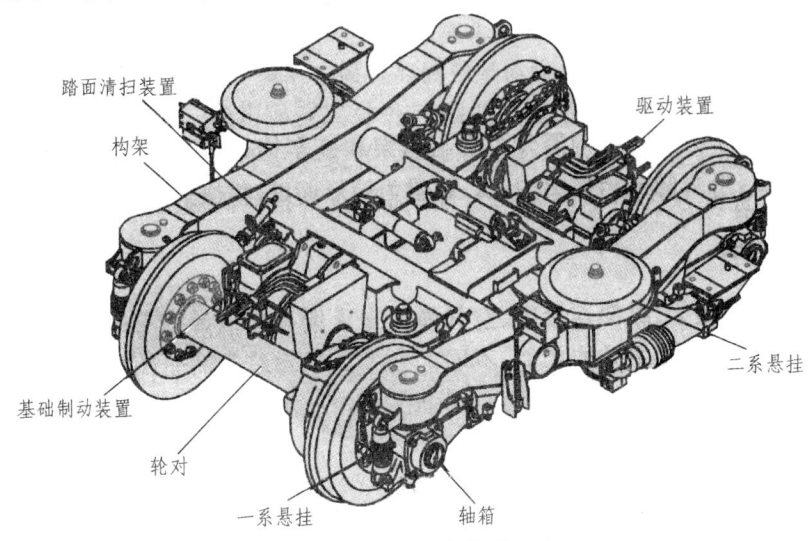

图 4.40 CRH$_2$动车转向架

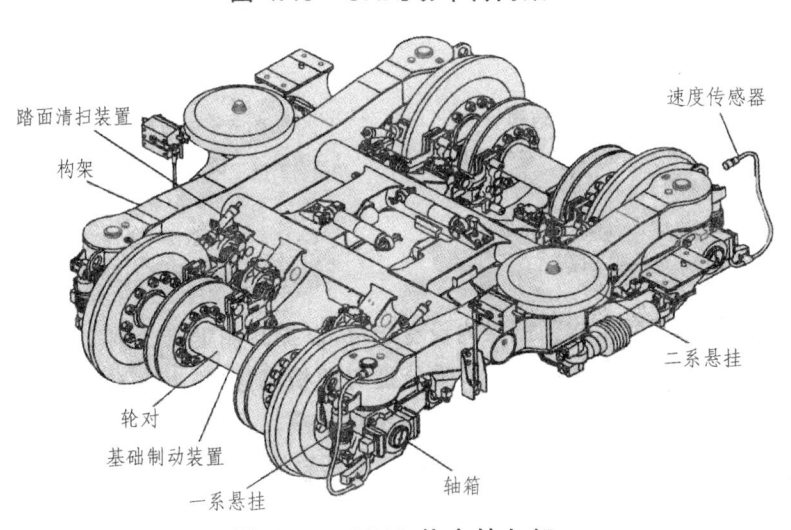

图 4.41 CRH$_2$拖车转向架

（1）构架：采用 H 形焊接结构形式，由两侧梁和横梁组成，动车和拖车转向架均无端梁。侧梁呈箱形断面，横梁采用无缝钢管。动车转向架与拖车转向架主结构相同，区别在于动车转向架上加装了牵引电机吊座和齿轮箱吊座。动力转向架构架有轮盘式制动座，而拖车在此基础上增加了 4 个轴盘式制动吊座。比较有特点的是将两根无缝钢管形式的横梁作为空气弹簧的附加空气室，而不像 CRH₁ 型车在车体主车架下部设置另外的空气室。

（2）轮对：动车和拖车转向架均采用空心车轴、小直径车轮（860 mm），车轮采用 LMA 磨耗形踏面。动力转向架车轴上装有从动齿轮和齿轮箱，动力车轮上装有制动盘。而拖车转向架在车轴上装有 2 个轴式制动盘，车轮上装有 2 个轮盘式制动盘。

（3）一系悬挂装置：采用单侧转臂式结构。弹簧采用双圈钢圆弹簧，外设防雪罩，能有效抑制天气因素对弹簧的腐蚀作用。在构架侧梁两端设置了垂向减振器，以抑制转向架构架的点头振动。

（4）二系悬挂装置：采用无摇枕的空气弹簧，下设橡胶堆弹簧以保证一旦空气弹簧失效时列车仍然能以较高的速度较平稳运行。空气弹簧与设置在横梁内的附加空气室相连，在构架两侧还设置有抗蛇行减振器，以抑制高速转向架的蛇行运动。因空气弹簧横向间距较大，能有效抑制车体的侧滚，故 CRH₂ 型转向架未在车体和转向架之间设抗侧滚装置。

（5）牵引装置：采用结构简单、性能良好的单牵引杆形式。

（6）驱动装置：主要由架悬式牵引电机、齿轮箱及 WN 联轴节组成。

（7）基础制动装置：因动力车转向架在构架上安装有架悬式牵引电机，车轴上有齿轮箱，故采用轮盘式基础制动，即在车轮上安装制动盘，在构架侧梁上安装单元制动器实施基础制动。而拖车没有牵引电机则采用轴盘式制动+轮盘式制动方式，即一个轮对上采用四组盘式制动，以增加制动力。

CRH₂ 型动车组转向架主要技术参数见表 4.25。

表 4.25　CRH₂ 动车组转向架主要技术参数

轨距/mm	1 435
轴式	B₀—B₀（M） B—B（T）
轴距/mm	2 500
车轮直径/mm	860
空气弹簧中心距/mm	2 460
轴颈直径/mm	130
轴颈中心距/mm	2 000
质量/t	动车转向架 7.5 拖车转向架 6.87
最小通过曲线半径/m	联挂时 180 单车调车 130
驱动装置悬挂方式及驱动方式	架悬式、WN 节联轴节（M）
基础制动方式	轮盘制动 4 组（M） 轴盘制动 4 组+轮盘制动 4 组（T）
轴箱定位方式	转臂式
速度/(km/h)	最高运行速度 200 最高试验速度 250

4.3.3.3　CRH₃ 型动车组转向架

CRH₃ 型转向架以德国高速列车 ICE Velaro 系列使用的 SF500 型转向架为基础，为适应中国 CRH₃ 项目宽车体的要求，对转向架各部件重量、重心以及悬挂参数做了适当调整以满足中国铁路高速要求。SF500型转向架由国际著名的SGP公司和Adtranz公司联合设计完成，动力和非动力转向架均采用相同的形式。CRH₃高速列车转向架分动力转向架（简称M）和非动力转向架（简称T）两种类型，分别如图4.42和图4.43所示。

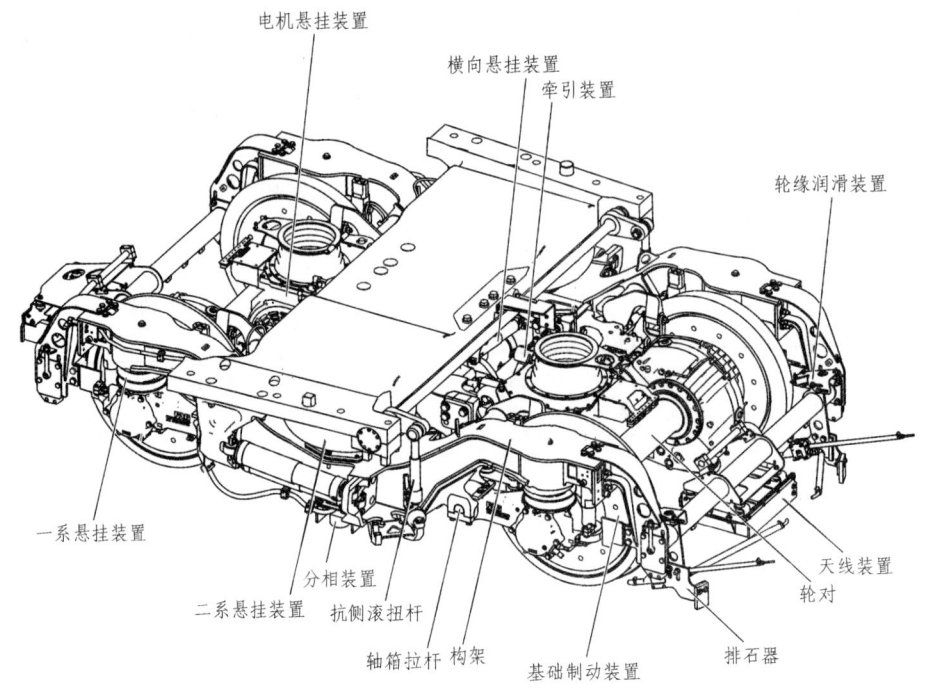

图4.42 CRH₃型动车组动力转向架

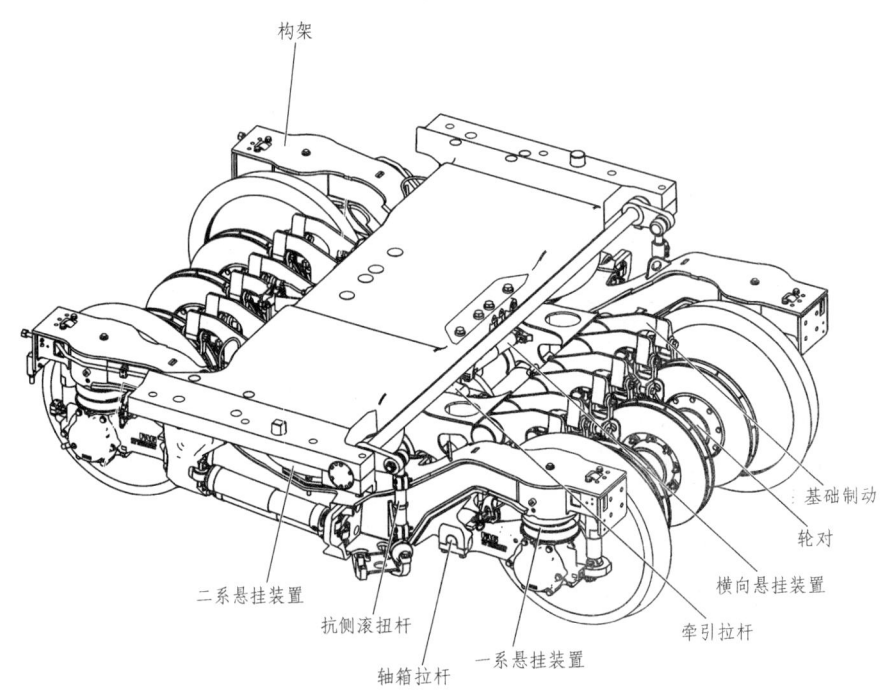

图4.43 CRH₃型动车组拖车转向架

两种转向架采用基本一致的结构形式,构架为H形焊接构架,圆锥滚柱轴承单元,轴箱为转臂定位式,一系悬挂是螺旋弹簧加垂向减振器,二系悬挂为带有辅助橡胶堆的空气弹簧直接支撑车体,在车体和转向架之间装有主动控制的抗蛇行减振器,采用Z形双拉杆牵引装置。动力转向架和拖车转向架不可互换,二者的主要区别是:① 动力转向架有2根动力轴,动力轴上装有两个轮盘式制动盘和一组齿轮箱;② 非动力转向架有2根非动力轴,非动力轴上装有3个轴盘式制动盘;③ 动力转向架比非动力转向架多一个电机吊架。

CRH$_3$动车组转向架主要技术参数见表4.26。

表4.26 CRH$_3$动车组转向架主要技术参数

轨距/mm	1 435
轴式	B$_0$—B$_0$(M) B—B(T)
轴距/mm	2 500
车轮直径/mm	920
质量/t	动车转向架<10.0 t 拖车转向架<7.5 t
最小通过曲线半径/m	联挂时 250 单车调车 150
驱动装置悬挂方式及驱动方式	架悬式、WN节联轴节(M)
基础制动方式	轮盘制动 4组(M) 轴盘制动 6组(T)
轴箱定位方式	转臂式
速度/(km/h)	最高运行速度 300 最高试验速度 330

4.3.3.4 CRH$_5$型动车组转向架

CRH$_5$型动车组中的动车(第1,2,4,7,8号车)分别装用了AX30499、AX109567、AX305003种M转向架,其中1、8号车所装的AX30499和AX109567转向架轴端布置有轴温传感器、ATP/LKJ2000速度传感器以及接地回流装置,另外AX30499转向架前端安装了轮缘润滑装置和扫石器,在2、4、7号车AX30500转向架安装有加速传感器。

动车转向架主要由焊接H形构架、一系悬挂及轮对轴箱定位装置、二系悬挂及牵引装置、抗侧滚扭杆装置、上枕梁、驱动装置(齿轮箱、万向轴等)、停放储能制动装置、基础制动装置等组成。值得一提的是,CRH$_5$动车的电机均采用体悬方式,如图4.44所示。

CRH$_5$拖车转向架包括AX30513和AX30514两种,如图4.45所示。与动车转向架相比,拖车转向架不具有驱动装置,其余部分基本相同。动力车转向架与拖车转向架的主要区别是:

(1)动力转向架有1根动力轴和1根非动力轴,而拖车转向架有2根非动力轴,动力轴上装有2个轴盘式制动盘和一组齿轮箱。

(2)拖车车轴上装有3个轴盘式制动盘。

(3)动车转向架构架比拖车转向架在横梁上多了一个齿轮箱拉杆座。

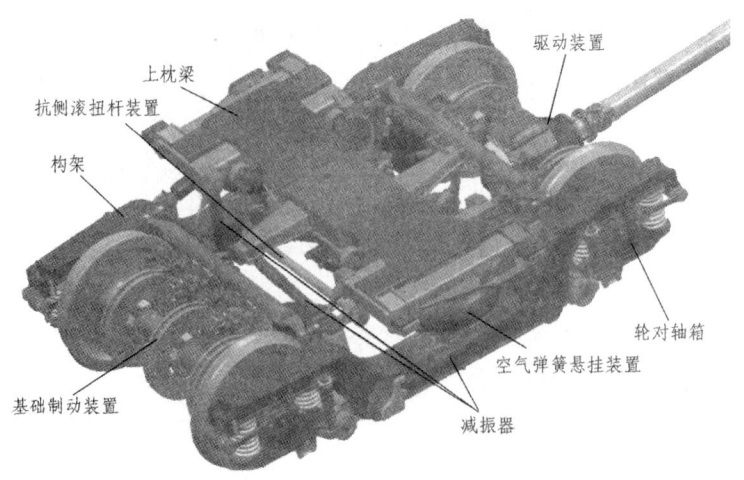

图 4.44 CRH₅ 动车转向架

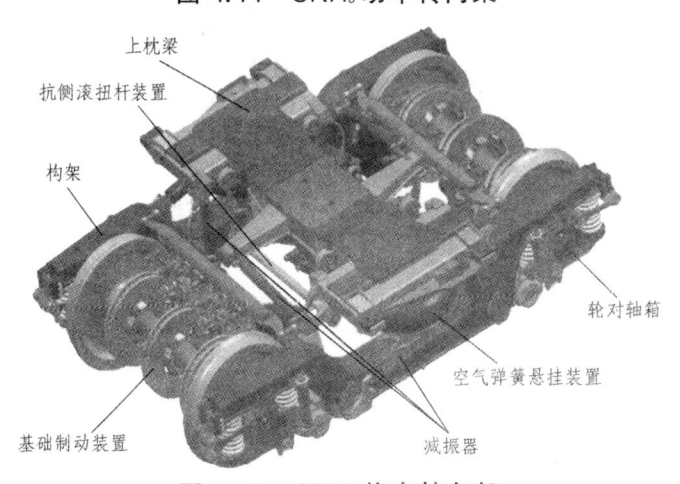

图 4.45 CRH₅ 拖车转向架

CRH₅ 动车组转向架主要技术参数见表 4.27。

表 4.27 CRH₅ 动车组转向架主要技术参数

轨距/mm	1 435
轴式	B₀—B₀（M） B—B（T）
轴距/mm	2 700
车轮直径/mm	890
空气弹簧中心距/mm	2 000
质量/t	动车转向架 7.06 拖车转向架 4.66
最小通过曲线半径/m	联挂时 145 单车调车 100
驱动装置悬挂方式及驱动方式	体悬式、万向轴（M）
基础制动方式	轴盘制动 2+3 组（M） 轴盘制动 3+3 组（T）
轴箱定位方式	转臂式
速度/(km/h)	最高运行速度 250

4.4 交流传动技术

电力牵引列车刚出现时，多采用直流传动。随着速度的提高、牵引功率的增加、轻量化技术的要求，直流电机庞大的体积、复杂的工艺、高昂的价格、易损的电刷等已经不能满足高速运行的需要。随着交流电动机的出现、大功率半导体器件的发展等，交流传动技术逐渐发展起来。

交流传动技术

现代高速列车和动车组几乎全都采用了先进成熟的交流传动技术。交流传动电力牵引的列车一般来说主要由受电弓从接触网上将单相交流电引入列车，经过主变压器进行变压后向主变流器输入，变成需要的直流电，再经过逆变器逆变成牵引电机所需的三相交流电，简称交-直-交传动。

4.4.1 交流传动的优越性

三相交流牵引传动系统的优越性在于它集成了简单可靠的三相交流电动机、先进的电子技术和半导体技术，是牵引电传动发展史上的重大突破。三相交流传动系统在机车车辆上的应用已成为主流，也是列车先进技术的代表，主要有如下优点：

1）具有良好的牵引和制动性能

由于三相交流电机容量大，一般不会受到发热条件的限制，而直流电机常受到最大起动电流和最大磁场削弱的限制。交流电机采用四象限变流器，可以很方便地实现牵引与再生能量的转换，为高速列车再生制动创造了条件，节能显著。

2）具有良好的黏着利用和防空转性能

由于三相交流电机采用平滑调频、调速，牵引力的变化是无极平稳的。同时，调节是采用电子系统依据给定牵引力和转差自动进行，因此起动时可获得较大黏着力。而且电机的容量是根据起动电流和高速时的最大电压选择的，正常运行时不存在起动过电流的时间限制，这有利于充分利用黏着力和牵引重载列车。

3）电机功率大、质量轻、体积小

因三相交流电机功率大、质量轻、体积小，可以获得较高的功率质量比，而且有利于减轻转向架重量，降低转向架冲击振动对轨道的破坏作用，提高运行速度和运行平稳性。如日本 0 系动车组采用直流电机，单个质量达 876 kg，输出功率为 185 kW，功率质量比为 0.21；而 700 系采用交流电机，单个质量只有 350 kg，输出功率却达 275 kW，功率质量比为 0.786。

4）功率因数高，谐波干扰小

由于采用四象限控制器作为网侧变流器，可使机车和动车在较大负载范围内电网侧的功率因数接近 1，电流的波形接近于正弦曲线，从而大大提高了功率利用率，节约能源，提高了供电效率。四象限控制器良好的自动调压性能可使变流环节不受网压波动的影响，从而保证逆变器和牵引电机的正常平稳工作及稳定的功率输出。

5）操作简便，维修工作量少

交流电机无整流子和电刷，转子无须绝缘，无裸露导电部分，因此电机运行安全可靠，几乎无须维修。列车大量使用电子和电气元件，替代了各种机械式电气设备，大大减少了设备的磨损，避免了复杂的维修。大量自动控制系统的采用，使得司机的操作更加简便。一般情况下，司机只需监视速度和瞭望前方、阅读操纵台显示器上的列车运行信息等。

6）易于标准化、通用化和模块化

三相交流传动装置的主要电气设备基本上都是由相同的半导体元件的功率开关电路组成，因此易于标准化、通用化和模块化，便于设计、制造、安装和维修。

4.4.2 CRH 动车组交流传动技术

CRH 系列动车组无一例外地采用了成熟先进的交流传动技术，这为动车组高速安全运行提供了保障。交流传动的基本原理框图如图 4.46 所示。

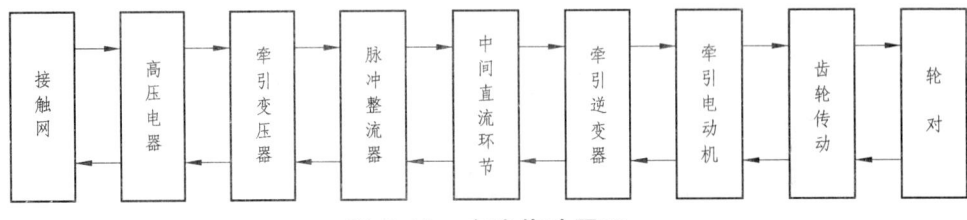

接触网 → 高压电器 → 牵引变压器 → 脉冲整流器 → 中间直流环节 → 牵引逆变器 → 牵引电动机 → 齿轮传动 → 轮对

图 4.46 交流传动原理

4.4.2.1 CRH₁ 型动车组牵引传动系统

CRH₁ 型动车组牵引传动系统的能量传递与转换过程如图 4.47 所示。动车组通过 Tp1 或 Tp2 车顶的受电弓（运行中只能升起其中一个受电弓）从接触网将 25 kV/50 Hz 的单相交流电接引下来，传递到装于车底架上的主变压器，经过变压器将高压变为 900 V/50 Hz 的低压。降压后的交流电经过网侧变流器转换成 DC1 650 V 的直流电，随后通过牵引电机变流器转换成频率和电压均可变的三相交流电传递给牵引电动机。电动机驱动 WN 节联轴节，联轴节驱动减速齿轮组，最后驱动轮对转动，使列车向前运行。从上述电能传递过程可以看出，牵引传动系统回路主要由受电弓、主变压器、网侧变流器、电机变流器和三相牵引电动机组成。下面对该回路做一简单介绍，因受电弓属于高速受流技术范畴，在此不多作阐述。

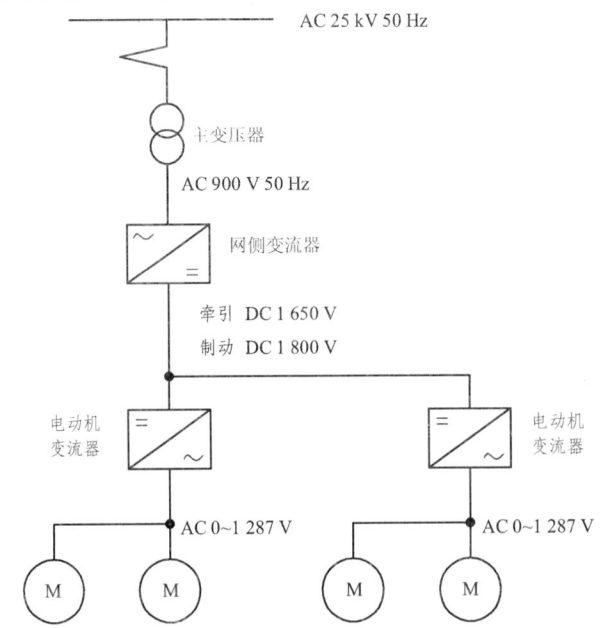

图 4.47 牵引传动系统的能量传递与转换过程示意图

1）主变压器

主变压器，又称牵引变压器，是交-直-交传动动车组中的重要电器设备，用来将接触网上取得的单相工频交流 25 kV 高压电降为列车各电路所需的电压。CRH$_1$型动车组有 3 个主变压器，分别位于 3 辆拖车（Tp1、Tp2 和 Tb）车体底架上。3 个主变压器将 25 kV 工频单相交流电变成 900 V 工频单相交流电后，向所有网侧变流器模块供电：Tp1 上的主变压器负责向 TBU1 中 Mc1 和 M1 上的两个变流器箱提供电流；Tp2 上的主变压器负责向 TBU2 中 Mc2 和 M2 上的两个变流器箱提供电流；Tb 上的主变压器负责向 TBU3 中 M3 上的变流器箱提供电流。另外，车体上主变压器的旁边还安装了 HV 控制箱，对主变压器进行状态监测和控制。此外还有接地变压器，为电力回流提供了一条电流通路，防止回流通过轮对轴承，使轴承发热。

2）主变流器

主变流器，又称为牵引变流器，主要用于电能转换，以满足牵引列车及牵引控制对电能形式的需要。通过网侧变流器模块 LCM（Line Converter Module）将经变压后的单相工频交流电转换成直流电，随后经牵引电机变流器模块 MCM（Motor Converter Module，逆变器）转换成三相交流电供给三相交流异步电动机。可通过控制 LCM 和 MCM 实现动车组的牵引、调速及制动功能。

CRH$_1$型动车组在 5 辆动车上各布置了一个变流器箱 CB（Converter Box），每个变流器箱内装有一套网侧变流器模块 LCM、两套牵引电机变流器模块 MCM 及一套辅助逆变器模块 ACM［Auxiliary Converter Module，向三相系统和电池充电模块提供电流（3×230/400 V，50 Hz）］。变流器箱内有独立的外部水冷却系统，可对箱内各模块进行有效冷却。每节动车上的两套 MCM 对应于 2 台转向架上的 4 台牵引电动机，列车牵引制动的实现都是通过对牵引变流器的控制实现的。牵引变流器的功率器件是 IGBT（绝缘栅双极晶体管），控制装置采用微处理器，可方便地实现功率转换与保护，也可实现再生电气制动。

3）牵引电动机

CRH$_1$型动车组的牵引电动机为 MJA 220-8 三相异步电动机，如图 4.48 所示。每辆动车有两台动车转向架，每台转向架安装两台电动机。每台动车转向架上的两台牵引电动机采用并联方式，由相应动车上的变流器箱 CB 中的一套电动机变流器模块 MCM 进行供电。

图 4.48 CRH$_1$型动车组牵引电动机

牵引电动机以架悬斜对称方式安装在构架横梁上，通过一个齿轮联轴器和一个减速齿轮箱把电动机主动轴与转向架轮轴连接起来，传递扭矩。电动机轴、齿轮轴与轮轴平行安装，电动机通过三点弹性固定在构架上，电动机主轴通过弹性齿轮联轴器耦合到齿轮箱，以补偿电动机和齿轮箱之间的径向和轴向运动。牵引电动机是进行能量转换的动力装置，在牵引模式下将电能转换成机械能，在制动模式下将机械能转换成电能。牵引电动机的运行由电动机变流器模块 MCM 计算机进行实时监控。MJA 220-8 三相异步电动机的主要参数见表4.28。

表 4.28 CRH₁型动车组牵引电动机主要技术参数

一般参数		连续工作额定数据		最大数据	
型号	MJA 220-8	频率	92 Hz	最大允许转速	4 727 r/min
相数	3	基本速度	2 725 r/min	最大设计转速	5 392 r/min
极数	4	电压	1 287 V	主轴最大扭矩	2 155 N·m
质量	600kg	电流	158 A	最大制动扭矩	2 130 N·m
温度等级	C/200	功率	265 kW	3 相电路短路时的最大气隙扭矩	5 506 N·m
采用标准	IEC60349-2，2002	冷却风流速	0.32 m³/s	平均短路频次	1 次/年
温度传感器	RTD（PT100），0 °C 100 Ω	静态风压	ca.1550 Pa		

4.4.2.2 CRH₂型动车组牵引传动系统

CRH₂型动车组牵引传动系统的过程和原理同 CRH₁型动车组，如图 4.49 所示。动车组通过位于 T2 或 M2 车顶的受电弓（运行中只能升起其中一个受电弓）从接触网将 25 kV/50 Hz 的单相交流电接引下来，传递到装于车底架上的主变压器，经过变压器将高压变为 1 500 V/50 Hz 的低压，降压后的交流电经过脉冲整流器转换成直流电，经中间直流电路将 DC 2 600 V ~ 3 000 V 的直流电输送给牵引逆变器，通过牵引电机变流器转换成频率和

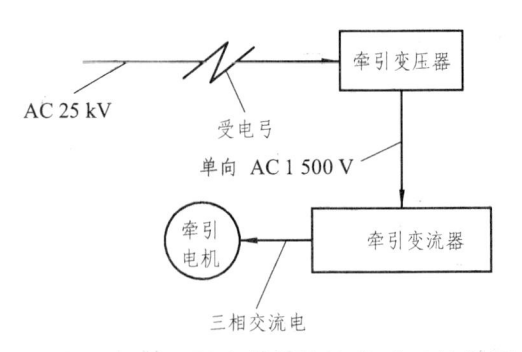

图 4.49 CRH₂型动车组交流传动系统简图

电压均可变的三相交流电（电压 0 ~ 2 300 V；频率 0 ~ 220 Hz）传递给牵引电动机，电动机驱动柔性浮动 WN 节联轴器，联轴器驱动减速齿轮组，最后驱动轮对转动，使列车向前运行。

再生制动时，控制牵引逆变器使牵引电机处于发电状态，牵引逆变器处于整流状态，牵引电机发出的三相交流电被整流成直流电并对中间直流环节进行充电，使中间直流环节电压上升。此时脉冲整流器处于逆变状态，中间直流回路的直流电逆变成单相交流电，随之经过主变压器、真空断路器、受电弓等高压设备反馈回接触网，从而实现机械能向电能的转换，节省了能源。

1）主变压器

CRH₂型动车组主变压器采用 ATM9 型，为单相壳式、无密封方式，用来将接触网上取得的单相工频交流 25 kV 高压电降为列车各电路所需的电压。一个动力单元配置 1 台，整列车配置 2 台，分别位于两台 M2 车车体底架上。两台主变压器将 25 kV 工频单相交流电变成 1 500 V 工频单相交流电后，向 4 台动车上的牵引变流器供电：2 号车 M2 上的主变压器负责

向动力单元1中M2和M1上的两个变流器提供电流;6号车上M2上的主变压器负责向动力单元2中M2和M1s上的两个变流器提供电流。

2）牵引变流器

CRH$_2$型动车组牵引变流器总共有4套，分别配置在4辆动力车上，主要用于电能转换，以满足牵引列车及牵引控制对电能各种形式的需要。牵引变流器主要由单相三电平脉冲整流器、中间直流电路、三电平逆变器、真空交流接触器等主电路设备及牵引控制装置、控制电源等控制设备组成，这些装置都安装在一个铝合金箱体内。每套牵引变流器驱动四台并联的牵引电动机。

脉冲整流器由三电平电压型PWM脉冲整流器和交流接触器K构成，可使交流电网侧功率因数接近1；电网电流接近正弦曲线，消除谐波，最大限度提高电网的经济效益，减少电网对环境的电磁污染；在电网电压或负载发生波动时，能维持中间直流电压的稳定，给电动机侧的逆变器提供稳定的电压。脉冲整流器还可实现快速平滑的牵引、再生制动工况的转换，牵引时整流，制动时逆变。

逆变器部分以支撑电容器电压为输入，牵引控制装置控制IGBT和IPM的开关。牵引时，逆变器输出电压和频率均可调的三相交流电，控制4台并联牵引电机的转速和转矩。再生制动时将发电机（牵引电机转换成发电机）输出的三相交流电经整流后向支撑电容侧输入直流电压。

3）牵引电动机

CRH$_2$型动车组采用MT205型三相鼠笼异步电动机。每辆动车有两台动车转向架，每台转向架安装两台电动机。每台动车上的4台牵引电动机采用并联方式，由相应动车上的变流器箱中的一套变流器进行供电。牵引电动机以架悬斜对称方式安装在构架横梁上，通过挠性浮动齿式联轴节（QD2572A2型，WN节）和一套减速齿轮箱把电动机驱动轴与转向架轮轴连接起来，传递扭矩。电动机额定输出功率为300 kW，最高使用转速6 120 r/min，最高试验转速达到7 040 r/min。表4.29是MT205交流电机的技术参数。

表4.29 CRH$_2$型动车组MT205牵引电动机的主要技术参数

型号	MT 205	频率	140 Hz	最高使用转速	6 120 r/min
相数	3	基本速度	4 140 r/min	最高试验转速	7 040 r/min
极数	4	电压	2 000 V	转差率	1.4%
质量	440 kg	电流	106 A	效率	94.0%
方式	三相鼠笼异步电动机	功率	300 kW	功率因数	87.0%
绝缘类别	等级 200	温度上升极限	200 K		
冷却方式	强制风冷 20 m^3/min	轴承润滑脂	nunimaxR NO.2		

4.4.2.3 CRH$_3$型动车组牵引传动系统

CRH$_3$型动车组由两个对称的牵引动力单元组成，它们用一根车顶线（高压线）相连。每个动力单元的牵引主电路设备主要由1个受电弓、1个牵引变压器、2个牵引变流器和8个牵引电机及2个牵引控制单元（TCU）组成。这些组件对称地分布在2个动力单元内。

CRH$_3$型动车组传动通过位于TC02或TC07拖车车顶的受电弓从接触网接收AC 25 kV工频交流电，随后通过车顶和车端高压电缆将电能输送至TC02或TC07拖车底架下的牵引变压器，变压器的副边感应出4×1 550 V的电压并通过车辆间的连接馈线传输到设在动车车下的变流器单元。变流器单元内部的四象限斩波器将 1 550 V 的交流电整流为 2 700～3 600 V 的中间直流电压。中间直流电压通过 PWM 变频单元向牵引电机提供变压变频（VVVF）的三相交流电源。其中限压电阻接在中间直流电路的两极，防止出现过高电压，辅助变流器的输入也取自中间直流环节。

主电路设备主要包括：牵引变压器及其冷却系统、牵引变流器及其冷却系统、牵引电动机及传动装置、限压电阻、高压电器等。

1）主变压器

CRH$_3$ 型动车组有两套变压器（TF, Transformer），分别位于 TC02/TC07 拖车的底架下，在每个变压器的旁边设有变压器冷却装置（CLF）。变压器为单系统变压器，设计在 25 kV/50 Hz 交流电源电压下使用。它将接触网上的高压变为单相 1 550 V 的工频交流电后向所属动力单元内的四套变流器供电。

变压器上还采取了多种适当的保护措施，以防变压器过载，包括冷却回路中用以监测过热的温度监测系统、用以检查冷却剂流量的流量监测系统及用以检测一次电路接地故障的一次隔离监测（通过比较外向电流和返回电流进行差动保护）。

变压器系统还配有膨胀箱，它位于 TC02/TC07 车的车顶，从而补偿因温度变化而产生的冷却剂量的变化。

2）牵引变流器

CRH$_3$ 型动车组有 4 台牵引变流器（TC），分别位于 EC01/EC08 和 IC03/IC06 车底架下的牵引箱中。每套牵引变流装置中有两组四象限整流器（4QC）、一组逆变器、一组牵引控制装置、冷却系统及中间直流环节，每一组逆变器控制 4 台牵引电机。变流器的主要功能是将经过牵引变压器降压的工频 1 550 V 交流电整流成 2 700～3 600 V 的中间直流电压，再经逆变器输出电压和频率可调的三相交流电压来控制每台电机。

牵引变流器首先将来自受电弓的单相交流电转换成直流电，这一功能由网侧变流器模块（4QC）实现；该直流电又被电机变流器模块（PWMI）转换成三相交流电供给三相交流异步牵引电动机，通过对 4QC 和 PWMI 的控制实现列车的牵引、调速及制动。

牵引变流器的功率器件为 IGBT（绝缘栅双极晶体管），控制装置以微处理器为核心，可方便灵活地实现功率转换与保护，也可实现再生电气制动。每个牵引变流器基本上包括两个四象限斩波器（4QC）、一个带串联谐振电路的中间电压电路、一个过压限制器（MUB）和一个脉宽调制逆变器（PWMI）。

逆变器采用三相桥式逆变器，将 DC 电能变成可控的三相对称交流电源，在电制动时又能反过来把牵引电机发出来的三相交流电变成直流电压，对牵引电机进行牵引与制动控制，其功率模块为 IGBT。IGBT 的开关由门电路驱动单元驱动，门电路驱动单元根据 TCU 的指令接通和断开 IGBT。

3）牵引电动机

CRH$_3$ 型动车组共有 16 台牵引电动机，为四极三相异步牵引电机。电机位于 EC01/EC08 和 IC03/IC06 四辆动力车的转向架上。电机在牵引工况作为电动机运行，再生制动工况作为发电机运行，电机安装有温度传感器和速度传感器，用于测量电机定子的温度和电机的转速，该电机采用风冷的方式进行冷却，额定电压值较高，约为 2 700 V，以适应电机宽调速范围、动车组高速运行的需要。牵引电动机的主要技术参数见表 4.30。

表 4.30　CRH₃型动车组牵引电动机主要技术参数

相　　数	3
极　　数	4
方　　式	三相鼠笼异步电动机
冷却方式	强制风冷
功率/kW	560
额定转速/(r/min)	4 100
电压/V	2 700
电流/A	145
最大输入转速（旧轮）/(r/min)	5 900

电动机的扭矩通过轴向、径向弹性离合器及齿轮箱，将牵引力从牵引电动机传递给轮对。离合器可以抵消驱动部件与驱动轮间的相对运动位移，同时离合器可以实施机械过载保护功能，以防出现不容许的高冲击力矩。轴驱动器的齿轮为螺旋齿。齿轮机构由车轴上的轮轴轴承支持，并使用转向架构架上的弹性支架（扭矩反作用支柱）悬挂。

4.4.2.4　CRH₅型动车组牵引传动系统

CRH₅型动车组为 8 辆编组，采用 5 动 3 拖形式。其牵引系统采用交直交传动方式，整列车分为两个牵引动力单元，其中 Mc2、M2s、Tp 及 M2 为一个牵引单元，T2、Tpb、Mh 及 Mc1 为一个牵引单元，如图 4.50 所示。T 表示拖车，M 表示动车。Mc1 和 Mc2 为动车组端部带司机操作台的动力车辆，Tp 和 Tpb 为带受电弓和变压器的拖车。

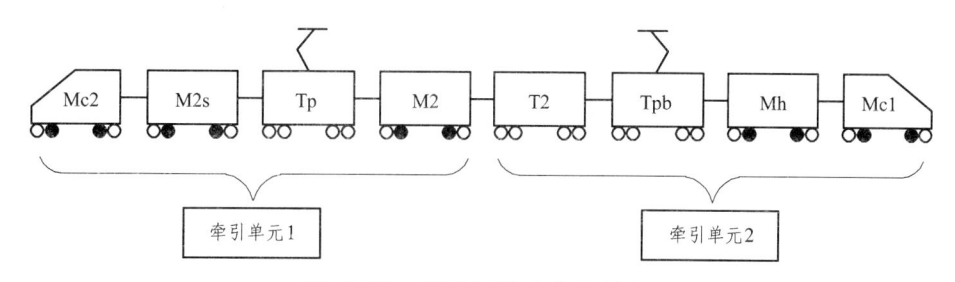

图 4.50　CRH₅型动车组编组

CRH₅型动车组牵引单元设备主要有受电弓、牵引变压器、牵引变流器和牵引电机等。通过位于 Tp 或 Tpb 拖车车顶的受电弓从接触网引入单相 AC 25 kV 工频交流电，随后通过车顶和车端高压电缆将电能输送至相应拖车下的牵引变压器，变压器的副边感应出 1 770 V 的电压并通过车辆间的连接馈线输送到设在动车车下的变流器单元。变流器单元将 1 770 V 的交流电整流成直流电压后经逆变器逆变成频率和电压均可调整的三相交流电供给牵引电机。

1）主变压器

CRH₅型动车组变压器位于 2 辆拖车底架下，采用大容量、小型化、吊挂式、卧式扁平结构，包括机芯、冷却系统、储油系统、油箱等。它将接触网上的高压变为单相 1 770 V 的工频交流电后向变流器和辅助电路供电。

2）牵引变流器

CRH₅型动车组有 5 套牵引变流器装置，分别位于 5 辆动车底架下。每套变流装置（牵引

/辅助变流器 YGN2Q213）中由两组四象限整流器（4QC）、两组逆变器、一组牵引控制装置（TCU）、一组辅助逆变器、冷却系统等构成。每一组逆变器控制 1 台 568 kW 的牵引电机，辅助逆变器负责向车载三相 400 V/50 Hz 用电设备供电。变流器的主要功能是将经过牵引变压器降压的单相 1 770 V 工频交流电经过四象限整流成 3 600 V 的中间直流电压，再经逆变器输出电压和频率可调的 0~2 808 V 三相交流电压来控制每台电动机；同时辅助逆变器将中间回路输入的直流 3 600 V 电压经斩波降压逆变后输出三相 400 V/50 Hz 的交流电，向空调等辅助设备供电。变流器由 8 个组件构成：2 个辅助组件、2 个牵引模块组件、2 个用户组件、1 个冷却系统、1 个电阻组件。

由变压器次级绕组提供的两组单相交流电源 1 770 V，分别进入四象限模块 4QCA、4QCB 中，经过 IGBT 的 PWM 脉宽调制，转换成 DC3 600 V。变流器负载为牵引工况时，脉宽调制的电流相位、频率与网压一致，用以提供矢量控制的逆变器电源输入；制动工况时，脉宽调制的电流相位与网压相反、频率与网压一致，实现将中间电路的剩余能量回馈给电网，并保持中间电路电压稳定。由于采用 PWM 技术，可以实现主变压器次级绕组电压与电流相位同相位，功率因数接近于 1。

3）牵引电动机

CRH$_5$ 型动车组牵引电动机，型号为 YJ87A（6 FJA 3 257 A），是三相六极开放式强迫通风无机壳异步牵引电动机。每节动车装有 2 台牵引电动机，整列车共有 10 台牵引电动机，每个电机由一个牵引逆变器供电。

CRH$_5$ 型动车组牵引电动机与其他 3 种型号 CRH 动车组的最大区别是采用体悬式悬挂，即牵引电动机采用弹性吊脚悬挂在车体底架上，电动机通过万向轴与转向架上的齿轮箱连接，如图 4.51 所示。电动机的相关参数见表 4.31。

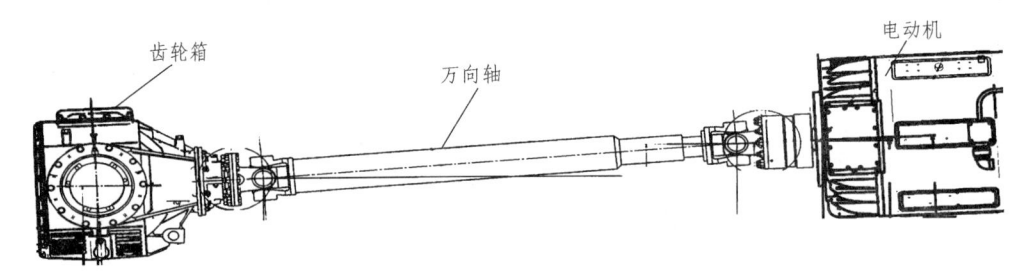

图 4.51 CRH$_5$ 型动车组驱动装置

表 4.31 CRH$_5$ 型动车组牵引电动机主要技术参数

相数	3	频率	59.8 Hz
极数	6	转速范围	0~3 638 r/min
方式	三相鼠笼异步电动机	联接方式	万向轴
冷却方式	开启式强制风冷	安装方式	纵向布置，体悬式
持续功率	568 kW	绝缘等级	200 级
额定转速	1 177 r/min	额定效率	93.5%
电压（相电压/线电压）	1 206 V/2 089.3 V	功率因数	0.795
电流	211.22 A	质量	1 613 kg

4.5 高速受流技术

电动车组与内燃动车组最直观的区别是车顶的受电弓。受电弓属于车顶高压系统之一，承担着从高压接触网上引入列车所需电流（受流），并在制动时作为反馈线将多余电流馈回至弓网的任务。

4.5.1 高速受电的特点及要求

4.5.1.1 高速受电的特点

目前，世界各国的最高运行速度在 200 km/h 以上的高速列车，几乎均采用电力牵引。与常速列车的电力牵引相比较，高速列车电力牵引受电的主要特点如下：

（1）接触网与受电弓的波动特性。高速列车的行驶速度较常速列车高得多，因而受电弓沿接触导线移动的速度大大加快，这就使接触网与受电弓的波动特性发生变化，从而对受电产生影响。

（2）高速列车在高速运行时所受的空气阻力远较常速列车大得多，空气动态力也是高速受电的一个重要因素。

（3）受电弓从接触网大功率受电问题。高速列车所需的牵引功率较常速列车大得多，若采用多弓受电必然会增加阻力和加大噪声，并引起接触网的波动干扰，因而受电弓的数量不能太多，这就需要解决受电弓从接触网大功率受电问题。

4.5.1.2 高速受电弓的要求

高速列车的受电是通过受电弓与接触网的接触导线紧密接触而实现的，因而受电是否正常直接取决于接触网-受电弓系统的技术状态。接触网-受电弓系统工作可靠是确保高速动力车良好取流的根本条件。

接触网-受电弓系统的受流过程是受电弓在接触网下以动车组运行速度在运动过程中完成的，受流过程是一个动态过程，包括了多种机械运动形式和电气状态变化：受电弓相对于接触导线的滑动摩擦；受电弓因轨道激励引起的车体上下振动导致受电弓的上下振动；受电弓由于车体横向摆动而形成的横向振动；接触网波浪形上下振动，并沿着接触网传播；受电弓和接触导线之间发生的水平和垂直方向撞击；弓网离线时产生的电弧；受电弓受流过程中，电流发生剧烈变化等。所以，弓网受流是一个非常复杂的过程。随着列车速度的提高，这些运动加剧，要保持受电弓与接触网之间的良好接触性能就越来越困难，受流质量也会随之下降。当列车运行速度超过受流系统的允许范围时，受流质量将严重恶化，影响列车取流和正常运行。在列车高速运行条件下，受流系统的性能与常规电气化铁路的受流质量是不同的，系统所需解决的问题也不尽相同，高速受流技术是高速铁路的关键技术之一。

受电弓和接触网是一对相互作用的振动系统和摩擦副，高速列车要获得良好的受流性能，除了接触网具有良好的性能外，还要求受电弓具有良好的受流性能。受电弓设计成具有弹性，以保持良好的接触压力。一般来说，高速列车的受电弓需满足如下要求：

（1）受电弓的滑板与接触导线之间要保持恒定的接触压力，以实现比常速受电弓更为可靠的连续电接触，且其接触压力不能过大或过小。

（2）与常速受电弓相比，要尽可能减轻受电弓运动部分的重量，以保证与接触网有可靠的电接触。列车运行中，受电弓将随着接触导线高度变化而上下运动。在高速条件下，这种运动更为频繁，从而直接影响滑板与接触导线之间接触压力的恒定。

由于接触压力除与接触网结构、性能有关外，还与受电弓的静态特性（静止状态下接触压力与受电弓高度的关系）和动态特性（运行状态下受电弓上下运动的惯性力）有关，因此对于高速受电弓，除必须保证机械强度和刚度外，应尽可能降低受电弓运动部分的重量，从而减小运动惯性力。这样才能使受电弓滑板迅速跟上接触导线高度的变化，保证良好的电接触。

（3）由于高速运行时空气阻力很大，因此高速受电弓在结构设计上要作充分考虑，力求使作用在滑板上的空气制动力由其他零件承担，从而使受电弓滑板在其垂直工作范围内始终保持水平，以减小甚至消除空气制动力对滑板与接触导线间接触压力的影响。

（4）滑板的材料、形状和尺寸应适应高速的要求，以保证良好的接触状态及更高的耐磨性能。

（5）要求受电弓在其工作高度范围内升降弓时，初始动作迅速，终了动作较为缓慢，以确保在降弓时快速断弧，并防止升降弓时受电弓对接触网和底架有过大的冲击载荷。

（6）具有紧急降弓控制系统，即当受电弓滑板损坏时，受电弓能自动快速降弓。

4.5.1.3 高速接触网的要求

接触网是电气化铁路牵引供电系统中的主要供电设备，它的功能是向走行在铁路线上的电力牵引列车不间断地供应电能。但接触网与一般的输电线路不同，它必须架设在铁路线路的正上方，动车组利用顶部的受电弓与接触网接触而获得电能。因此，在电动车组走行的线路都必须架设接触网。高速接触网的悬挂方式是在不断改进中发展起来的，它要求受流性能满足高速铁路的运营要求，且安全可靠、结构简单、维修方便、工程造价低。动车组运行时，受电弓给接触导线向上的抬力，使接触导线抬升。由于接触导线是一条长软线，而受电弓又是一个弹性装置，因此，这种压力和抬力是变化的，而且变化迅速。此外，列车在以空气为介质的空间运行时，还会对受电弓弓臂和弓头产生具有一定压力的空气流，形成对受电弓向上或向下的附加力。上面几种力合成作用的结果，使接触网产生振荡，从而使受电弓滑板不能良好地追随接触导线的轨迹，导致脱离接触导线。其后果是使动车组受流时通时断，造成动车组行驶时出现牵引力不稳定的状态。恶劣的气象条件也会直接影响接触网的工作状态。为了安全可靠地供电，接触网设备应具备以下性能要求：

（1）有足够的强度，保证接触网具有稳定性。

（2）在恶劣的气象条件下保证列车在规定的速度运行时能良好地受流。

（3）对各导线和支持结构、零部件及绝缘子等应当采取有效的防腐蚀和防污秽技术措施，以保持整个接触网设备的良好状态。

（4）接触悬挂的各项技术性能应满足受电弓与接触导线在滑动接触摩擦时可靠地工作要求，使用寿命应尽可能延长。

（5）各类支持结构和零部件应力求轻巧耐用，做到标准化并具有互换性，便于施工和维修保养，发生事故时也便于抢修，为迅速恢复供电创造条件。

（6）接触导线和安装在接触导线上的有关设备要有良好的平滑度和耐磨性能，接触导线不应有不平直的小弯及悬挂零件等形成的硬点，以免受电弓与其发生碰撞，造成受电弓和接触导线的机械损伤和电弧烧伤。

4.5.1.4 接触网-受电弓系统的受流质量评价

接触网-受电弓系统的受流质量与接触网和受电弓的匹配性能有很大关系，单方面评价接触网的受流性能或受电弓的性能都是不全面的，在某种程度上是没有意义的。如果用一种性能差的受电弓来匹配好的接触网，其受流性能也不可能好。在评价弓网受流质量方面，我国还没有一个通行评价标准。但是，要实现良好的受流功能仅有这两个部分是不够的，还需要有高压断路器、防雷击装置、网端检测装置及高压电缆等设备。例如，列车在雷雨中行驶时，必须考虑避雷作用，故动车组都装有避雷器。

参考国外的经验及近几年我国提速和高速试验的结果，弓网受流质量可以从以下几个方面进行评价：

1）弓网间动态接触压力

弓网间的动态接触压力直接反映了受电弓弓头与接触导线的接触状态，弓网间接触力的大小受受电弓的静态抬升力、空气动力以及垂直方向上的质量惯性力等因素决定。当接触力过大时，会使弓网磨耗加剧，引起弓网位移增加。另外，在定位器和线岔处可能造成受电弓损坏；接触力过小，会造成离线产生电弧。动态接触力主要从接触力的最大值、最小值及标准偏差这几个方面来评价，在不同速度下，上述几个评价指标是不同的。

2）接触导线最大垂直振幅

接触导线最大垂直振幅指受电弓滑板在一个跨距内的振动幅度，即上下振动的范围。一般用 2 倍振幅 $2A$ 来表示。它反映了受电弓弓头垂直方向的振动情况，2 倍振幅受接触网安装尺寸影响，2 倍振幅越小，受电弓运动轨迹越平滑，受流质量越好。

3）导线的抬升量

接触导线的抬升量是指受电弓经过时，接触导线的最大抬升量，用 ΔH 表示。受流系统中，受电弓和接触导线的运动幅度越小，受流质量越好。一个好的受流系统，受电弓的振幅应均匀。

4）离线

高速列车运行时，当受电弓与接触网失去接触就会发生了离线。评价弓网离线参数有以下两个方面：

（1）每一次离线的最大离线时间小于 100 ms。

（2）离线率，用运行时间内各次离线时间总和与运行时间的比率来表示。我国高速线路的离线率取 5% 以下。

5）硬点

评定高速列车运行时接触导线对受电弓滑板的冲击主要是受电弓滑板受到的垂直方向和线路方向上加速度的最大值。受电弓滑板所受的纵向和垂向加速度，根据高速列车受电弓使用的滑板类型来确定硬点的评价标准。

6）接触网的静态弹性差异系数

用跨距内最大弹性与最小弹性之差与跨距内最大弹性与最小弹性之和的比率来表示，评价标准如下：① 简单链形悬挂不大于 30%；② 弹性链形悬挂不大于 10%；③ 复链链形悬挂不大于 10%。

7）接触导线弯曲应力

弯曲应力的允许值为 500 微应变。

4.5.2 CRH 系列动车组受电弓

CRH 系列动车组采用的受电弓均是技术成熟、性能良好的高速受电弓，满足动车组高速运行情况下的良好受流。

受电弓有两种型号：一是 CRH$_1$、CRH$_2$ 和 CRH$_5$ 动车组采用的 DSA250 型受电弓；一是 CRH$_3$ 型动车组采用的 SS400 型受电弓。受电弓及附属装置一般安装在拖车车顶（CRH$_2$ 有一个受电弓安装在 M2 动车上），一列动车组正常运行时，采用单弓受流，另一台备用，处于折叠状态。当两列车组编挂在一起运行时，每一列车中各有一受电弓处于工作状态，全列车共有两台受电弓同时工作。

4.5.2.1 DSA250 型受电弓

DSA 型单臂受电弓包括 DSA150、DSA200、DSA250、DSA350SEK 和 DSA350G 几种型号。DSA 型单臂受电弓是 2002 年 11 月，中国北车集团大同厂与德国斯特曼公司正式签订技术引进协议后，并逐步实现国产化的。该型受电弓具有重量轻、使用寿命长、适用范围广等特点。我国自行研制的"中华之星"270 km/h 高速动力车也安装使用了 DSA 受电弓。DSA250 型受电弓的设计源于早期的高速受电弓 DSA350SEK，采用压缩空气气囊驱动升弓，自重降弓。普遍采用轻量化优质材料，具有良好的机械和动力学性能。受电弓滑板采用纯硬碳材料，对接触网线起保护作用。

CRH$_1$、CRH$_2$ 和 CRH$_5$ 型动车组采用的单臂 DSA250 型受电弓主要由底架、升弓装置、下臂、上臂、弓头、滑板及空气管路等组成，如图 4.52 所示。升弓装置安装在底架上，通过钢丝绳作用于下臂；下臂、上臂和弓头由较轻的铝合金材料设计而成。

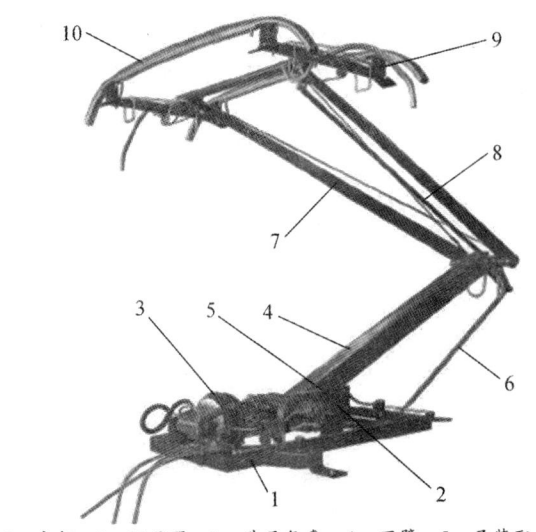

1—底架；2—阻尼器；3—升弓气囊；4—下臂；5—弓装配；6—下导杆；
7—上臂；8—上导杆；9—弓头；10—碳滑板。

图 4.52 DSA250 型受电弓结构

当受电弓升起或降下时，动车组即与供电网连接/断开。动车组有两个受电弓，都采用气动控制。正常运行时，采用单弓受流，另一台备用，处于折叠状态。网侧高压母线将两个受电弓连通起来，并将网侧电压传输给位于底架上的牵引变压器。

受电弓是用压缩空气操纵升降的。碳滑板安装在 U 形弓头支架上，弓头支架悬在 4 个拉簧下方，两个扭簧安装在弓头和上臂间，这种结构使滑板在机车运行方向上移动灵活。在受电弓上设置有自动降弓装置监测滑板的使用情况，如果滑板磨耗到限或受冲击断裂后，受电弓会迅速自动降下，防止弓网事故进一步扩大。

受电弓的主要技术参数见表 4.32。

表 4.32 DSA250 型受电弓主要参数

型 号	DSA250
设计形式	单臂
最高运行速度/(km/h)	250
额定电压/V	25
额定电流/A	1 000
瞬时电流/kA	35
标称接触压力/N	70±5（可调）
驱动类型	气动提升驱动机构
压缩空气压力/kPa	400～1 000
正常工作时压力/kPa	350 kPa
精密调压阀耗气量/(L/min)	输入压力小于 1 000 kPa 时，≤11.5
弓头垂向移动量/mm	60
升弓时间/s	不大于 5.4
降弓时间/s	不大于 4
材料	钢/铝
质量（不包括绝缘件）/kg	大约 115
弓头长度/mm	1 950

4.5.2.2 SS400 型受电弓

CRH₃ 型动车组采用 SS400 型受电弓，其结构如图 4.53 所示。由于高压线路（称为"车顶线"）连接 CRH₃ 列车的两个牵引单元，正常操作中只需提升一个受电弓收集 AC 25 kV 用于整个 8 节车厢装置即可。受电弓由压缩空气驱动，配有气动滑板监测系统（自动高速降落装置），可确保在滑板磨损或断裂时通过断开 EMERGENCY OFF（紧急停车）回路来使受电弓降落。

受电弓设计为单臂式。气动系统阻尼器 10 位于底座 9 上，用于升降受电弓，底座固定在支持绝缘子 8 上。拉离上拉臂 14 段会带离集电器头 1 和它的两个碳条 2。气动自动降落装置用于滑板断裂时断开 EMERGENCY OFF（紧急停车）回路使受电弓降落。其作用原理是：驱动器的压缩空气与滑板防磨损板中的管道相连，滑板断裂造成压缩空气逸散，驱动器内的压缩空气将通过高速降落阀进行排风，从而进行降弓；同时触发主断路器，防止电弧损坏的发生。同样，弓角也受到气动监测，以防损坏。如果压力线断裂，可通过切断阀禁用自动降落装置。

受电弓的所有功能都由各自相关的阀控制模块执行和监测。升弓通过起动按钮连接至阀控制模块的气动管中的电磁阀实现。升弓时间使用气动供给管中的扼流圈设置。受电弓的降弓时间和静接触力及自动降落装置的压力开关在阀控制面板上设置。阀控制模块的压缩空气由 MR 管道供应，列车整备时使用辅助压缩机进行压缩空气供给。

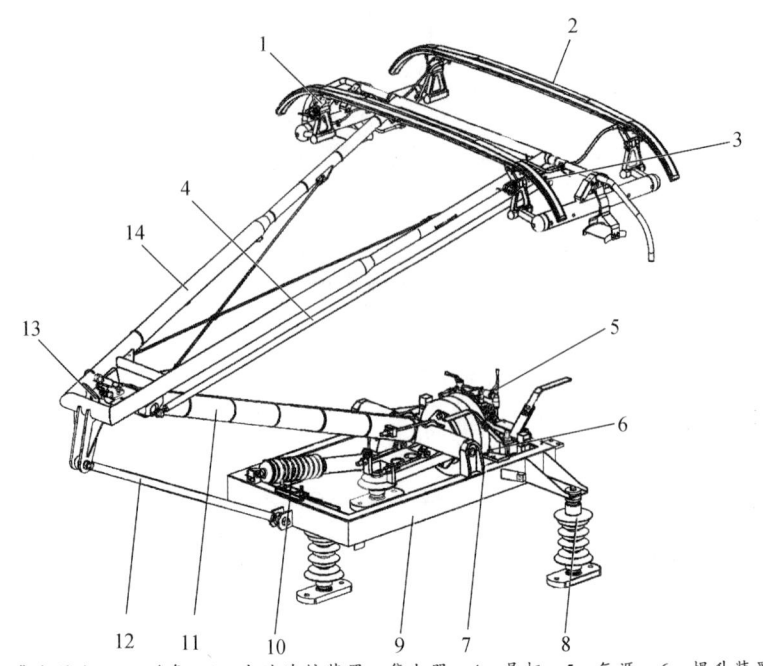

1—集电器头；2—碳条；3—电流连接装置，集电器；4—导杆；5—气源；6—提升装置；
7—电流连接装置，基底；8—支持绝缘子；9—底座；10—系统阻尼器；
11—下拉臂；12—连接杆；13—电流连接装置，拐点；14—上拉臂。

图 4.53　SS400 型受电弓结构

SS400 型受电弓主要的技术参数见表 4.33。

表 4.33　SS400 型受电弓主要技术参数

结构形式	单臂式
驱动机构形式	压缩空气升降机构
受流器头外形尺寸	根据 EN 50367
受流器头的宽度/mm	1 950
接触带的宽度/mm	1 250
接触带的材料	碳
运行高度（距轨面）/mm	最小 4 950，最大 6 500
与接触线的接触力（静态）/N	40～120 N（可调）
运行速度/（km/h）	运行速度：300；试验速度：330；单次试验运行：350
额定电压/kV	25
额定频率/Hz	50
额定电流（牵引工况）/A	700
额定电流（静止工况）/A	60

在正常模式下，单相交流电由动车组中优先使用的受电弓收集（受电弓的优先级取决于列车的配置）。故障情况下，启动另外一种配置工作，此时就会限制列车的最高运行速度，列车控制系统通常会确定首选的受电弓。

4.6 高速制动技术

常见的货车、普通客车几乎都是采用压缩空气驱动闸瓦抱住车轮踏面进行制动的，而制动的同时常听见踏面与闸瓦摩擦时产生的"嗤嗤"尖啸声，列车制动起始和停止瞬间乘客会有前冲后仰的趋势，列车之间有前后撞击的声音，制动不平稳。而列车运行速度超过 200 km/h 后，其制动所需能量是普通列车的 4~9 倍。此时，若仍然采用这种踏面制动，闸瓦会在短时间内将高速旋转的车轮制动、将强大的能量消耗殆尽，制动会更不平稳，存在极大的安全隐患。因此，对高速列车的制动要求与普通列车完全不同，依赖单一的空气制动，已远远不能满足高速列车的需要了。高速列车需要更加快捷、有效、安全、可靠、环保、低噪声的复合制动系统。而要实现平稳安全的制动，先进灵敏的控制系统必不可少。

高速制动技术

复合制动是指列车采用两种及以上制动方式，制动时优先使用其中某种制动方式，使列车速度降到一定程度，再启动另一种制动模式，最后使列车快速平稳地停下来。也可几种制动方式同时作用。日本、法国、德国和中国是世界高速铁路技术最发达的国家，它们在高速制动技术领域同样处于世界领先水平。

4.6.1 日、法、德高速列车制动系统简介

日本、法国、德国等高速铁路先驱在数十年的发展过程中，经历了电阻制动+闸瓦制动、电阻制动+闸瓦制动+盘形制动、再生制动+涡流盘制动+盘形制动、再生制动+盘形制动、盘形制动+线性涡流制动等复合制动形式，掌握了高速列车制动关键技术。下面对几种用于高速动车组的常见制动方式进行简要介绍。

1）闸瓦踏面制动

闸瓦踏面制动是最传统的一种制动方式。制动时列车中压缩空气推动制动杠杆将闸瓦压在车轮踏面上，产生摩擦以进行制动。制动过程中，列车的动能转换成闸瓦与踏面之间的摩擦热能消耗掉。踏面和闸瓦在制动过程中均为摩擦件，闸瓦易损耗，踏面易损伤。法国 TGV 系列车多数采用空气闸瓦制动作为复合制动方式之一。

2）电阻制动

电阻制动指的是列车制动时，牵引电动机作为发电机工作，将运行的动能转变为电能，电能在制动电阻上变为热能消耗掉。这种制动方式没有摩擦件，具有维修工作量小、可反复使用的优点。日本的 0 系、100 系、200 系和 400 系高速动车组以及法国的几乎所有高速列车均采用电阻制动作为复合制动方式之一，德国的 Velaro E 系列也采用了电阻制动。

3）盘形制动

盘形制动是指在转向架车轴或车轮上安装制动盘（分别叫作轴盘制动和轮盘制动），制动时，摩擦材料（闸片）夹紧这些盘片产生摩擦进行制动。因盘形制动是两侧夹紧，所以摩擦

面积比闸瓦踏面制动要大;又因为是平面摩擦,所以制动容量大,磨损量小。另外,制动盘直径较大,散热好。现在采用的制动盘通常是带有通风、散热筋高强度合金锻钢盘。日本、法国及德国的所有高速动车组均采用了盘形制动。

4)涡流盘制动

涡流盘制动指的是旋转的制动盘切割通电涡流线圈产生与制动盘旋转方向相反的电磁力矩,从而产生制动力的方式。钢材料的涡流制动圆盘安装在车轴上,涡流制动线圈安装在制动盘的两侧。制动时,涡流制动线圈通以电流,涡流线圈便成为电磁铁,制动圆盘随车轴转动,根据电磁感应原理,制动圆盘上就有涡流产生。产生的涡流在电磁铁磁场的作用下,就会产生和车轴转动方向相反的电磁制动力矩,从而使车轮减速。涡流制动的优点是没有摩擦副,无须日常维修。缺点是在低速时制动力下降很快,而且装置结构复杂、重量大、耗电大。日本新干线的 100 系、300 系和 700 系的拖车均采用了涡流盘制动。

5)磁轨制动

磁轨制动也称轨道电磁制动,它是靠安装在转向架下面的电磁铁与钢轨之间产生的吸附作用,使车辆减速或停车的一种非黏着制动。由于车轮与钢轨之间不产生摩擦,所以说它是非黏着的。德国铁路规定:在运行速度高于 140 km/h 的旅客列车上,均应安装非黏着制动装置,因此德国早期 ICE 系列动车组均安装有磁轨制动装置。

6)线性涡流制动

再生制动与盘形制动结合这种复合制动方式在绝大多数列车上使用,但当列车速度超过 300 km/h 时,制动缸套和盘形制动闸片磨损急剧增加,因此更高速度的高速动车组对制动提出了更高的要求,必须解决高速制动部件的磨损问题,故研发了无磨损、非黏着制动装置的线性涡流制动装置。线性涡流制动装置一般安装在拖车转向架上,涡流磁铁离轨面 7 mm,通过涡流感应产生制动力。磁铁的高度可根据车轮直径运行过程中磨耗变化而进行调整。德国 ICE3 系列车装有这种制动装置。

7)再生制动

再生制动指的是列车制动时,将动能转变为电能反馈回接触网的制动方式。它与电阻制动、涡流制动、磁轨制动同样属于电制动,制动时让牵引电动机变为发电机状态工作。需要说明的是,牵引电机的这种角色转变在控制上是很容易实现的。要让发电机发电就得从外部给发电机输入能量才行,电阻制动和再生制动是巧妙利用制动时的列车动能来让发电机发电的。电阻制动让电能消耗在列车上的制动电阻上变成热能消耗掉,而再生制动则让发电机的电能反馈到电网再利用。显然,电阻制动所得的电能白白浪费掉了,而再生制动则带来节能的效果,加之再生制动无须在车上设置制动电阻,还可以减轻车体重量,二者的优劣是不言自明的。自交流传动技术开始采用以来,几乎所有现代先进高速列车均采用再生制动这种制动方式,它也是高速列车先进技术的一个代表。日本自 1989 年采用交流传动技术以后,所有列车都采用了再生制动。德国自开行第一代高速动车组以来,一直使用再生制动方式。而法国则因供电制式问题,所有法国境内高速列车均未采用再生制动而采用电阻制动方式。

4.6.1.1 新干线动车组制动技术

日本高速动车组制动技术的发展历程见表 4.34。

表 4.34 日本高速动车组制动系统

车型		制动方式	编组情况	投入运行年份	最高速度/(km/h)	列车家族
0 系		电阻＋轮盘	16M、12M、8M、6M、4M	1964	220	东海道
200 系	M 车	电阻＋轮盘	8M、10M、12M、14M2T	1982	275	东北
	T 车	轮盘				
100 系	M 车	电阻＋轮盘	12M4T	1985	230	东海道
	T 车	涡流轴盘＋轮盘				
400 系	M 车	电阻＋轮盘	6M、6M1T	1992	240	东北
	T 车	轴盘				
300 系	M 车	再生＋轮盘	10M6T	1992	270	东海道
	T 车	涡流轴盘＋轴盘				
E1 系	M 车	再生＋轮盘	6M6T	1994	240	东北
	T 车	轮盘＋轴盘				
500 系		再生＋轮盘	16M	1997	300	东海道
E2 系	M 车	再生＋轮盘	6M2T	1997	275	东北
	T 车	轮盘＋轴盘				
E3 系	M 车	再生＋轮盘	4M1T、6M2T	1997	275	东北
	T 车	轮盘＋轴盘				
E4 系	M 车	再生＋轮盘	4M4T	1997	240	东北
	T 车	轮盘＋轴盘				
700 系	M 车	再生＋轮盘	12M4T	1999	285	东海道
	T 车	涡流轴盘＋轮盘				
800 系		再生＋轮盘	6M	2004	260	东海道
N700 系	M 车	再生＋轮盘	14M2T、8M	2007	300	东海道
	T 车	涡流轴盘＋轮盘				

注：1. 新干线动车组空气制动均采用盘形制动方式；
2. 新干线动车组均为电制动优先，空气制动与电制动配合方式；
3. 新干线动车组制动控制特性除 0 系采用"ATC 根据速度控制点自动实施阶梯式制动"外，其余均为"按黏着特性曲线控制"。

从表中可以看出，日本新干线动车组动车制动系统可分为两种：

（1）电阻制动＋空气轮盘制动。电阻制动是交流传动技术应用以前的主要电制动方式，0 系、100 系、200 系和 400 系动车组采用这种复合制动方式。在车上采用电阻制动，利用电机的发电功能将列车的动能转换成热能消耗掉，而在车轮上加装制动盘，采用空气制动。

（2）再生制动＋空气轮盘制动。交流传动技术成功应用后，动车均采用了再生制动，而拖车制动则有 3 种方式：

① 空气轮盘制动。只在拖车的车轮上加装轮盘制动，这易与动车轮盘制动装置互换，通用和互换性好。

② 涡流轴盘＋空气轮盘。

③ 空气轮盘＋空气轴盘。

另外一个特点是，东海道的动车组上所有动车和拖车均采用轮盘式制动，而且拖车上还安装涡流轴盘制动。而东北家族的动车组动车采用轮盘式制动，拖车采用轮盘+轴盘制动方式。总的发展趋势是动车采用再生制动+轮盘制动，拖车采用轮盘+轴盘（空气或涡流）制动。

新干线列车采用电空制动控制系统，以达到制动、缓解快捷，停车平稳、无冲动的目的。制动控制系统由列车空气管减压方式改为电气指令控制方式，不仅缩短了列车空走时间，而且还可具有制动控制、空重车调整、防滑控制、制动模式控制、监控信号处理和显示功能等，从而适应 ATP、ATC 列车制动控制的需要。

整个制动系统分为三级控制：网络控制、电空制动控制和空气制动控制。其中，网络控制用网络来传输控制指令，以实现 ATP 列车控制；电空制动控制是用贯穿整个列车的电缆来传输控制指令和电制动力的模拟指令；空气制动控制是用贯穿全列车的空气管压力为介质来传输控制指令的。这 3 种控制的安全级别以空气制动为最高，其次是电空制动控制和网络控制。指挥级别则反过来，即网络控制＞电空制动控制＞空气制动控制。

4.6.1.2 法国高速列车制动技术

法国高速列车制动技术的发展历程见表 4.35。

表 4.35 法国高速列车制动系统

车 型		制动方式	编组情况	投入运行年份	最高速度/（km/h）	列车控制
TGV-PSE	L车	电阻+闸瓦	L+8T+L	1981	270 300	自动电空控制
	T车	轴盘+闸瓦				
TGV-A	L车	电阻+闸瓦	L+10T+L	1989	300	模拟自动电空
	T车	轴盘				
TGV-R	L车	电阻+闸瓦	L+8T+L	1993	300	数字自动电空
	T车	轴盘				
TGV-TMST	L车	再生+电阻+闸瓦	L+9T+9T+L	1994	300	数字自动电空
	T车	轴盘				
TGV-PBKA	L车	电阻+闸瓦	L+8T+L	1997	300	数字自动电空
	T车	轴盘				
AVE	L车	电阻+闸瓦	L+8T+L	1992	300	数字自动电空
	T车	轴盘				
TGV-K	L车	再生+电阻+闸瓦	L+18T+L	2001	300	数字自动电空
	T车	轴盘				
TGV-2N	L车	电阻+盘形	L+8T+L	1996	320	数字自动电空
	T车	轴盘				
TGV-POS	L车	电阻+闸瓦	L+8T+L	2007	320	数字自动电空
	T车	轴盘				
AGV	M车	再生+电阻+盘形	7（4M3T）、8（4M4T）10（6M4T）、11（6M5T）14（8M4T）	2011	360	数字自动电空
	T车	涡流+盘形				

从表 4.35 中可以看出,已正式商业运营的 TGV 高速列车的机车大都采用了"电阻+闸瓦"的制动方式,这与日本、德国高速列车主要采用再生制动和盘形制动完全不一样。法国高铁一直采用电阻制动的主要原因在于法国高速线路的供电制式多为直流,不能接受电能反馈。另外一方面是站间距离较长,运营回收的电能有限。在常用制动过程中,电阻制动承担列车制动能量的 50%,紧急制动时,几乎承担了所有动力转向架的所有制动能量。TGV 机车还采用闸瓦制动,这与日本和德国的动力车采用轮盘制动也完全不一样。随着编组的增大,制动功率不足,因此在 20 辆编组的欧洲之星(TGV-TMST)和韩国的 TGV-K 机车上增加了一套再生制动。

法国高速列车唯一在动力车上采用盘形制动的是 TGV-2N,而且一个轮对只安装一套轮盘制动装置,对角布置。

TGV 拖车无一例外地均采用轴盘制动,早期的 TGV-PSE 还采用"轴盘+闸瓦"形式。

第一代 TGV 列车制动控制系统采用法国普通流程或动车组上普遍使用的自动式电空制动系统。这种系统的司机控制器和指令传动系统都是电气的,用来操作电磁阀和列车管减压中继阀,使列车减压或充气,而每辆车上的空气分配阀根据列车管指令压力的变化而动作,使列车制动或缓解。

第二代及以后 TGV 列车制动控制系统开始采用微机控制,整列车的电阻制动力与空气制动力通过微机进行匹配,以充分发挥电制动的能力,更好地利用制动黏着,使制动更加快捷、有效、安全。而且与电子防滑器相配合,提高了制动效率,缩短了制动距离,减少了制动零部件的磨耗。

4.6.1.3 德国高速列车制动技术

德国高速列车制动技术的发展历程见表 4.36。

表 4.36 德国高速列车制动系统

车 型		制动方式	编组情况	投入运行年份	最高速度/(km/h)
ICE 1	L车	再生+盘形	L+12T+L	1991	280
	T车	盘形+磁轨			
ICE 2	L车	再生+盘形	1L7T	1998	280
	T车	盘形+磁轨			
ICE 3	M车	再生+盘形	4M7T	2000	330
	T车	盘形+线性涡流			
ICE 3M	M车	再生+盘形	4M4T	2000	330(220)
	T车	盘形+线性涡流			
ICE T	M车	再生+盘形	2M3T 2M5T	1999	230
	T车	盘形+磁轨			
ICE TD		电阻+盘形	4M	2001	200
ICE350 (AVES103)	M车	再生+电阻+盘形	4M4T	2005	350
	T车	盘形			

从表 4.36 可以看出，德国 ICE 系列车的电力驱动的动力车均采用了再生制动与盘形制动的复合制动方式，出口西班牙的 AVE103 动车组则根据西班牙国铁的要求采用了"再生+电阻+盘形"的设计。而拖车采用的制动方式主要是两种：一是 ICE1、ICE2、ICE T 的"盘形+磁轨"方式；一是 ICE3 系列的"盘形+线性涡流"方式（这是 ICE3 制动系统最大的特点）。ICE TD 摆式内燃动车组全部采用动车，其采用的制动方式为"电阻+盘形"。

ICE 系列高速列车的制动系统是在 ICE/V 试验型高速列车制动系统所获得的经验上发展起来的，在计算和设计过程中吸收了德国 IC 和法国 TGV 的经验。所有 ICE 高速列车均采用计算机控制，采用预定的计算方法，对输入的制动力目标信号和其他输入量进行比对计算，得出 TGV 高速列车 3 种制动方式的目标值。这种计算包括制动力的分配、列车管压力的电空控制、函数的自动修正和自动制动测试等。计算结果数据采用串行数据总光缆分配至全列车，而制动过程优先使用电制动。

从上面三节的分析可以看出，目前世界高速列车制动技术有如下特点：

（1）安全性高：采用电、空联合制动模式，电制动优先，且普遍装有防滑器。操纵控制采用电控、直通或微机控制电气指令式等灵敏而迅速的系统。

（2）控制准确：制动作用采用微机控制，可为保证列车正点运行精确提供所需制动力；对复合制动的模式进行合理设计，使不同形式的制动力达到最佳的组合效果。

（3）舒适度高：采用微机控制，实现制动过程的优化控制，在提高平均减速度的同时尽量减少减速度的变化率；减少列车中不同车辆制动力的差别，以缓和车辆之间的纵向冲击力；防滑装置可避免因轮轨间黏着力不足而产生的车轮踏面擦伤，继而防止列车运行平稳性恶化，提高乘坐舒适性，避免对车轴等部件产生附加应力。

（4）可靠性高：采用"故障导向安全"机构（fail-safe），以便在制动系统发生故障时能向安全方向动作；进行"防止误操作"设计（fool-proof），使得非熟练操作者也能可靠地实施制动系统的功能。

（5）维修方便：开发了在故障时能够进行自检的自诊断功能；减少了磨耗件，大大减少了维修工作量。

（6）制动装置轻量化：采用模块化设计；将空气制动的电-空气-液压方式变换为电-液压直接变换方式。

4.6.2 CRH 系列动车组的制动技术

动车组制动技术主要体现在两大方面：一是指挥制动的控制系统；二是实施制动的制动装置（电制动装置和基础制动装置）。CRH 系列动车组制动装置参数见表 4.37。

表 4.37 CRH 系列动车组制动装置参数

车 型	CRH_1	CRH_2	CRH_3	CRH_5
复合制动方式	再生+盘形	再生+盘形	再生+盘形	再生+盘形
制动模式	常用制动、紧急制动、安全制动、停放制动、保持制动、除冰制动	常用制动、紧急制动、辅助制动、快速制动、耐雪制动、安全制动	紧急制动、常用制动、停放制动、备用制动、安全制动	紧急制动、常用制动、停放制动、备用制动、停车制动、安全制动

续表

车　型	CRH₁	CRH₂	CRH₃	CRH₅
复合制动方式	再生+盘形	再生+盘形	再生+盘形	再生+盘形
空气制动方式	电空直通式+自动式空气制动	电空直通式+自动式空气制动	电空直通式+自动式空气制动	电空直通式+自动式空气制动
最大制动距离/m	<2000（200 km/h、平直道、最大载荷）	<2000（200 km/h、平直道、最大载荷）	<3700（300 km/h、平直道、最大载荷）	<2000（200 km/h、平直道、最大载荷）
基础制动方式（每台转向架）	轮盘4组（M）轴盘6组（T）	轮盘4组（M）轴盘4组+轮盘4组（T）	轮盘4组（M）轴盘6组（T）	轴盘2+3组（M）轴盘6组（T）
盘形制动驱动	单元制动器空气	气-液增压	单元制动器空气	单元制动器空气
制动盘材质	铸铁+粉末冶金	锻钢+粉末冶金	铸钢+粉末冶金	铸钢+粉末冶金

4.6.2.1 CRH₁型动车组的制动技术

CRH₁型动车组采用电气指令式制动系统，动车组各车辆的制动控制装置采用微机控制，制动力则由动车的再生制动（电制动）、轮盘制动及拖车的轴盘制动（空气制动）提供。CRH₁型动车组制动可分为常用制动、停放制动、保持制动、除冰制动、紧急制动和安全制动几种。同时，也根据司机主控控制器的制动施加方式将常用制动分为1~7级制动，7级过后即为停放制动，其他制动的实施都不通过司机主控控制器实现。

CRH₁型动车组制动系统主要由空气供给系统、控制系统及基础制动三大部分组成。空气供给系统包括空气压缩机（主/辅）、储风缸、空气干燥器、空气过滤器等；控制系统包括制动信号发生装置、信号传输装置和制动控制装置等；基础制动装置（详见4.3.3.1节CRH₁型动车组转向架图）包括动车转向架上的4套轮盘制动和单元制动器、拖车上6套轴盘制动和单元制动器。

CRH₁型动车组的制动控制系统部件及其分布情况如图4.54所示。动车制动模块（BM）由制动计算机（BC）、制动控制面板（BP）和停车制动控制面板（PBP）组成，拖车没有停车制动控制面板，其余与动车相同。

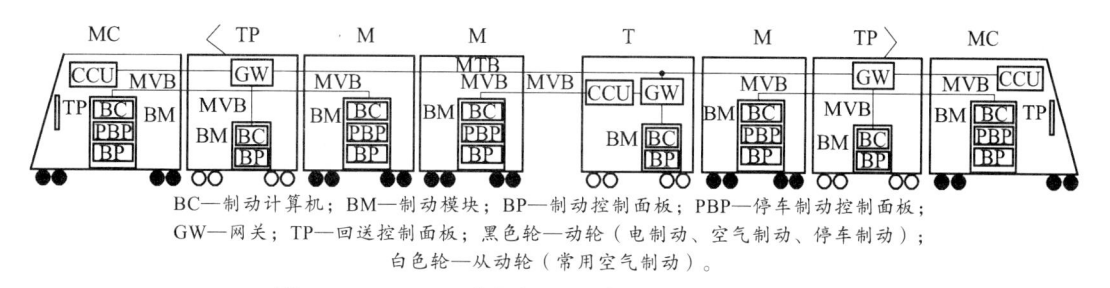

BC—制动计算机；BM—制动模块；BP—制动控制面板；PBP—停车制动控制面板；
GW—网关；TP—回送控制面板；黑色轮—动轮（电制动、空气制动、停车制动）；
白色轮—从动轮（常用空气制动）。

图4.54　CRH₁型动车组制动控制系统部件分布

制动控制信号流程如图4.55所示。动力制动和机械摩擦制动承担制动力的大小由车辆控制单元（VCU）控制，电制动优先。VCU持续监控实际实施的电制动力，如果达不到要求，则启动机械摩擦制动进行补充。其中比较关键的是载重的测量，列车可根据这个测量值计算出需要的制动力，使列车在载重不同的情况下也可在直轨上有相同的制动距离。机械和电制动的载重测量都是由 TCMS 进行的，每车重量由本地从属车辆控制单元进行计算。平均阀根据来自转向架空气悬挂的压力信号来给出平均值，然后将载重信号发送至主车辆计算机。载重信号如果低于空车或超过全载车辆，则计算机不接收。在所有的制动模式下载重测量都是激活的。VCU 调节摩擦制动的基准值，在动车和拖车转向架之间平均分配摩擦制动力，实现车辆间的制动混合和调整。下面对几种制动模式作一简单介绍。

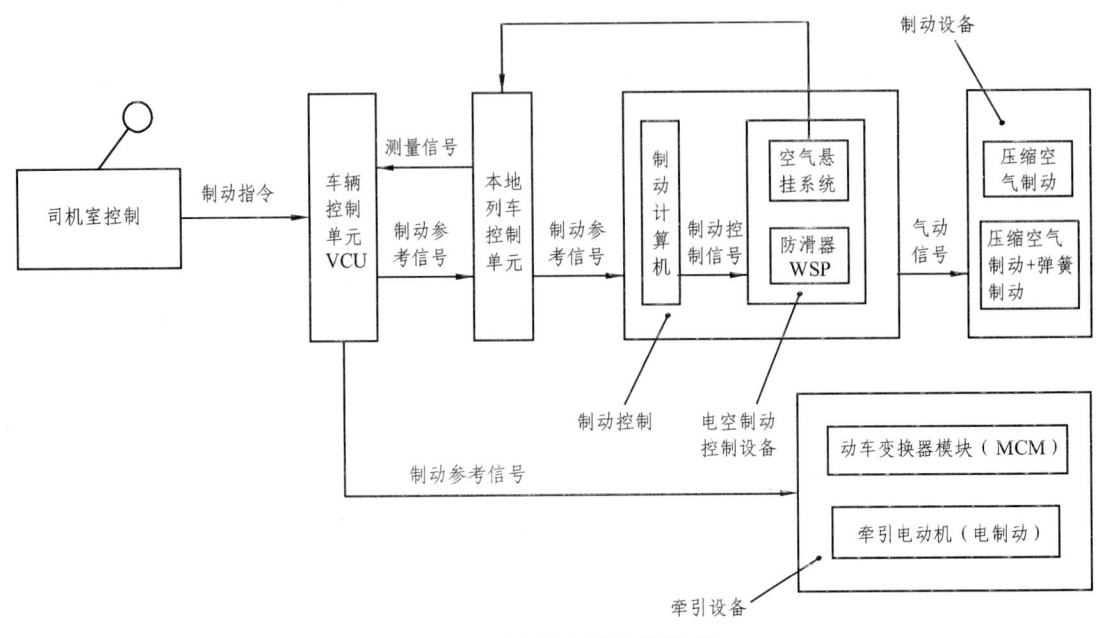

图 4.55　制动控制信号流程

1）常用制动

常用制动是制动列车的常规方式。常用制动采用两种不同的制动系统：再生制动和电空摩擦制动。可通过司机主控手柄、自动速度控制系统、ATP 系统和回送车辆等 4 种方式启动。司机控制手柄控制的 1~7 级制动都属于常用制动。再生制动过程中采用牵引电机作为发电机，这样将再生的电能供给牵引系统。由于该制动类型需要牵引电机，所以只有动车转向架可进行此类制动。在再生制动过程中，制动控制板的功能为：在必要时按照 TCMS 的要求补偿再生制动缺少的制动效果。电空制动是通过将摩擦闸片压向旋转的制动盘（轮盘和轴盘），使制动盘旋转变慢而施加的制动。

2）紧急制动

紧急制动依然采用再生制动和摩擦制动混合的制动方式，可通过司机和乘客实施紧急制动。此时实施最大的空气制动，辅以一定量的动力制动。司机激活的紧急制动（超强紧急制动）包括两种情况：拉动司机主控控制器到底端（8 级）和按动驾驶台上的红色紧急停车按钮。此时必须利用尽量大的黏着力在尽量短的停车距离内实现。当主控手柄后移到位时，继电器打开安全环路并施加全摩擦制动。主车辆控制单元也以动力制动补充摩擦制动，可利用的最大黏着系数约为 0.15。

在每辆车上都有乘客紧急制动装置，乘客激活的紧急制动是单独操作的并可由司机撤销。如果在 10 s 内司机不按下按钮并保持 3 s，将施加乘客激活的紧急制动。如果司机在 10 s 内按下忽略乘客紧急制动按钮并保持 3 s，则缓解紧急制动，并解除牵引隔离。

如果在忽略乘客紧急制动之后，不对紧急手柄进行复位，则列车停车后，将重复施加制动，直至重设紧急停车手柄。

3）安全制动

正常运营时，采用常用制动，遇到紧急情况时启用安全制动。可通过司机安全装置（DSD）、司机钥匙、司机按钮和 ATP 打开电空制动安全环，实施安全制动。安全制动仅实施最大空气制动。

4）保持制动

保持制动采用和常用制动相同的摩擦制动。只要列车处于静止状态，保持制动会自动实施。它能用于列车停车时防溜并可使列车在 30‰ 斜坡上开车和停车时不溜车。保持制动可由司机操控台上的按钮进行暂时抑制。

5）停放制动

停放制动是纯气动控制的制动，采用弹簧储能制动，作用是防止动车组在停放状态时发生溜车滑动。每辆动车设置 3 个带停放制动的单元制动器，通过司机操作台上的按钮来控制。如果主风缸压力低于 3.8 kPa，则自动施加停车制动。压力下降时弹簧拉长，在主风缸压力降至 0 kPa 时则完全施加了停车制动。在 Mc/M 转向架内的停放制动压力开关由牵引安全环路进行监控，如果施加了停车制动，或压力开关报告已施加，则无法牵引。

6）除冰制动

在寒冷的冬季，通过制动盘与闸片之间的摩擦热将制动盘和制动闸片很快加热以防止制动时受冰雪的影响。每车施加 15 kN 的制动力，保持 30 s，一个接一个依序进行。在此期间，IDU 会显示相关信息。

CRH_1 动车组上还设有防滑系统（WSP），控制每个车轴上的防滑气动阀以防止在制动过程中摩擦制动锁定车轮，造成滑行。列车通过每根车轴上设置的 WSP 防滑探头监控速度信号，当滑行率、速度差、减速度等参数超过设定值时，减小该轴的制动力，并进行再黏着控制，防止制动距离的延长及车轮的擦伤等。

4.6.2.2 CRH_2 型动车组的制动技术

CRH_2 型动车组制动采用 ATP 与司控制动控制器控制两种方式，为具有再生制动的电指令空气制动方式。根据指令类型的不同，制动控制分为常用制动、紧急制动、快速制动、辅助制动和耐雪制动 5 种模式。

CRH_2 型动车组制动系统主要由空气供给系统、控制系统及基础制动三大部分组成。空气供给系统包括空气压缩机（主/辅）、储风缸、空气干燥器、空气过滤器等；控制系统包括制动信号发生装置、信号传输装置和制动控制装置等；基础制动装置（详见 4.3.3.2 节 CRH_2 型动车组转向架图）包括动车转向架上的 4 套轮盘制动和单元制动器、拖车上 4 套轴盘制动、4 套轮盘制动及 8 套单元制动器。但是 CRH_2 型动车组的盘形制动装置与其他型的动车组有所不同，采用的是液压制动方式：首先将压缩空气经空-油转换装置（增压缸）转换成高压油，再由高压油驱动液压制动缸对制动盘施加压力。液压制动的优点是能够通过制动系统满足不同载重条件下对不同制动倍率、制动力的要求及防滑要求，同时可以简化制动单元的结构，取消复杂的杠杆构件和空气单元制动缸，节省空间，减轻重量。

同 CRH_1 型动车组一样，CRH_2 型动车组每辆车上都有一套制动控制器，用来接收制动手柄或 ATP 的制动指令（通过贯通线和光纤）。制动控制器根据指令和车重计算出所需制动力的大小，并将制动力传给主变流器作为再生制动的指令，同时主变流器也将实际的制动力传给制动控制器，此时制动控制器计算出制动力不足部分，通过电流指令传给电空变换阀，电空变换阀将其转化为空气压力信号，中继阀进行流量放大后使制动缸产生相应的制动压力。拖车制动与动车制动最大的区别在于不存在制动力分配，制动力完全由空气制动产生。CRH$_2$型动车组制动控制结构如图 4.56 所示。下面对 CRH$_2$ 型动车组制动模式进行简单介绍。

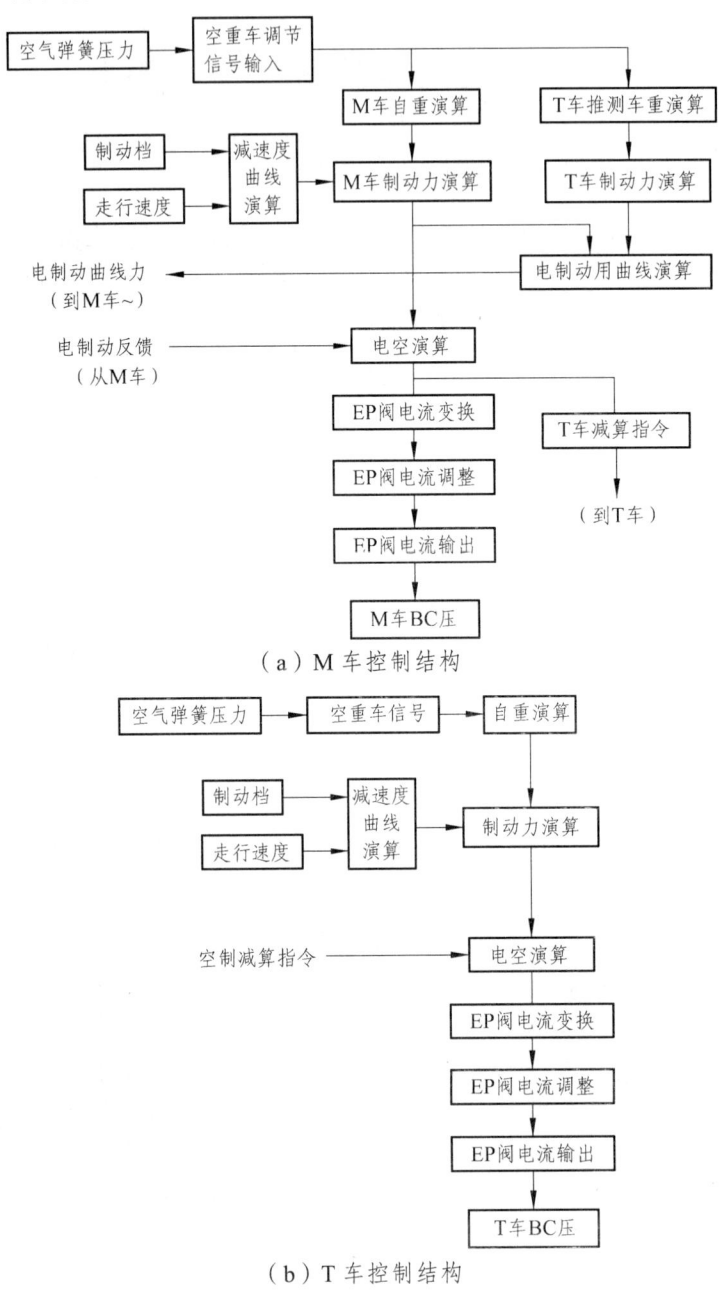

(a) M 车控制结构

(b) T 车控制结构

图 4.56　CRH$_2$ 型动车组制动控制结构

1）常用制动

常用制动位设置 7 级，采用数字指令式制动控制，以 1M1T 为单元对动车再生制动力和空气制动力进行协调控制，拖车空气制动延迟投入。延迟时，将 M 车上的多余再生制动力转移至 T 车上，达到编组列车所需总制动力。常用制动还具有空重车调整功能，根据实际载重来调节制动力，使动车组能在规定的距离范围内进行准确制动。

2）快速制动

快速制动是 CRH_2 型动车组的一个特点，是使列车比常用制动更快速的方式进行制动，采用与常用制动相同的复合制动模式，而不是如紧急制动那样仅用空气制动方式。它具有最大常用制动（7 级）1.5 倍的制动力，可通过司控器的制动手柄实施，或速度没有减到闭塞区间要求的速度而触发了 ATP 或 LKJ2000 从而自动实施快速制动。

3）紧急制动

紧急制动采用纯空气制动作用，使列车以最快的速度停止。紧急制动采用安全回路失电而启动的模式。总共有 5 种方式会导致安全回路失电：总风压力下降到规定值以下、列车分离、监测到制动力不足、操作紧急制动按钮以及换端操作。

4）辅助制动

辅助制动是一种保护性装置，用以在制动装置异常、制动指令线路断线及传输异常时实施制动，可产生相当于 3、5、7 级常用制动及快速制动的空气制动。

5）耐雪制动

CRH_2 型动车组还设有耐雪制动，该种制动方式采取消除闸片与制动盘之间的间隙，防止降雪时雪块进入制动盘和闸片之间。这种制动方式主要用于列车速度低于 110 km/h 且有降雪时。

同样，CRH_2 型动车组设有防滑装置，其原理与 CRH_1 型动车组类似，在此不作赘述。

4.6.2.3　CRH_3 型动车组的制动技术

CRH_3 型动车组的制动系统由电制动系统（动车）、空气制动系统、防滑装置和制动控制装置等组成。动车组制动系统采用电空联合制动模式，电制动优先。正常情况下，通过司机台上制动控制器手柄或 ATC 装置实施制动，系统能够基于预先设定的制动模式曲线控制列车的减速或者停车。

CRH_3 型动车组使用的空气制动系统包括直通式空气制动系统和自动式空气制动系统。CRH_3 型动车组使用的直通式空气制动系统采用电子控制，动车组的直通式制动系统可按制动模式曲线控制列车减速或停车。安装在每辆车上的微机控制的制动电子控制装置负责执行本车的制动控制功能，包括接收和解读制动控制手柄或信号系统发出的制动指令，以及其他用于列车制动控制的重要信息。如直通制动系统出现故障，系统会产生故障导向安全作用，必要时实施紧急制动停车。直通制动系统不能正常工作时，通过手动转换，可启动备用的自动空气制动系统。

制动模式主要有紧急制动、常用制动、停放制动、备用制动等，下面对各制动模式做一简要介绍。

1）紧急制动

可通过以下方式触发紧急制动：按下司机室紧急制动按钮；操纵制动力控制器到"紧急制动"位置；由列车保护系统或自动警示设备启动（SIFA）；列车运行过程中启动的任何停放

制动；监视到转向架稳定性或轴承温度发生异常。

紧急制动过程中，产生最大的制动力和最大的减速度，可采用纯空气制动，也可采用"电制动+空气制动"的混合制动模式。第一种制动模式叫作"R+E100%"，指的是"空气制动+100%电制动"，其中R包括列车阻力，是首选制动模式，因为它能减少摩擦制动并实现能量回收。这种模式的制动通过EP制动和ED制动的协作实现，在电制动有效的情况下（制动模式R+E100%），无论是动力轴还是非动力轴的制动缸从最大速度到最终列车停止的各个速度等级下都保持较低水平的摩擦制动压力。第二种制动模式就是我们常规的纯空气制动，这种制动模式完全独立于电网之外，这种情况，在制动初速度为300 km/h时，制动距离（包括制动响应时间）为3 700 m。

2）常用制动

列车正常运行时，实施常用制动。对于常用制动而言，制动力设定与制动力控制器的扳动角度成比例。为了减少盘形制动装置的磨损，首先启用电制动作为基本的常用制动。当电制动达不到要求或者电制动启动失败需要空气制动作为补充制动时，空气制动才起作用。常用制动工况下，车轮防滑系统起作用。同样在制动过程中也会进行制动力的分配计算，制动管理系统保证了在制动时摩擦系数不会超标，导致制动力过大，也保证了列车摩擦制动与负载的匹配。

3）停放制动

在动车组某些单元制动器内设置有停放制动装置，用于列车安全停靠。司机通过一个按钮控制停放制动，在列车停放（无压缩供气）时，使列车安全停靠，停靠设计的最大坡度为30‰。

每个动车车轴安装有2套轮盘式铸钢制动盘+粉末冶金闸片+电子防滑器；每个拖车车轴安装有3套轴盘式铸钢制动盘+粉末冶金闸片+电子防滑器。另外，对应动车车轮安装有撒砂装置。

4）备用制动

CRH_3型动车组的备用制动系统为自动式空气制动系统，在电空控制的直通空气制动无法使用时（故障或救援/回送状态）启用。备用制动系统启用后，可通过控制制动管的空气压力，来实现列车的制动和缓解；制动管的空气压力变化，可由动车组自身的备用制动控制阀或救援/回送机车控制。系统启用后，牵引/制动控制手柄的制动控制被切断，电制动也无法使用。

4.6.2.4 CRH_5型动车组制动技术

CRH_5型动车组的制动系统由电制动系统、空气制动系统、防滑装置和制动控制装置等组成。动车组制动系统采用电空联合制动模式，电制动优先。直通式制动系统能够基于预设的制动模式曲线控制列车的减速或者停车。而直通制动系统不能正常工作时，通过手动转换，可启动备用的自动空气制动系统。

制动模式主要有紧急制动、常用制动、停放制动、备用制动、停车制动等。下面对各制动模式做一简要介绍。

1）紧急制动

制动指令在紧急制动过程中，产生最大的制动力和最大的减速度。制动指令同时施加给直通制动系统和自动空气制动系统，此时牵引和电制动均被切断，所有车辆施加最大空气制动力。

2）常用制动

列车正常运行时，实施常用制动。常用制动过程中优先使用电制动，而且首先在动车上实施动力制动，如果制动力不够，再在拖车上施加空气制动。如果动力制动不起作用，则启动全部摩擦制动来代替，在速度小于 10 km/h 时则全部采用摩擦制动。

3）停放制动

在动车组某些单元制动器内设置有停放制动装置，用于列车安全停靠。司机通过一个按钮控制停放制动，在列车停放（无压缩供气）时，使列车安全停靠，停靠设计的最大坡度为 30‰。

4）备用制动

CRH$_5$ 型动车组的备用制动系统为自动式空气制动系统，在电空控制的直通空气制动无法使用时（故障或救援/回送状态）启用。备用制动具备紧急制动功能。

5）停车制动

在速度低于 5 km/h 时，动力转架上施加空气制动，使整个列车实现一个均衡的减速制动效果。同样 CRH$_5$ 型动车组也具备安全制动和防滑功能，其启动控制方式与其他 CRH 型动车组类似。

4.7 动车组控制和管理系统

4.7.1 高速列车运行控制系统

高速列车运行控制、监控和诊断系统对于保证列车运行安全、快捷、舒适和节能至关重要，其目标是"安全正点、控制平稳、高效节能"。传统的列车监控、控制及诊断系统不能满足高速运行状况，如紧急制动时，一列以 300 km/h 运行的列车需要近 4 000 m 才能停下来，远远超出了司机的目视范围。这就要求开发具有自动进行监控、控制及诊断的先进管理系统，日、法、德等国高速列车先驱者做了大量研究工作，也通过几十年的运营实践证明了其系统的先进、安全、可靠。列车运行控制系统由地面设备、车载设备和信息传输设备组成，是先进的控制技术、通信技术、计算机技术与铁路信号技术融为一体的行车指挥、安全控制机电一体化的自动化系统。

动车组控制和管理系统

世界列车运行控制系统可分为多种类型，详见表 4.38。

表 4.38 列车运行控制系统分类

分类依据	类 别	备 注
按自动化程度分类	ATP（列车自动保护系统）	对列车运行速度进行实时监控，一旦超速则自动降速处理，保证行车安全
	ATC（列车自动控制系统）	比 ATP 高一级的自动控制系统，除了 ATP 功能外，还可代替司机的部分操作，降低司机的劳动强度，提高运输效率。我国 200 km/h 动车组引进了 ATP 设备，但不具备 ATC 功能
按控制模式分类	速度码阶梯控制模式	在一个闭塞分区内只按一个速度等级进行超速控制，有入口检查和出口检查两种方式。前者以区间进入速度为本闭塞区间的允许速度，新干线采用该方式；后者为上一区间出口速度为下一区间允许速度，法国 TVM300 采用这种方式
	速度-距离模式曲线控制模式	有分段速度-距离模式曲线控制和连续速度-距离模式曲线控制两种方式。前者将目标速度分为多个阶段来实现，后者则采用连续控制模式，是高速列车运行控制系统的发展方向

续表

分类依据	类别	备注
按人-机关系分类	设备优先的自动减速系统	设备按照模式曲线自动控制列车减速并保证列车安全、正点。日本新干线 ATC 是其代表
	司机操作优先的速度自动监控系统	司机按照模式曲线控制列车速度,设备不干涉司机正常驾驶,只有司机超速时,设备才采取必要措施确保列车安全。德国的 LZB、法国的 TVM300 及 TVM430 采用这种方式
按信号传输方式分类	点式列车自动控制系统	也叫作点式 ATP,采用点式传递信息、车载计算机处理信息的方式达到列车超速防护。我国京津客运专线(前期)采用该系统
	连续式列车自动控制系统	分有线和无线两种方式,几乎所有高速铁路均采用这种模式
	点连式列车自动控制系统	这种系统是在连续式列车自动控制系统中增加点式应答器作为线路数据的输入、进路信息和临时限速信息的输入,这种方式有效利用了轨道线路和点式设备。日本 ATC 和我国第六次提速所采用的 CTCS-2 级 ATP 采用这种模式

运行控制管理系统对高速列车安全运行起着重要作用,世界各国在发展高速铁路时对该系统都十分重视,投入了大量的物力与财力进行研究和开发,研制了许多基础技术装备。但总的来说,目前世界高速铁路的列车自动控制方式有两种:一种是"以设备为主"的日本模式;另一种是"以人为本"的法国模式。为了确保高速列车运行安全,广泛采用了冗余技术,发送和接受设备都是双套,必须在相互比较一致后再输出。当今世界各国高速铁路都根据各自国情研制使用了多种不同制式的列车运行自动控制系统。表 4.39 对已运营的典型高速铁路列控系统进行对比分析。

表 4.39 具有代表性的高速列车控制管理系统

设备名称	法国 TVM300	法国 TVM420	德国 LZB	日本 ATC
运行速度/(km/h)	最高:270	最高:320	最高:270	最高:270
运营里程/km	850	150	432	1 832
闭塞方式	固定闭塞	固定闭塞	固定闭塞	固定闭塞
制动模式	滞后式分级阶梯	分级连续式	连续速度控制	提前式分级阶梯
控制方式	人控为主,设备为辅	人控为主,设备为辅	可实行自动控制(ATC)	设备控制优先,人控为辅
安全信号传输	媒介:无绝缘模拟轨道电路;方向:地对车单方向;载频:1 700 Hz、2 000 Hz、2 300 Hz、2 600 Hz;信息量:18 个	媒介:无绝缘模拟轨道电路;方向:地对车单方向;载频:1 700 Hz、2 000 Hz、2 300 Hz、2 600 Hz;信息量:27 bit	媒介:数字电道交叉环线;方向:地-车间双方向;载频:(36±0.4)kHz、(56±0.2)kHz;信息量:83.4 bit	媒介:有绝缘模拟轨道电路;方向:地对车单方向;载频:750 Hz、850 Hz、900 Hz、1000Hz;信息量:10 个
其他信号传输	媒介:环线、应答器方向:地对车或车对地单方向	媒介:应答器、无线数传方向:地-车双方向	媒介:应答器、无线数传方向:地-车双方向	媒介:应答器、无线数传方向:地-车双方向

续表

设备名称	法国 TVM300	法国 TVM420	德国 LZB	日本 ATC
列车定位	轨道电路、车载测距	轨道电路、车载测距	交叉环线、车载测距	轨道电路、车载测距
设备器件	晶体管分立元件,小零星规模集成电路	大规模集成电路,超大规模集成	晶体管分立元件,小规模集成电路	晶体管分立元件,小规模集成电路
系统评价	系统的结构简单、造价低廉;与移频自闭有良好的兼容;需有保护区段,对能力有一定的限制	不需要保护区段,通过能力较 TVM300 有一定的提高;采用大规模集成电路,生产、调试、维护较容易	连续可调、通过能力有较大提高;轨道交叉环线作传输媒介,区间有源设备较多,系统造价高,生产、调试、维护较困难	分级阶梯式,设备优先,不需要保护区段,通过能力有提高;电源同步抗干扰手段不适合我国供电情况;绝缘节与我国也不相同

高速列车运行控制系统的发展方向是采用车载信号为主体信号的运行监控系统,将列车位置传感器放在车上,地面和车上之间的信息传输采用无线的方式,从而可以大大提高信息交换的速度。由车载系统接收地面无线信号以后,再通过车上的微机进行处理,根据列车制动性能、线路情况和速度要求,对制动模式进行计算,根据计算结果进行控制,以防止超速和冒进。

4.7.2 CRH 系列动车组运行控制和管理系统

列车运行控制系统包括地面系统、车载系统和信息传输系统,本节着重介绍车载系统。

动车组控制和管理系统(Train Control and Management System,TCMS)对于高速列车的安全运行起着至关重要的作用,在动车组高速运行时,必须对它进行全面、统一、准确的控制,才能保障系统的正常工作。另外,一旦高速列车发生故障,就会对高速列车带来非常严重的后果,因此必须在事故发生之前,利用先进的装备与技术对列车的故障进行自诊断,保存故障信息以及必要的故障自排除。CRH 系列动车组控制和管理系统是车载分布式的计算机网络系统,采用列车总线将分布于各车厢内的计算机控制装置进行联网并通过显示屏显示,控制各设备的运行状态,从而实现对动车的重联控制和对全列车的综合监控作用。

CRH 系列动车组均采用了先进的运行控制管理系统,以实现列车高速安全的运行。

4.7.2.1 CRH₁ 型动车组控制与管理系统

CRH₁ 型动车组控制与管理系统是一套建立在现场总线通信网络上的分布式计算机系统,称为列车控制和管理系统(TCMS),通过贯穿整列车的总线来传送控制、监测及故障诊断等信息,可控制并监测动车组各主要功能。TCMS 主要控制、监控及诊断功能如图 4.57 所示。

TCMS 通过车载分布式控制系统的通信网络来实现图 4.57 所示的主要功能,即 TCN(Train Communication Network)。TCN 的拓扑结构如图 4.58 所示,拓扑结构中缩略语见表 4.40。根据 CRH₁ 型动车组列车基本单元的划分,整个列车控制管理系统在通信上分为三个多功能车辆总线(MVB)区段,各区段采用列车总线(WTB)连接起来。整个 TCN 可分为两个层次,一是 WTB,一是 MVB,即 TCN=MVB + WTB。

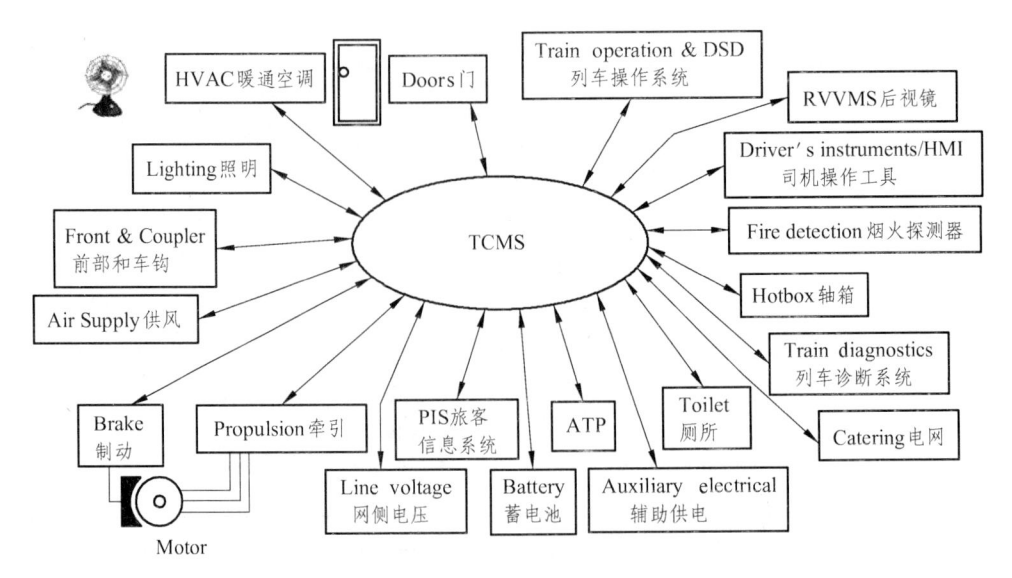

图 4.57 TCMS 功能一览

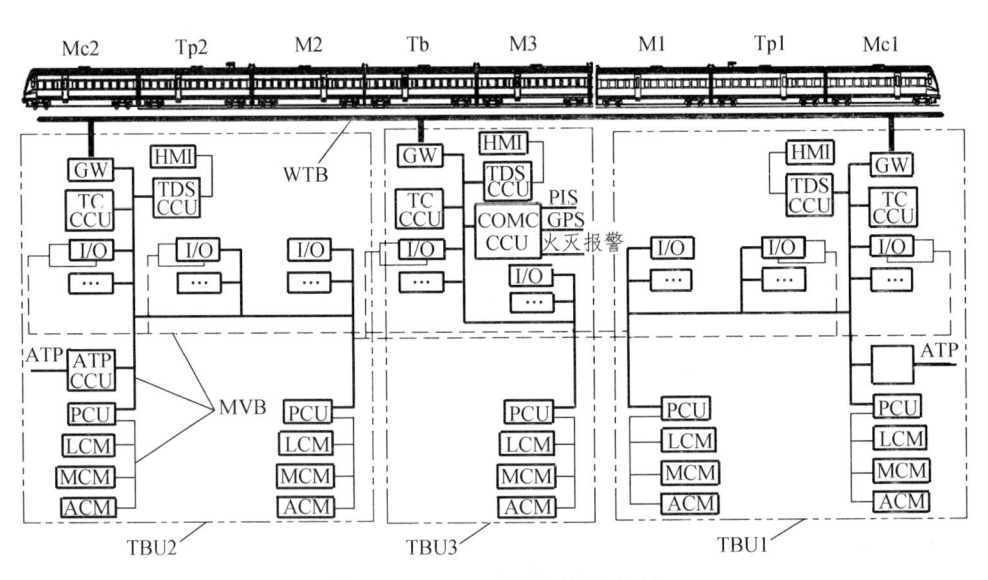

图 4.58 TCN 网络拓扑结构

表 4.40 TCN 网络拓扑结构缩略语一览

缩 写	全 称	中文名称
ACM	Auxiliary Converter Module	辅助变流器模块
ATP	Automatic Train Protection	自动列车保护
CCU	Central Control Unit	中央控制单元
COMC	Communication Controller	通信控制器
GPS	Global Positioning System	全球定位系统
GW	Gateway	网关
HMI	Human Machine Interface	人机接口

续表

缩　写	全　称	中文名称
I/O	Input/Output	输入/输出单元
LCM	Line Converter Module	网侧变流器模块
MCM	Motor Converter Module	电机变流器模块
MVB	Multifunctional Vehicle Bus	多功能车辆总线
PCU	Propulsion Control Unit	牵引控制单元
PIS	Passenger Information System	旅客信息系统
TCC	Train Control and Communication	列车控制和通信
TDS	Train Diagnostic System	列车诊断系统
WTB	Wire Train Bus	列车线路总线

列车总线将每辆车内固定安装的电缆及通信节点连接起来,而每个列车基本单元(TBU)采用网关（GW）与列车总线连接起来形成总的网络,进行数据传输。列车总线是 TCN 网络的一部分,它的长度因挂钩/摘钩操作而发生变化时可以实现网络的动态重组（网关重新编号）,它是处理 MVB 区段之间通信的数据总线,具有动态配置功能。列车总线采用双绞屏蔽线,通信速率为 1.0 Mbit/s。多功能车辆总线将列车基本单元内的各种设备连接起来,并通过网关进行数据传递,它只有静态配置功能。也就是说,挂接在 MVB 总线上的单元数量不能改变,如 TBU1 上 MVB 区段只控制和监控的是二动一拖（Mc1、Tp1 和 M1）。如果需要在 MVB 上连挂更多的单元,需要为 TCMS 装置下载新的软件。MVB 采用双绞屏蔽或光缆,通信速率为 1.0 Mbit/s。

在每个 MVB 区段内,TC CCU 为监控和控制核心部分,它对本单元内所有模块实施控制和监控,包括牵引、制动、采暖、通风、烟火报警、照明、空调、车门等系统。这些系统中有的需要复杂的控制功能,如牵引控制系统 PCU、制动控制系统 BCU 等,其内部具有独立完整的控制功能,通过集成的网络接口连接到区段内部 MVB 总线上；有些控制系统仅仅涉及一些简单功能,如照明、司机控制台操作设备等,通过智能 I/O 模块连接到 MVB 总线上。

另外,有些设备没有 MVB 接口,必须进行协议转接,COMC CCU 就是用于与 PIS、GPS、烟火探测等设备进行串行通信的接口部件。

系统中的 ATP 是自动列车控制系统（ATC）的主要内容,CRH_1 采用了两套车载设备：一是 LKJ2000；一是日立的 ASJ ATP。它们共同完成运营列车的超速防护功能,在车辆运行不符合线路区间速度时减速或者停车。在速度不超过 160 km/h 的 CTCS0 级及 CTCS1 级线路区间,由 LKJ2000 主控,同时承担记录功能,ASJ ATP 处于热备状态。在速度等级在 160～250 km/h 的 CTCS2 级区段,ASJ ATP 主控,LKJ2000 热备并担当记录功能。两套设备均从车下天线接收线路信息,全部车载设备安装在 Mc 车上,司机操作台正前方两个显示屏从左至右分别对应 LKJ2000 和 ASJ ATP。

整套 TCMS 重要部分具有冗余功能,排除了单一故障影响系统主功能的情况。

4.7.2.2　CRH_2 型动车组控制和管理系统

CRH_2 型动车组控制和管理系统采用列车控制微机网络系统完成信息传输功能。

CRH₂型动车组列车信息传输系统采用两层网络结构，上层为连接各动态编组车辆的列车级通信网络，下层为连接车辆内固定设备的车辆级通信网络。

上层列车级网络系统由列车信息中央装置（简称中央装置）、列车信息终端装置（简称终端装置）、列车信息显示器、显示控制装置、IC卡读写装置及乘客信息显示器等组成。中央装置位于端部司机室内，由控制传输部和监视器部组成，具有列车信息管理和向终端装置传输数据的功能。各车辆设置一台终端装置，实现本车车载设备的信息传输与控制。上层网络的核心是列车运行控制计算机，各中央装置和终端装置连接其上，采用双重环路结构，其网络结构如图4.59所示。中央装置与终端装置之间通过光纤双重环路及自我诊断传输线（双绞屏蔽线）连接，控制指令通过上述两种方式进行传输。双重环网结构的光纤规格为ANSI 878.1 ARCNET，传输速率为2.5 Mbit/s。自我诊断使用的双绞屏蔽线采用HDLC作为数据交换协议，传输速率为38.4 kbit/s。车辆信息传输线由环线回路组成，如果在一个方向的环绕中检测到没有应答的情况，则向另一方向进行环绕传输，能够避开故障部位。控制指令传输系统采用独立于监视器部的双CPU方式，具有故障导向安全和备份作用，在环路网络故障时使用自我诊断线（备份传输线）传输信息。

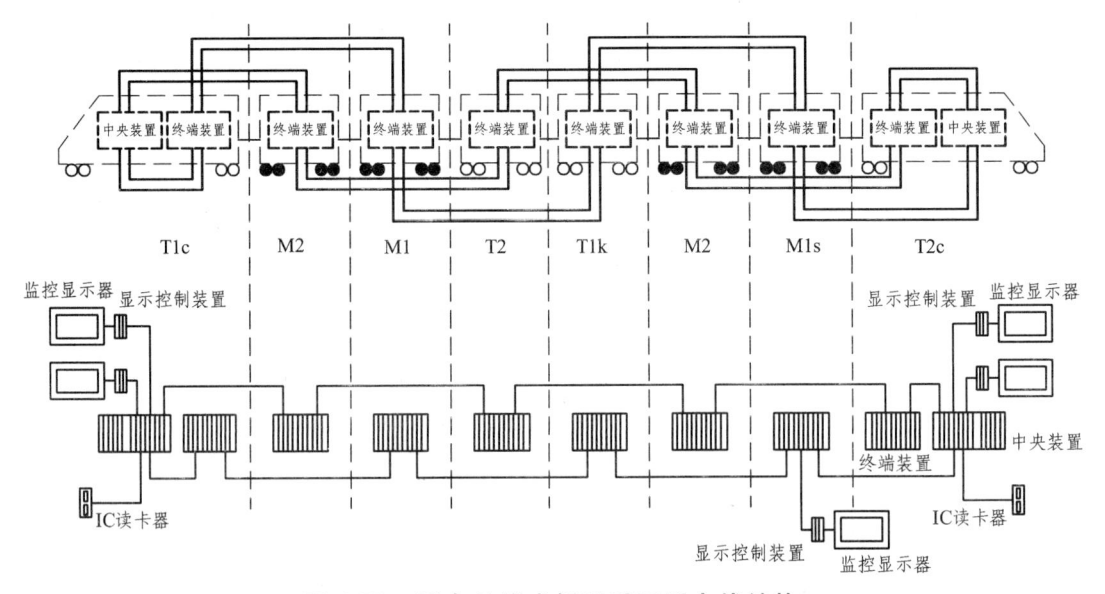

图4.59 列车总线光纤双重环网布线结构

下层网络用于各车辆，属车厢级网络结构，是连接车内各车载设备的数据通信系统，如图4.60所示。中央装置或终端装置与车辆内部设备之间采用点对点通信方式，牵引变流器、制动单元与终端装置采用光纤连接，其他设备与中央装置、终端装置采用电流环方式连接。车厢内部设备与列车网络节点之间的点对点通行方式，适用多种通信协议，包括20 mA电流环、30 mA电流环及高级数据链控制（High-level Data Loop Control，HDLC）。

CRH₂型动车组控制和管理系统根据故障内容，诊断系统能智能地提供相应处理措施，可以给维修人员提供参考方案。行车中或者维修时，故障诊断结果将输送到列车状态数据存储装置或者其他数据中，为维修提供状态依据。此诊断信息显示在司机室的列车信息显示器上。各个主要控制设备中也设有故障读出端口，以便读取故障信息。

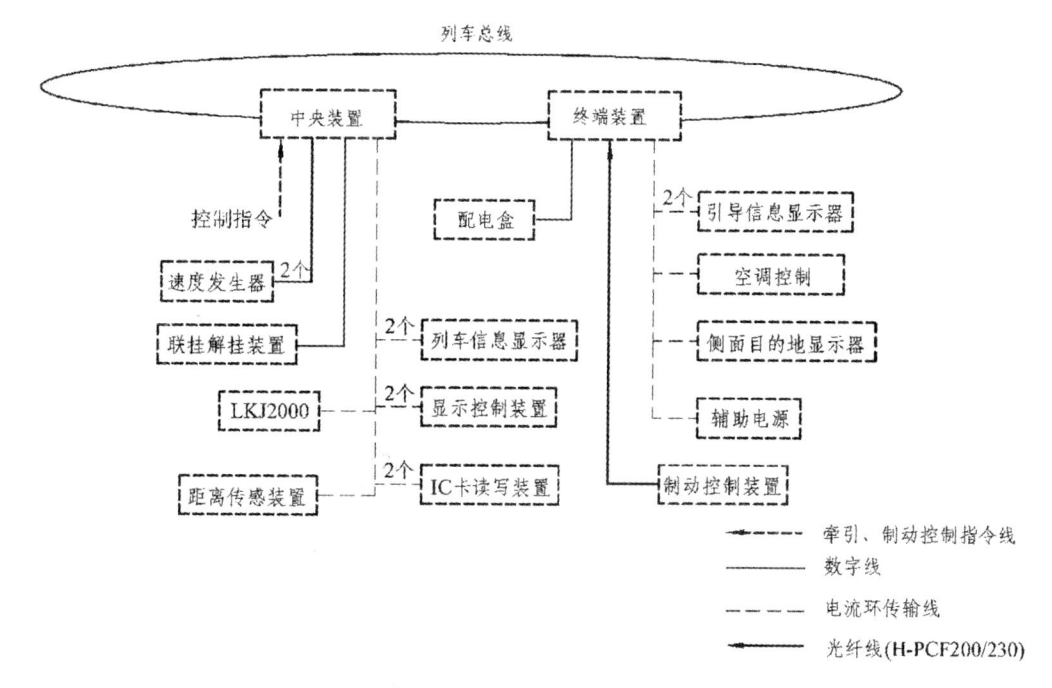

图 4.60　车厢级网络结构

4.7.2.3　CRH₃ 型动车组控制和管理系统

CRH₃ 型动车组的信息传输系统是实现整个动车组功能的关键，同时也是其监控和诊断的核心。该系统是一个分为两级的通信网络，由列车总线 WTB 和车辆总线 MVB 组成，均为两路冗余。

网络控制上每 4 辆为一个单元，每个单元内用 MVB 贯穿整个单元的 4 辆车，两个单元之间通过 TCN 网关再经过 WTB 连接，完成信息的传递。即 MVB 构成车辆级总线，WTB 为列车级总线。每个 MVB 单元均有两个互为备份的 CCU，承担网络管理器功能。司机室占用端车上的主 CCU 不仅和其他端车主 CCU 一样实现管理本 MVB 单元的功能，同时还要管理全列车的网络系统。CRH₃ 型动车组的网络拓扑结构如图 4.61 所示。

维修信息主要通过动车组的诊断系统提供给列车工作人员和维修人员，整个网络控制的诊断系统集成在司机和乘务员 MMI 中，称为"动车组中心诊断系统"。维修信息可通过 MMI 显示出来，并可通过服务接口下载供相关人员参考和利用。维修信息的传输同样借助于列车的信息传输系统。其中每个司机室的两个 MMI 之间可通过专用的因特网在必要时进行通信。

CRH₃ 型动车组的列车级通信网络采用屏蔽双股绞合电缆用作传输媒介，并且采用冗余设计，在列车中分为两路。

从列车通信和控制的观点来看，CRH₃ 型动车组分为两个由每 4 辆车组成的牵引单元(TU)，每个牵引单元都有自己的车辆总线。WTB 的作用就是连接两个牵引单元，使它们之间能进行必要的数据交换。当然这一切的基础是 TCN 网关，它负责 WTB 和 MVB 两个总线之间的数据转换和路由任务。每个牵引单元有两个网关，位于端车（即 1 车和 8 车）的司机室右柜中，分别集成在两个中央控制单元（CCU）内，互为冗余，但只有在作为主的中央控制单元中的网关才参与 WTB 和 MVB 通信，中央控制单元中从的网关接通电源但不激活。

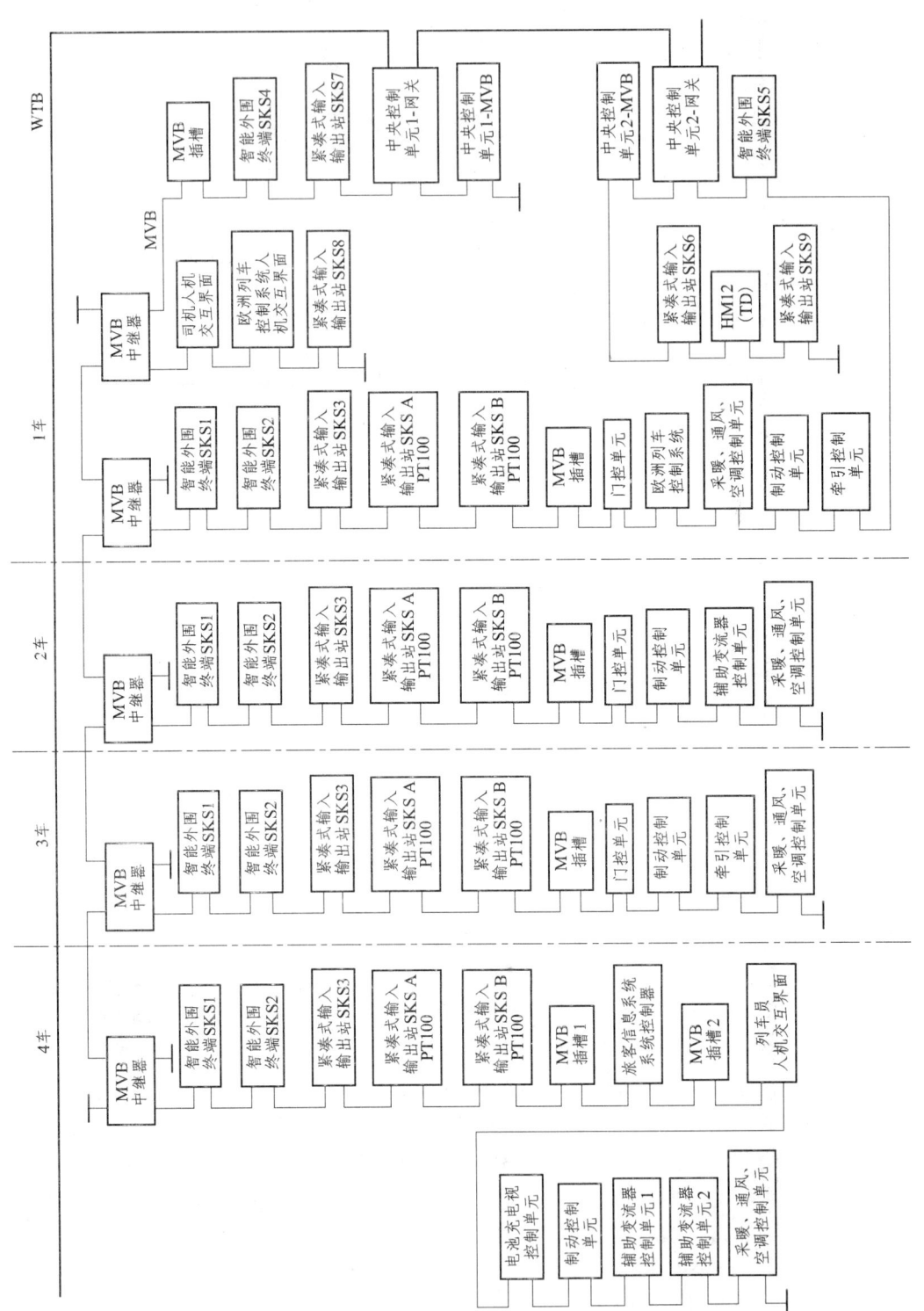

图 4.61 CRH₃型动车组 1~4 车网络拓扑

在 CRH₃ 型动车组联挂和解编时，就利用了 WTB 可以动态分配地址的特点，可以自动完成列车级的相关配置。在配置完成时，所有列车总线设备都获得一个明确的 TCN 地址（牵引单元激活的网关）。列车总线主（列车总线管理装置）分配所有列车总线参与者的拓扑，通过列车总线拓扑，一个列车总线设备可以确定开始节点和结束节点的 TCN 地址。

CRH₃ 型动车组的车厢级通信网络采用 MVB 车辆总线，它的拓扑结构是固定的，不能动态改变，而且是 4 辆车一起构成一个 MVB 单元。在传输线路上采用两对屏蔽双绞线作为传输媒介，并且在车厢内分为两路冗余布线。除端车外，每辆车都有一个 MVB 分段，并通过中继器连接到整个 MVB 单元上。在端车有两个 MVB 分段，分别通过两个中继器连入整个 MVB 单元，并且在每个分段的两端都接有终端电阻（120 Ω）。

直接连入 MVB 总线并参与 MVB 通信的设备主要有：中央控制单元（主和从 CCU）、网关（GW），司机人机操作界面（司机的 MMI），欧洲列车控制系统（ETCS），ETCS 的 MMI，牵引变流器的牵引控制单元（TCU），辅助变流器单元的控制系统（ACU），制动装置箱的制动控制单元（BCU），充电机控制系统（BC），辅助变流器装置控制系统（ACU），车门控制装置（DCU），采暖、通风和空调控制装置（HVAC），列车员人机交换界面（列车乘务员 MMI），分布式输入/输出站（SIBAS®-KLIP 和 MVB-Compact I/O），旅客信息系统的系统控制器（STC）。此外，有些子系统也需要和列车通信网络交互信息，但它们本身不能直接和 MVB 进行通信，而是通过分布式输入/输出站作为桥梁，这些系统通过导线与输入输出站进行连接，并与其交互开关量信号，然后由输入输出站与 MVB 上的相关设备进行通信，这样这些系统就达到间接与 MVB 通信的效果。这样的系统主要有：WC 系统、火灾报警系统和烟雾探测器（FAS/SD）。

4.7.2.4 CRH₅ 型动车组控制和管理系统

CRH₅ 型动车组配有一套基于多台微机的系统，可控制并监控所有列车和车辆的相关功能（列车网络控制系统 TCMS）。其结构基于 TCN 标准（IEC 61375-1），具有 WTB（列车总线）和 MVB（车辆总线）串行接口，使用两个冗余的 MPU 模块，如图 4.62 及图 4.63 所示。TCMS 体系结构基于具有高冗余度的标准 TCN，该体系结构使用 2 个标准的 TCMS 模块，每半列车（称为车组）一个，两个动力单元通过网关进行动力单元间和连挂列车间的通信。此外还有一个 CAN 总线标准的车辆总线，仅用于次要设备的诊断。系统具有完善的冗余和控制、诊断和监视以及故障存储功能。一个标准的 TCMS 模块可以控制 4 节车辆，并且包括两个不同的等级：牵引（主要功能）、支持（次要功能）。根据设备的数量或线路的长度，利用"中继器"来增加 MVB 总线的长度。MPU 有两个 MVB 接口，第二个接口将两条总线的 MPU 与 MVB/WTB 网关（冗余设计）和驾驶员监控器连接在一起。

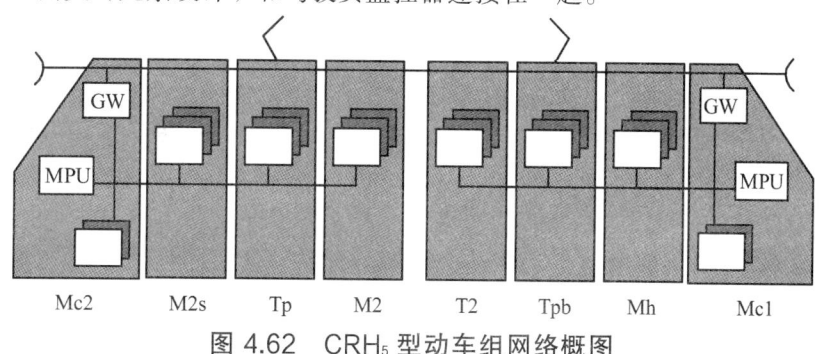

图 4.62 CRH₅ 型动车组网络概图

两个动车组之间的连接通过穿过头车自动车钩的"WTB"(列车总线)型冗余链路来实现。此总线是 TCN 网络的一部分,它在长度因挂钩/摘钩操作而发生变化时可以实现网络的动态重组(网关重新编号)。该总线使用具有可控阻抗的冗余介质,其传输的信息速率约为 1 Mbit/s,传输距离为 860 m,22 个节点,备用节点有 4 个,网关的轮询周期约为 50 ms,同一总线还用于两个单元之间的通信。每次列车重新编组或列车连挂初运行,要进行列车总线即 WTB 总线的配置,对于规范的列车总线 WTB,本身具有自动配置功能,操作人员只要按规程操作,最后检查配置状态以确认配置是否正确。如果配置不正确,列车总线将不能正常通信。

车辆总线为 MVB(Multifunction Vehicle Bus,多功能车辆总线)。该总线使用阻抗受控的冗余介质,其传输的信息速率约为 1.5 Mbit/s,最大传输距离 200 m,32 个节点(设备),备用节点每段至少为 20%,用于处理数据的备用带宽约为 30%。在此总线上可以使用不同的轮询周期:从用于快速信息的 32 ms 到用于较次要信息的 512 ms,每个车组有 3 条总线:牵引、车内设施和信号。图 4.63 所示为 CRH$_5$ 型动车组网络拓扑图。

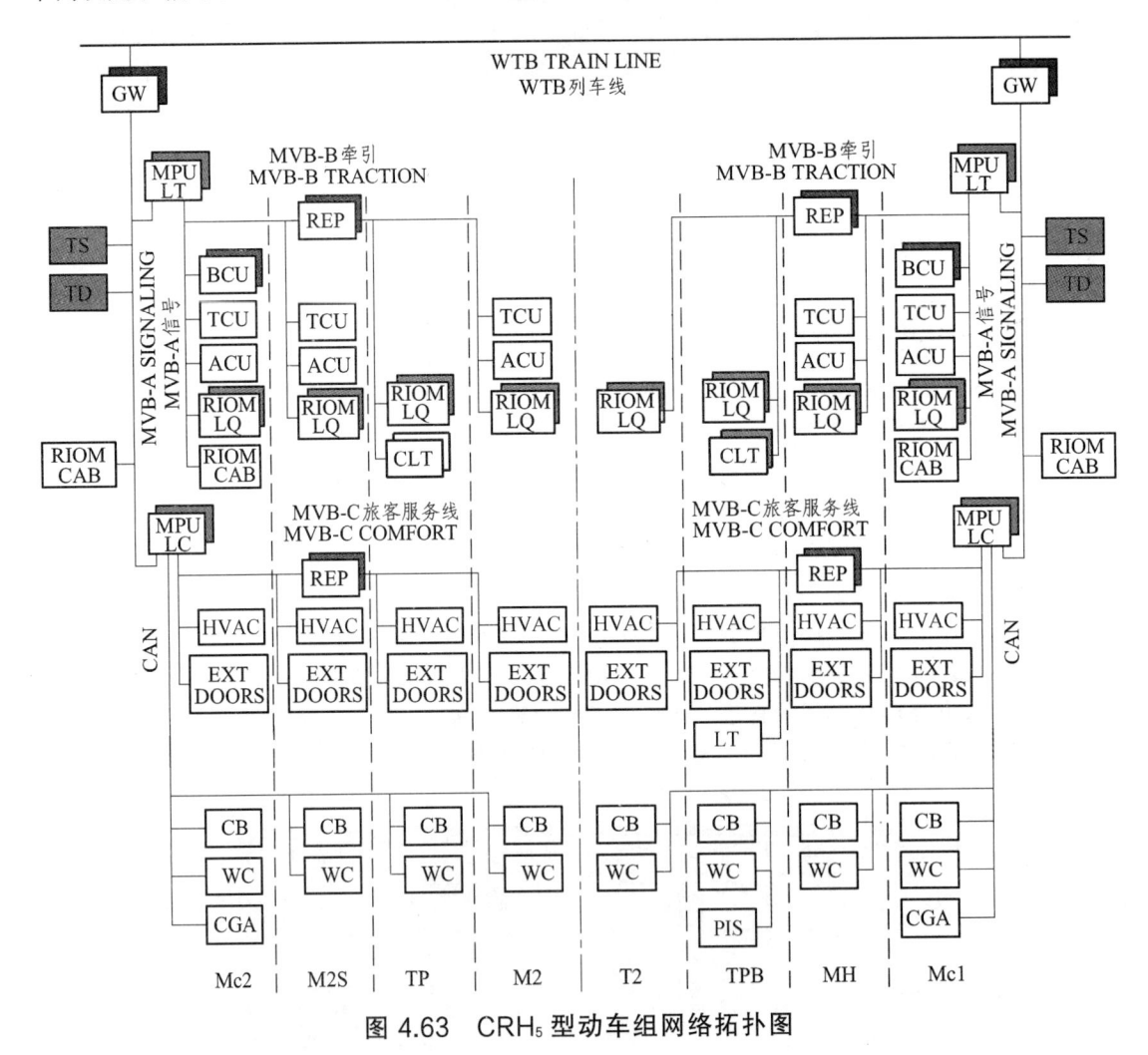

图 4.63 CRH$_5$ 型动车组网络拓扑图

诊断系统的主要任务是识别部件的偶发性故障,在部件故障时提供状态数据及对策,记录列车故障数据，为列车控制提供各相关部件的状态。TCMS 系统还会采集智能设备的诊断数据，并对非智能组件进行诊断。诊断数据可以在本地监视器上获得，对诊断数据的访问权限使用密码保护。对于每条诊断信息，维护人员可以看到一项具体的操作指导，以帮助他们解决问题。

CRH_5 的 TCMS 的主要诊断项目为：① 列车的牵引、制动及控制系统的状态；② 走行部件的安全性；③ 旅客安全相关设施的状态（如车门关闭状态等）；④ 各类电子电气设备；⑤ 影响列车正常运行和使用的其他设施状态。具体系统如下：防滑（WSP）、牵引、充电机、不间断电源、空调、制动系统、压缩机、门、厕所、乘客信息系统、TCMS、列车系统（丧失冗余，特定系统中不包括的各种零部件）、司机台等。

4.8 动车组人机工程技术

人机工程学是一门多学科的交叉学科，研究的核心问题是不同的作业中人、机器及环境三者间的协调，研究方法和评价手段涉及心理学、生理学、医学、人体测量学、美学和工程技术的多个领域，研究的目的则是通过各学科知识的应用，来指导工作器具、工作方式和工作环境的设计和改造，使得作业在效率、安全、健康、舒适等几个方面的特性得以提高。人机工程学的显著特点是，在认真研究人、机、环境三个要素本身特性的基础上，不单纯着眼于个别要素的优良与否，而是将使用"物"的人和所设计的"物"以及人与"物"所共处的环境作为一个系统来研究。在人机工程学中将这个系统称为"人-机-环境"系统。

人机系统是由人和机器构成的系统。这里的人指的是机器的操作者和管理者，机主要指使用的工具和器物。工具要充分发挥其作用，需要具备三个方面的条件：一要工具本身质量好；二是要适合于使用；三要有善于使用工具的人。因此，机具和使用者是密切相关的。要使机具适合于使用，机具设计者不仅需要了解制造机具的材料和工具的结构功能特点，而且还必须了解人的身心及行为特点。

一个理想的人机系统应具有可靠性高，跟踪响应快，抗干扰性强，操作负荷轻，费用效益比小等性能。要满足这些性能要求，除了要求人与机具有良好的性能外，还要人机之间得到最合理的配合。人机配合包括两方面的含义：一是人机功能分配，二是人机在构型与性能特点上的匹配。

动车组人机工程设计主要体现在司机室和车厢内部乘客区域的设计方面，下面从这两方面作一简单介绍。

4.8.1 司机室的人机工程设计

动车组司机室是司机获取信息、作出决策、对有关系统进行指令控制并驾驶列车完成各种任务的工作场所。随着现代电子技术的飞速发展，电子设备被更多地应用于高速列车驾驶舱内，导致人机之间信息交流量急剧增加，进而迫使显示器和控制器增多。这给驾驶操纵台以至整个驾驶舱设备布局带来很多困难，并且使司机的工作负荷越来越大。因此，对动车组司机室进行合理的人机适配性设计，对于保障人机效能的充分发挥和列车行驶安全至关重要。

中国现有的 CRH 系列高速动车组分别来自 4 个不同公司，虽然这 4 种型号动车组的设计理念与思路都有所不同，但其司机室的几何配型设计却都遵循相同的设计标准。如：在 CRH$_1$ 型动车组 EMU 总体技术条件中采用 UIC651 为其司机室设置标准；在 CRH$_2$ 型动车组的试验规范——电动车组装后投入营业运行前的试验规范 JIS E4041：1999（IEC61133：1992）中定义司机室检查标准为 UIC651；在 CRH$_5$ 和 CRH$_3$ 型动车组铁路动车组总体技术方案中亦引用 UIC651。因此，UIC651 是动车组司机室人机几何适配性设计的指导性文件。

图 4.64 所示为人体坐姿杆系数学模型。其中点 P_i（$i=1\sim8$）表示人体的 8 个特征部位，相邻两点间的连线表示人体的某一体段，相邻两体段间的夹角 α_i（$i=1\sim9$）表示人体关节点处相邻两体间的夹角。通过合理优化设计图中数学模型的运动关系，达到最佳的人机配合，降低司机的操作疲劳。

4.8.1.1 CRH$_1$ 型动车组司机室

图 4.64 人体坐姿杆系数学模型

CRH$_1$ 型动车组有两个司机室，分别位于动车组两端的 Mc1 和 Mc2 车上，便于列车的双向驾驶。其司机室各控制单元布置情况如图 4.65 所示。列车司机室内部为司机提供一个安全的、符合人机工程学的工作环境，便于操作和维护。司机室设计为一人操作，其空间主要供一个司机工作使用，也可以容纳另一个便乘人员，但只提供一个折叠椅给便乘者使用。司机室挡风玻璃视野宽阔，能见度好。为防止冬天挡风玻璃结冰，挡风玻璃上还装有前窗加热系统；为保证司机的视野，挡风玻璃前还装有雨刷器。在挡风玻璃的内侧上有一块电动遮阳板，以遮挡太阳光的直射。

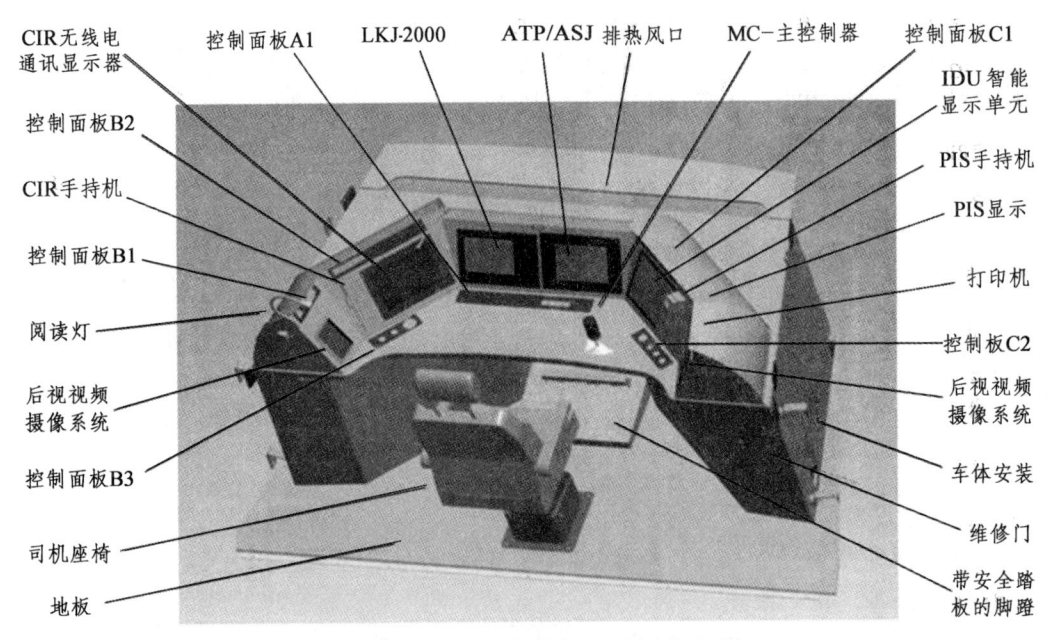

图 4.65 CRH$_1$ 型动车组司机室布置

司机室内主要设施有司机操纵控制台司机座椅和两个柜子，一个用于放置 ATP 设备，另一个用于安放乘务员设施和安全装备等。司机室主要布置有操纵台、电控柜、座椅、空调、照明等装置,布置的原则是尽可能为司机提供一个方便舒适的工作环境和操作界面,为维护人员提供一个检修操作的工作空间。司机室的左右两侧装有侧窗,以便司机观察列车两侧线路和站台的情况。在左右侧窗的外部后上方安装有后视镜摄像头,实现司机对整列车的后视监控。司机操纵台位于司机室前部,操纵台上安装有驱动车辆和获取运行状态信息的所有人机界面设备,司机座椅位于操纵台的后方。

司机座椅(型号为 FA416E-1)安装在一个固定地板台座上的可旋转和可调高度的升降装置上,台座采用两个快速释放扣加锁安装。司机座椅和可调脚踏板的设计使司机调节位置尽量符合人机工程学,能够对司机座椅坐垫进行臀部支撑和角度调节。

4.8.1.2 CRH$_2$ 型动车组司机室

CRH$_2$ 型动车组司机室(见图 4.66)是指从气密隔墙至司机室后部通过台隔离的区域。在每列编组的两端(T1c,T2c 车)分别设置一个司机室,由前端司机室实施列车控制,后端司机室可作为乘务员室,两个司机室具有相同的结构和功能。CRH$_2$ 型动车组司机室分为五部分:设备舱、操作台、驾驶区、配电区和通过台。

CRH$_2$ 型动车组司机室内部空间及设备布置充分考虑了司机视野、操作空间、舒适度等要求。为了便于瞭望,扩大视野,司机室采用了高地板结构,以减小司机对枕木高速闪动的疲劳感。CRH$_2$ 型动车组司机室安装设备较多。为了拓展空间,将机罩内部空间设计为设备舱,不经常操作的设备安装在设备舱内;同时采用非整形配电柜,使柜内安装尽量多的设备,以扩大司机的操作空间。操作手柄包括司机控制器的牵引手柄、换向手柄和司机制动控制器手柄。手柄形状的设计符合人机工程学原理,使司机操作起来更加方便、舒适、省力。其中,牵引手柄采用细长的滴状设计,换向手柄采用了方便手掌包容的形状,制动手柄因使用率高,采用外表面平整光洁的结构,手把保持手的自然握持状态,使司机触觉舒适,操作灵活自如。

图 4.66 CRH$_2$ 型动车组司机室

司机和副司机的座椅完全相同,具有以下调整功能:上下高度调整,前后移动调整,座椅转动调整,靠背倾斜度调整,扶手角度调整,靠枕高度调整,体重调整。操作台自上往下分为仪表盘、台面以及台体三部分。司机左侧设有侧面板。

4.8.1.3 CRH$_3$ 型动车组司机室

CRH$_3$ 型动车组为 8 车编制的电动车组,两端的司机室具有相同设置与功能。司机室设计为单人驾驶模式,司机操纵台在中央,如图 4.67 所示。司机室的设置遵循 UIC 651 标准,符合现代人机工程学设计原则。司机控制台位于司机正前方，包括通常需要或行驶期间需要使用的控制和指示元件。仪表板位于主操纵台的上部，以便于司机观察。司机室与客室紧密衔接，旅客在旅行途中可看到司机室。通过将客室的内装设计风格延续到司机室从而使得司机室列车客室互为一体。司机室的内装包括环氧树脂（FRP）和隐约可见的隐藏式条带，条带的色彩和形状设计考虑到司机室和相邻客室的一体化。司机室提供如衣帽钩和小废物箱等小设备。为保证空间透明性，可上锁司机柜设在紧邻的客室中。

图 4.67　CRH$_3$型动车组司机室

司机室的操纵台主要包括下列主要的部分：操纵台（包括主控区）、司机室右侧柜（包括第二和第三操纵区）、司机室左侧柜（包括灭火器）。

司机室操纵台上设置有便于驾驶操作所需的各种控制和显示装置。驾驶列车所需的电子、电气、空气和机械设备设于司机柜中，设备组件按功能分组安装并采用环氧树脂进行遮盖保护。

4.8.1.4　CRH$_5$型动车组司机室

CRH$_5$型动车组两端设供司机操作的司机室。司机室为单司机操作模式，司机台为居中布置。司机室根据人机工程设计，符合 UIC 651 标准的规定。司机室的密封与环境控制要求符合 UIC 651 标准中关于噪声的要求。CRH$_5$型动车组外部形状由空气动力学决定，而内部设计考虑了司机室设备需要的接口。司机室操纵台布置遵循以下人机工程准则：

（1）重要性原则：将最重要的器件布置在最佳的位置上。

（2）频次性原则：将使用频率最高的器件布置在最佳的位置上。

（3）重要性×频率＝链值：将链值最高的器件布置在最佳的位置上。

（4）功能性原则：将功能上相关的控制器或显示器布置在邻近位置上，即按功能组布局或按功能分区布置。

（5）顺序性原则：器件的布置应与操作的逻辑顺序保持一致。

（6）可达性原则：对于不能按功能和使用顺序来组合，而又经常使用或最重要的器件，应布置在最容易接近的位置上。用于系统维护目的的控制器——显示器组应布置在可达性小于用于操作目的的控制器——显示器的位置上。

CRH$_5$型动车组司机室座椅舒适度有以下几方面的考虑：

（1）调整座椅的形状和泡沫的刚性，使其达到能持续平均 5 h 的舒适度时间。

（2）座椅布料必须确保能够除去汗液。

（3）固定到地板上的座椅支撑，应该具有高于 30 Hz 的固定振动频率。

4.8.2 车厢的人机工程设计

我国 CRH 系列动车组车厢均按照以人为本的原则，充分利用车内平面和立体空间，应用工业和艺术设计技术，车内整体设置宽敞、明亮、通透，功能齐全，具有极强的现代感和时尚，如图 4.68 所示。其主要的技术设计如下：

（1）采用了先进成熟的高速转向架，具有平稳的高速运行性能。

（2）采用了全自动恒温空调系统，确保了车厢的温度和湿度被调节在一个恒定的范围内。

（3）采用了气密性车体结构，并设有一系列的隔音降噪措施，有效地降低了车内噪音。风挡密封性更好，极大地提高了车辆的隔音隔热功能。自动的压力保护装置，避免动车组高速会车或进入隧道时产生的空气压力波动影响旅客的乘坐舒适度。

（4）紧急通风功能，使动车组高压系统断电时，仍可保证两个小时的应急通风。

（5）车厢比普通列车更为宽敞。车内均为电动门，开启、关闭时噪音低，旅客可以很方便地通过车厢。

（6）车顶行李架的上方安装了反射镜，通过反射，旅客可以随时观察自己的行李是否还在行李架上，而不用担心被人"顺手牵羊"。

（7）车厢的座椅全部为软座，可以随意调节宽度和斜度，只要轻踩椅子下面的踏板，座椅就能旋转掉头，使旅客面对的方向始终与列车运行方向保持一致，避免列车在快速运行时，旅客出现头晕现象。

（a）吧台 　　　　　　　　　　（b）卫生间

（c）一等车

图 4.68　动车组车厢

（8）座椅扶手内配备了可折叠的茶几，便于书写或放置东西。

（9）"和谐号"列车每节车厢两头的车窗玻璃都很特别，在阳光的照射下旅客会看出这些玻璃是彩色的。这种彩色玻璃是逃生玻璃，如果遇到紧急情况，工作人员或旅客可拿起车窗旁的尖锥打破逃生玻璃脱险。由于玻璃材质特殊，即便打碎也不会划伤手脚。

（10）动车组配备有可以提供快餐食品和备用饮料的酒吧休闲区。

（11）动车组的卫生间内有感应式水龙头、冷热水供应，厕所坐便器垫板能感应控温。其中一个洗手间设有婴儿护理台，要换尿布的宝宝可以平躺在台子上系上安全带，为旅客提供便利。

动车组照顾到旅客的特殊要求，动车组的地板与站台无缝对接，残疾人可以使用轮椅等辅助设备无障碍上下车。车上方便残疾人乘坐的车厢，车门扩大了一倍。残疾人专座取消了脚踏板，添装了固定带和安全带。车上设有残疾人专用的卫生间和专门供携带婴儿者使用的卫生间。一等车厢旁还设有多功能室，为患病的旅客、哺乳的妇女提供了一个相对宽松、封闭的环境。

4.9 动车组的节能环保技术

随着社会的不断进步与科学技术的不断发展，无论哪个国家，也无论哪种行业，人们越来越关心我们赖以生存的地球，也越来越深刻地认识到节能环保的重要性，铁路行业也不例外。

动车组节能环保技术

4.9.1 世界各国高速列车的节能环保技术

4.9.1.1 日本新干线高速列车的节能环保技术

针对列车消耗的能量及对车内车外环境的影响，新干线列车采用了一系列的技术来减少能源消耗、保护周围环境、提高乘坐舒适性。如车头流线型化、车体轻量化、车身平滑化、缩小车身断面，以降低运行阻力，减少能量消耗，同时也降低噪声。列车质量由 0 系的 972 t 减少到 300 系的 710 t 和 500 系的 700 t，在定员相同的情况下，实现了 270 t 的轻量化。在轨道两旁设置隔声墙，采用防震型轨道，在隧道出入口设缓冲段（见图 4.65），受电装置低噪处理，用以降低对环境的噪声污染。

新干线列车采用双层地板结构，并在地板与外板之间设置吸声材料、空气层及防振橡胶，车内门、窗及过道、风挡将空气噪声降至最小，空调装置安装消声器等，以降低车内噪声。300 系列车在石砟道床上以 270 km/h 的速度行驶时，车内中央噪声级为 68 dB（A），车内端面比中央高出 1~2 dB（A），在整体道床的隧道内行驶时，噪声级要高出 10 dB（A）左右。

由于新干线的线路经过的山区隧道较多，为了避免进出隧道、会车时的气压变化对旅客造成不适的感觉，新干线列车还加强了车体的密封，提高了乘坐舒适性。为减轻进出隧道时产生的空气压力波对乘客和周围环境的影响，新干线线路隧道进出口处均采用了用于压力释放的保护罩，如图 4.69 所示。

图 4.69 日本新干线隧道罩

为了避免旅客排泄物污染铁路沿线,新干线列车采用循环式、喷射式或真空式集便装置,减小了对环境的污染,其中真空式集便器由于节约水资源、冲洗干净、没有臭气、占用空间小,将逐渐取代循环式和喷射式,成为高速列车用的标准式集便装置。

4.9.1.2 法国 TGV 高速列车的节能环保技术

法国在进行高速铁路选线的时候,都尽可能远离居民区,在起点、终点站进入城市的时候,以普通列车的速度行驶,在市郊的线路采取绿树屏蔽、地下隧道、覆盖槽的方法来降低噪声,对于那些无法远离的居民区,则采取隔声墙、降低线路纵断面坡度的方法来降低噪声。

TGV 高速列车同时也采用了多项措施来减少列车本身产生的外部噪声和内部噪声。诸如车头进行了流线型设计,车体做了平滑、光顺处理;车顶、车底等不连续面采用屏蔽罩和导流罩。加强气密性处理,进排气口设置进排气阀,避免列车进出隧道时产生的压力波对旅客造成不适;取消闸瓦制动,减少制动噪声;采用新型空气弹簧,改善转向架的力学性能;车厢内部采用隔声材料,加强门窗的密封,减少外部噪声向车内的传播;合理设置空调通风口,加装空调消声器;减少车内设备发出的噪声等。这些措施使 TGV 高速列车的噪声大幅下降,在无隔声设施地带,TGV-2N 高速列车以 300 km/h 的速度行驶时,距轨道中心线 25 m 处的噪声低于 90 dB(A)。

此外,TGV 还加强了车门、车窗、风挡的密封,合理设置了空调装置,改善了乘坐舒适性。如第三代高速列车 TGV-2N 将空调进风口设置在上层客室,以便最大限度地减少轨道噪声由此通道传入客室。

TGV 高速列车还采用了航空用循环水冲洗集便装置,行驶过程中无需供给新鲜水,大大节约了水资源,而且无需安装相应容器,因此结构紧凑、重量轻。在运行之前向集便箱中充入原始水量,每隔三四天排空粪便的时候再充入新水。粪便的处理依靠化学添加剂,具有杀菌、着色、除臭 3 种功能。

4.9.1.3 德国 ICE 高速列车的节能环保技术

为了达到良好的降噪效果,ICE 列车采用了以下措施:良好的密封和隔声处理,采用盘形制动代替闸瓦制动,曾经采用橡胶弹性车轮,维持轨道表面良好的光洁度,采用较大横截面积的隧道。这些措施使 ICE 列车成为了世界上最安静的列车之一,但是由于发生了重大脱轨事故，橡胶弹性车轮的可靠性遭到了质疑，已经全部被弃用了。

ICE 列车采用了一种车窗玻璃黏结在外侧铝墙板上的新工艺，使车窗的密封性大大提高，在隧道中运行时，车窗所承受的最大压力为 7.84 kN。采用压力密封式塞拉门，即使在车门发生故障（例如关闭风压不足）的情况下也能保持良好的密封性；采用双层折棚通过台、空调进排气口设置具有气压保护装置的鼓风机和气压安全阀，进一步保证了气密性。另外，列车还安装有压力保护装置，在进出隧道压力急剧变化的情况下，通过调节空气量来限制压力的变化。为了提高舒适性，ICE 列车采用了一种二氧化碳新鲜空气调节或控制装置，保证在满员的情况下，车内二氧化碳浓度不超过 $1\,500 \times 10^{-6}$。

ICE 列车采用密封式真空厕所（Semvac 系统），这种系统是以断续真空抽便方式工作的，污水借助负压作用被抽走，再通过压缩空气将污水压入车下的集便器内。该系统的优点是可以用低压排出污水，系统中设有两级阀门，通风和抽吸管不需要压力平衡。

4.9.2 CRH 动车组的节能环保技术

"十一五"期间，铁路系统将重点发展资源节约和综合利用技术。具体包括：研究推广内燃机车节油技术，提高电气化铁路电能效率和质量技术；研究推广分质供水节水技术；研究铁路利用新能源、可再生能源和资源回收再生利用技术；大型客站利用太阳能、地热能等节能技术研究；能源、水资源消耗监测考核评价体系研究。同时，围绕环境保护开展技术研究。具体包括：研究铁路减振、降噪技术；研究铁路固体废弃物处理技术；研究内燃机车废气排放和货物列车扬尘控制技术；研究旅客列车集便污水地面接收处理技术；研究中小车站无动力污水处理技术；研究铁路建设生态保护与水资源保护技术；研究长大隧道对区域水文地质影响及渗漏水防治技术；研究铁路电磁辐射防治技术；研究危险品运输事故环境影响应急处理机制、控制技术及专用设备；开展城区铁路与城市环境相容性和铁路运营环境保护的研究以及主要污染物排放总量监测考核评价体系研究。

根据上述要求，我国动车组采用了如下措施节约能源、减少污染：

1）动车组应用了流线型低阻力设计

空气阻力是影响高速列车运行的最主要因素，列车行驶速度越高，空气阻力越大（行驶速度与空气阻力成平方关系），就越不利于列车的行驶，因此减小空气阻力非常重要。高速列车车头一般都采用流线型的车头形状，外表面光滑并使玻璃窗与外部齐平，就是为了达到最优的空气动力学性能，从而减小空气阻力，同时使列车外观"优雅大方"。图 4.70 所示为 CRH$_2$ 型动车组车头。

2）轻量化

高速列车重要的技术之一是要轻量化，列车

图 4.70 CRH$_2$ 型动车组流线型车头

运行每牵引一吨重量大约要消耗 12 kW 的能量，到 300 km/h 的时候，每牵引一吨大约要消耗 16~17 kW，因此，使车体轻量化变得尤为重要。为了减少自重和提高耐腐蚀性，动车组的整个车身都采用高强度的大断面中空型铝合金材料，每辆车体的质量约为 7 t，较传统的列车车体重量大幅下降。

3）高性能交流传动

采用交流传动技术，将使传动效率大大提高，从而达到节约能源的目的。

4）再生制动等节能技术，人均百千米耗电不超过 6 kW·h。

再生制动形成电能反馈至电网，达到 90% 的回收率。从 200 km/h 降到 90 km/h 左右，完全靠电机反向旋转，利用列车的巨大惯性产生电能再输电，这一阶段没有任何机械磨损，是一个绿色的、环保的过程，当列车速度降到 90 km/h 以下时，才开始实施第二阶段的机械制动。200 km/h 的列车制动距离小于 2 000 m，完全达到世界先进水平。

5）高性能受电弓

在新的车型中设置低噪声集电弓，集电弓噪声绝缘板、隐藏的扫雪器、完全覆盖的壳体、表面平滑的车身、隔音的底部结构、完整覆盖的引擎罩等降噪装置将声学污染降到最佳水平。

6）车内材料采用低烟无毒、阻燃、抗菌等高标准环保材料，车内乘坐环境安全、舒适，绿色环保。

7）动车组电磁兼容性优良，应用最新隔音减振降噪技术。另外，列车是全列密闭的，可以降低噪声，并抵御高速行驶时车厢外巨大的气体压力。

8）集便器的应用

在传统的列车中，排泄物是随着列车的运行排放在轨道上，既不卫生，又不利于轨道的保养，而现在的高速动车组厕所均设有集便器，使情况得到了很好的改善。图 4.71 所示为真空集便器。

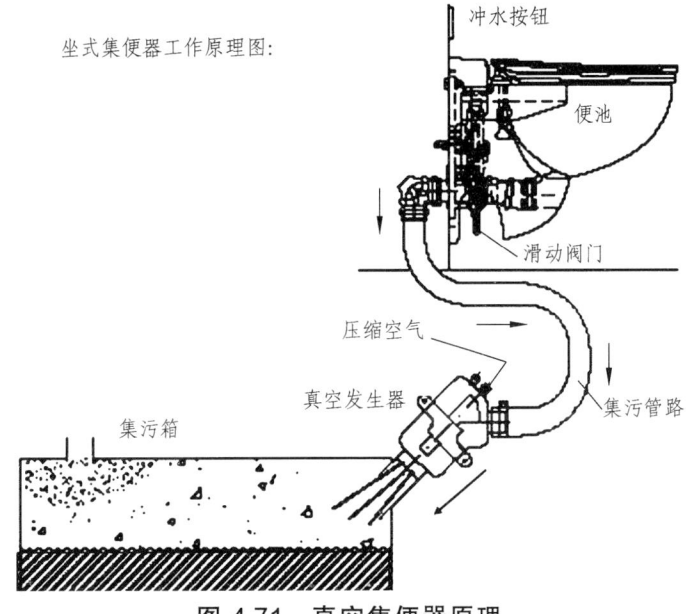

图 4.71 真空集便器原理

此外，高速度自然需要高能量。但是，中国经济快速发展面临的资源和环境压力非常大，特别是我国能源人均占有量较少，人均拥有的主要能源探明储量仅为世界平均水平的一半，而且煤多油少，石油极为短缺。"和谐号"动车组列车以电能为动力源，电能可以由热能、风能、水能、太阳能等转化而来。煤的燃烧可以产生热能，这可以弥补我国煤多油少的现状。此外，动车组列车的车厢编组，采取动力车厢与非动力车厢混编的形式，是经过科学试验确定的既保证速度又节省能源的最佳编组。

第5章
我国高速列车展望

铁路的发展是以技术装备为重要支撑和基本要素的。技术装备现代化是铁路提高综合运输能力、运输效益的重要基础，是确保运输安全、提升服务质量的关键环节，也是铁路现代化的重要标志。迅速提高铁路技术装备水平，可以快速扩充铁路运输能力，提高运输服务质量，从而更好地为国民经济与社会发展、为广大人民群众服务。

我国通过"引进、消化、吸收、再创新"，在铁路技术装备方面已具有自主知识产权，以"和谐号"和"复兴号"高速动车组为代表的技术平台加速了我国铁路运输瓶颈的解决，促进了国民经济的迅猛发展。今后，我国将在该技术平台上进一步研制速度更快、性能更优、安全性更好的一系列高速动车组，在世界高速动车组领域占有重要地位。

学习目标

1. 了解我国动车组技术的发展概况。
2. 了解摆式列车的运用实践、分类，以及在我国的发展前景。
3. 了解磁悬浮技术的原理和特点，以及国内外磁悬浮技术的应用和发展。
4. 了解我国高速列车的发展方向。

5.1 动车组技术的发展

20世纪50年代起我国开始内燃动车组的研制。从1958年在北京—天津运行的"东风号"双层摩托动车组到2008年服务于北京奥运的"和谐长城号"，无不体现我国在内燃动车组方面的成就。但内燃动车组的动车自重大，一列车一般采用两辆动车，由于单轴功率和物理黏着的制约，运营速度向250 km/h以上提升就受到限制，因此在高速动车组中没有被广泛采用。

动车组技术的发展

20世纪70年代我国开始了电动车组的研制。先后研制了速度为200 km/h的"大白鲨"号、"蓝箭"号、"先锋"号、"中原之星"号、"长白山"号动车组和速度为270 km/h的"中华之星"号动车组等。这些自主研制的动车组并没有从根本上解决高速列车所涉及的列车控制系统、牵引制动系统、车体外形、系统集成等诸多技术难题，也成了我国高速列车发展的瓶颈。

在经济全球化的新时代背景下，引进国外先进技术是世界各国加快铁路发展的重要手段，更是落后国家铁路追赶发达国家水平的主要途径。当时，我国与铁路先进技术水平国家有较大差距，提升空间较大，积极引进和消化国外铁路先进技术，可以迅速提高我国铁路的技术装备水平，是实现铁路跨越式发展的必然选择。面对20世纪中后期已经基本成型，甚至完全成熟的铁路先进技术装备，如客运高速、货运重载等，必须以科学求实的态度，积极地引进吸收。这是一条尽快缩短与发达国家差距的发展捷径。通过直接引进国外先进的技术，不仅能够保证引进技术的先进性，而且可以降低新技术研发过程中的风险成本，大大缩短采用新技术中的试验、评估等时间。改革开放以来，我国铁路积极引进了大量国外先进的技术装备，为迅速提升技术装备水平发挥了重要作用。如引进的 AT 供电系统、交直交机车技术、提速电动转辙机、摆式列车等，为提高铁路运输能力与质量发挥了积极作用；配合南昆、京郑、成昆、西康、株六、武广、哈大等重点工程建设，重点引进了通信、信号、电气化及有关运营维护设备，投入运营以来，安全可靠，满足了运输需要。引进的奥地利无线列调产品，在几条山区铁路运用中都实现了一次开通成功，运行稳定可靠，确保了安全需要。

在引进国外技术以前，我国一直进行自主研发高速铁路列车，也取得不少成果（如中华之星电动车组），但是总体列车性能不佳。21世纪初，围绕我国高速铁路列车技术到底是自主研发还是引进国外技术，在铁路行业引起了较长时间的争论。而我国经济的高速发展需要铁路运输业在短时间内达到较高水平以解决运输瓶颈问题。要迅速解决高速列车所涉及的诸多技术难题，须以技术的引进消化吸收再创新为主，搭建我国高速动车组设计及建造平台，更快更好地服务于经济建设。2004年，考虑到研究过程也需要大量时间和资金，如果仅依靠自身力量，则可能需要较长时间才能跻身国际先进行列，无法适应我国飞速发展的经济，我国确定了推进铁路技术装备现代化"引进先进技术、联合设计生产、打造中国品牌"的方针。而实现铁路跨越式发展的重点任务即为对速度 200 km/h 以上的高速列车引进整体技术，实行"消化、吸收、再创新"，并在法律上取得自主知识产权。

通过洽谈，长客与法国阿尔斯通合作、四方股份与日本川崎重工合作、德国西门子与唐山厂分别合作，并成立青岛四方-庞巴迪铁路运输设备有限公司（BST）分别引进消化各种先进技术，经过再创新，形成了具有我国自主知识产权的"和谐号"系列动车组。高速列车从引进之初，并不是原封不动地照搬外国产品，而是走了与外方联合设计的路线，使之更加适合我国国情。

目前，我国高速列车"消化、吸收、再创新"的道路已取得了成功，大量速度 250 km/h、300 km/h、350 km/h 的动车组上线运行，我国在较短的时间内搭建起了高速动车组设计、制造、运营、管理平台，缩短了与发达国家的差距，高速动车组已达到了较高水平。俄罗斯、美国、沙特和巴西等国正积极引进我国的高速铁路技术。我国铁路现代化建设取得的成就在国际上产生了重大影响，铁路"走出去"战略取得重要突破。

进入21世纪后，动车组技术的发展更加迅速，各国致力于提高列车速度，以满足市场竞争力和企业盈利能力的需求。例如，复兴号动车组在京沪高铁实现速度 350 km/h 商业运营，标志着中国高铁技术的重要进步。同时，智能动车组的研究和开发也在积极推进，通过互联网、人工智能与高铁的深度融合，推动智能行车、智能运维、智能服务等智能技术的应用，为旅客提供更安全、高品质、多元化的运输服务。

此外，新一代动车组的研发工作也在进行中，旨在实现更高运行速度、更加节能环保、更舒适的乘坐体验、更智能的设备设施、更低的全寿命周期成本。国铁集团紧盯国外技术发展趋势，根据国内高铁技术发展需求，规划未来动车组的研究方向，在确保高铁和旅客列车安全万无一失的前提下，推动和引领世界高速列车技术进步。

5.2 发展摆式列车

既有线铁路往往有小曲率半径铁路线路，它限制了列车的通过速度，速度过高会出现脱轨、倾覆等重大安全事故。若改造线路，耗资过大，有时由于种种原因而不可能将线路改造。在利用既有线并保持原半径曲线的条件下开行高速列车时，难以达到高速列车的速度要求，因此摆式车体是一种较好的选择。摆式列车是一种车体转弯时可以左右倾斜摆动的列车，摆式列车能够在普通路轨上的弯曲路段高速驶过而无需减速。摆式列车是提高既有铁路旅客列车速度的有效运输装备。自 20 世纪 80 年代以来，利用摆式列车技术来提高既有线路上旅客列车的运行速度在世界上许多地区，特别是在高速铁路技术十分发达的欧洲各国和日本等国家和地区得到了越来越广泛的应用。实践证明，修建高速铁路、开行高速列车是提高列车运行速度的有效手段，但修建高速铁路投资大，周期长，对地理条件要求高，特别是在多山地区，无论从技术上还是从经济上都难以实现，而在山区铁路和既有线路上采用摆式列车来提高列车运行速度既经济又切实可行。

5.2.1 摆式列车在国外的运用实践

意大利的 Pendolino、西班牙的 Talgo 和瑞典的 X2000 摆式列车在 20 世纪 80 年代的成功经验和在既有线路提速的欲望驱动下，引起了欧美许多国家对摆式列车的极大兴趣。进入 20 世纪 90 年代后，随着计算机、通信技术和控制技术的飞速发展，摆式列车技术也日趋成熟。包括已拥有高速铁路的德、法、日等国也看好摆式列车的广阔应用前景，纷纷发展和应用摆式列车，并取得了良好的经济和社会效益。目前，多数欧洲国家运用的摆式列车的单向运行里程一般在 800 km（800 km 的运行里程一般为欧洲铁路单程的上限），而 100 km 以下则难以体现其效果。实践表明，摆式列车的运行速度越高，站间距越长，越能发挥其优势。

摆式列车的缺点主要是购置和维修费用高于普通列车的 15%，运用摆式列车的线路也需要进行一次大的整修。但比新修线路来说，其投资是微不足道的。从运用情况上看，由于提高速度 30%~40%，缩短旅行时间 20% 左右，因而增加了对乘客的吸引力，其经济效益极为可观。如瑞典采用 X2000 摆式列车，旅客数量平均每天增加了 900 人。德国的 VT610 是客流量在非上下班时间增加了 20%~30%，在上下班时间增长了 10% 左右。美国从波士顿经纽约到华盛顿的东北走廊铁路，全程 734 km，采用摆式列车最高速度为 240 km/h，使纽约到波士顿的旅行时间由 4.5 h 缩短到了 3 h，纽约到华盛顿的时间由 3 h 缩短为 2.5 h。

多年来，摆式列车技术和径向转向架技术、交流传动技术以及可变轨距技术相结合，产品水平达到新的高度。目前世界铁路运用和订购的摆式动车和拖车约有 1 万辆，已交付的摆式列车运用在英国、德国、意大利、西班牙、瑞典、瑞士、芬兰、挪威、法国、捷克、奥地利、斯洛文尼亚、波兰、葡萄牙、中国、日本、马来西亚、以色列、加拿大、美国和澳大利亚等国。1998—2000年,法国国营铁路与阿尔斯通公司合作,试制1列TGV主动摆式试验型高速列车进行试验。2003年,法国国营铁路又将6列TGV-A型高速列车改造为摆式列车,在巴黎—利摩日—图卢兹区间运用。德国的ICE-T型电动车组和ICE-TD型内燃动车组都属于摆式列车。西班牙的Talgo 350型350 km/h高速列车、日本的N700系300 km/h高速列车都采用车体倾摆装置。特别是日本最新开发的FASTECH360系360 km/h高速试验列车,安装空气弹簧式车体倾摆装置来提高列车曲线通过速度。意大利在发展铁路高速客运中,结合本国80%为山地和丘陵的地理特点,将高速新线和既有线结成路网,实施客货列车混跑的运输模式,采取先开发摆式列车,后开发专用高速列车,摆式列车与高速列车并举的方针。目前意大利摆式列车已发展到第三代,产品包括ETR450、ETR460、ETR470和ETR480几种型号,共68列,最高速度为250 km/h,主要担当长途客运和国际旅客联运。

5.2.2 摆式列车的分类

摆式列车的基本原理是:在列车通过曲线时,列车倾摆装置使车体在曲线内侧倾斜一定角度,部分抵消列车通过曲线时车体未被平衡的离心加速度,使作用在旅客身体上的离心加速度保持在容许的范围之内,从而提高列车通过曲线时的运行速度。

摆式列车的结构特点是在车辆的车体和转向架之间安装有各种可控制车体倾斜度的主动或被动离心力抵抗装置(见图5.1),从而保证列车在弯道上行驶的高速度和人体感受的良好舒适度。世界铁路摆式列车的发展已经由探索期、成熟期进入当前的迅速发展期。根据摆式列车倾摆系统,可将其分为主动摆和被动摆、簧上摆和簧下摆等形式;按照动作器介质的不同可分为气动、液压和机电动作器;按线路信息的检测可分为预置式和实时采集式;牵引包括动力集中和动力分散两种方式;按转向架分有柔性定位、自导向和迫导向转向架。摆式列车按倾摆原理分为自然倾摆、可控自然倾摆和强制倾摆几种。

1—空气弹簧;2—上摇枕;3—液压作动器;
4—下摇枕;5—构架;6—吊杆;7—车体。
图5.1 倾摆系统原理

强制倾摆又称主动倾摆,按其动力源(或称作动力装置)的不同,又分为气动、液压和机电式多种。机电式倾摆装置由于推力大、精度高、体积小、操作简便和维修方便,逐渐受到人们的重视,有可能成为今后的发展方向。主动式摆式车体摆动角度大,一般在8°~10°之间(被动式一般小于3.5°),因而可以使列车通过曲线的速度比被动式更高,其缺点是结构较复杂,目前大多数国家采用的是主动式摆式列车。被动式摆式车体(又称无源式或自然摆锤式)。动力来源于作用在车体上的离心力,不需要动力装置,悬挂装置高于重心,可以得到适当的倾摆力矩。摆式列车按其车体支承和倾摆机构的结构形式又可分为曲线导轨式、连杆式和空气弹簧式几种。其中,连杆式是采用一对短连杆构成"八"字形连杆机构,用来支承车体并进行倾摆,采用这种结构车体重心要做上下移动,所需控制力大,故适宜以压力油或电力为动力源的强制倾摆装置,瑞典的 X2000 型和意大利的 Pendo-lino 摆式列车属于这种方式。空气弹簧式是通过 1 台转向架上的左右一对空气弹簧,交替地进行进、排压缩空气而使车体倾斜,具有结构简单、质量轻的优点,西班牙的 Talgo 列车采用此类装置。

5.2.3　摆式列车在我国的发展前景

我国是一个多山的国家,山地、高原和丘陵约占我国国土面积的 70%,其中重庆市与云、贵、川三省的铁路大部分都分布在山区,因此曲线占了相当大的比例。仅以黔渝、成昆及贵昆等主要干线为例,其线路就有一半左右是曲线,且大多数曲线半径都小于 800 m,最小曲线半径不足 300 m。在这些线路上旅客列车的运行速度大都为 80 km/h,铁路的现状已经不适应当地的发展。而在这些地区通过改造线路来提速,无论在经济上还是技术上都难以实现,既有铁路线路一般等级较低,曲线多,曲线半径小,因此,在既有线路上提高运行速度的关键是提高列车通过曲线时的速度。根据国外的运用经验,采用摆式列车,在不降低旅客乘坐舒适度的前提下可提高列车曲线运行速度 30%~40%,缩短旅行时间 20% 左右。

由于被动摆最大倾摆角不超过 3.5°,其提高速度的范围仅为一般主动摆的 40% 左右。另外由于惯性和摩擦阻力的作用,当车辆进出缓和曲线时,车体会出现"滞后摆",而我国的缓和曲线较短,因此,在我国应主要发展主动摆形式的摆式列车。我国气候具有多样性的特点,因而,机电式倾摆装置应该被采用。实时采集式作为当今世界发展的主流,更适合我国国土辽阔的特点。牵引动力的方式应该根据具体的线路来确定,且为减小轮轨最大横向力和磨耗,应尽可能采用迫导向或自导向转向架。

综上所述,我国的高速铁路应在改造既有线的基础上大力新建线路,积极吸取国外先进技术,在东部曲线较少的地区采用高速列车,而西部多曲线的地区通过对既有线进行整修,尽可能多采用摆式列车技术。

5.3　发展磁悬浮技术

随着社会的发展,高速磁悬浮交通(见图 5.2)将成为高速铁路的重要组成部分。

发展磁悬浮技术

图 5.2　高速磁浮交通

5.3.1　磁悬浮技术的原理

随着航天事业的发展,模拟微重力环境下的空间悬浮技术已成为进行相关高科技研究的重要手段。目前的悬浮技术主要包括电磁悬浮、光悬浮、声悬浮、气流悬浮、静电悬浮、粒子束悬浮等,其中电磁悬浮技术比较成熟。

电磁悬浮技术(electromagnetic levitation)简称 EML 技术,它的主要原理是利用高频电磁场在金属表面产生的涡流来实现对金属球的悬浮。将一个金属样品放置在通有高频电流的线圈上时,高频电磁场会在金属材料表面产生一高频涡流,这一高频涡流与外磁场相互作用,使金属样品受到一个洛伦兹力的作用。在合适的空间配制下,可使洛伦兹力的方向与重力方向相反,通过改变高频源的功率使电磁力与重力相等,即可实现电磁悬浮。一般通过线圈的交变电流频率为 $10^4 \sim 10^5$ Hz。

同时,金属上的涡流所产生的焦耳热可以使金属熔化,从而达到无容器熔炼金属的目的。目前,在空间材料的研究领域,EML 技术在微重力、无容器环境下晶体生长、固化、成核及深过冷问题的研究中发挥了重要的作用。

目前,世界上有 3 种类型的磁悬浮:一是以德国为代表的常导电式磁悬浮;二是以日本为代表的超导电动磁悬浮,这两种磁悬浮都需要用电力来产生磁悬浮动力;三是我国的永磁悬浮,它利用特殊的永磁材料,不需要任何其他动力支持。中国永磁悬浮与国外磁悬浮相比有五大方面的优势:① 悬浮力强;② 经济性好;③ 节能性强;④ 安全性好;⑤ 平衡性稳定。

磁悬浮列车利用"同性相斥,异性相吸"的原理,让磁铁具有抗拒地心引力的能力,使车体完全脱离轨道,悬浮在距离轨道上方一定高度腾空行驶。

磁悬浮列车主要由悬浮系统、推进系统和导向系统三大部分组成,如图5.3所示。

上海磁悬浮列车是"常导磁吸型"(简称"常导型")磁悬浮列车,是利用"异性相吸"原理设计的,是一种吸力悬浮系统,利用安装在列车两侧转向架上的悬浮电磁铁和铺设在轨道上的磁铁,在磁场作用下产生的吸力使车辆浮起来。

列车底部及两侧转向架的顶部安装电磁铁,在"工"字轨的上方和上臂部分的下方分别设反作用板和感应钢板,控制电磁铁的电流使电磁铁和轨道间保持1 cm的间隙,让转向架和列车间的吸引力与列车重力相互平衡。利用磁铁吸引力将列车浮起1 cm左右,使列车悬浮在轨道上运行,这必须精确控制电磁铁的电流。

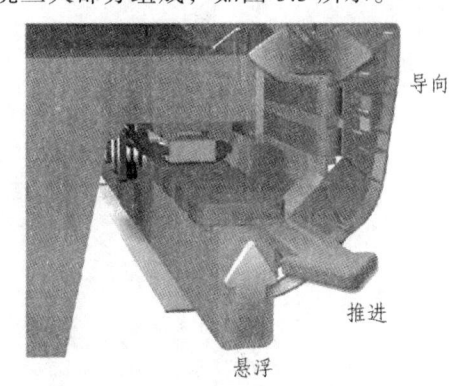

图5.3 磁悬浮系统

悬浮列车的驱动和同步直线电动机原理一模一样。通俗地说,在位于轨道两侧的线圈里流动的交流电,能将线圈变成电磁体,由于电磁体的相互作用使列车开动。

列车头部的电磁体N极被安装在靠前一点的轨道上的电磁体S极所吸引,同时又被安装在轨道上稍后一点的电磁体N极所排斥。列车前进时,线圈里流动的电流方向就反过来,即原来的S极变成N极,N极变成S极。循环交替,列车就向前奔驰。

稳定性由导向系统来控制。"常导型磁吸式"导向系统,是在列车侧面安装一组专门用于导向的电磁铁。列车发生左右偏移时,列车上的导向电磁铁与导向轨的侧面相互作用,产生排斥力,使车辆恢复正常位置。列车如运行在曲线或坡道上时,控制系统通过对导向磁铁中的电流进行控制,达到控制运行的目的。

"常导型"磁悬浮列车及轨道和电动机的工作原理完全相同,只是把电动机的"转子"布置在列车上,将电动机的"定子"铺设在轨道上。通过"转子""定子"间的相互作用,将电能转化为前进的动能。电动机的"定子"通电时,通过电磁感应就可以推动"转子"转动。当向轨道这个"定子"输电时,通过电磁感应作用,列车就像电动机的"转子"一样被推动着做直线运动。

5.3.2 磁悬浮技术的特点

作为目前最快速的地面交通工具之一,磁悬浮列车技术具有以下特点:

第一,它克服了传统轮轨铁路提高速度的主要障碍,发展前景广阔。第一条轮轨铁路出现在1825年,经过近140年努力,其运营速度才突破200 km/h,由200 km/h到300 km/h又花了近30年,虽然技术还在完善与发展,继续提高速度的余地已不大。与之相比,世界上第一个磁悬浮列车的小型模型是1969年由德国研制。可仅仅十年后的1979年,磁悬浮列车技术就创造了517 km/h的速度纪录。目前技术已经成熟,可进入500km/h实用运营的建造阶段。

第二,磁悬浮列车速度高,常导磁悬浮列车速度可达400~500 km/h,超导磁悬浮列车速度可达500~600 km/h。根据对各种运输工具的总旅行时间和旅行距离的分析可知,按总旅行时间考虑，300 km/h 的高速轮轨与飞机相比在旅行距离小于 700 km 时才优越，而 500 km/h 的高速磁悬浮，则比飞机优越的旅行距离达 1 500 km 以上。

第三，磁悬浮列车能耗低。据日本研究与实际试验的结果，同为速度 500 km/h 时，磁悬浮列车每座位千米的能耗仅为飞机的 1/3。据德国试验，当 TR 磁悬浮列车速度达到 400 km/h 时，其每座位千米能耗与速度 300 km/h 的高速轮轨列车持平；而当磁悬浮列车速度也降到 300 km/h 时，它的每座位千米能耗可比轮轨铁路低 33%。

与常规轨道交通系统相比，中低速磁浮交通系统主要有以下优点：① 不存在脱轨问题，安全可靠；② 车身与轨道之间无接触，运行平稳，乘坐舒适；③ 噪声很低，没有轮轨之间的撞击和摩擦，磁浮列车运行时，距离 10 m 处，噪声小于 64 dB；④ 从施工角度看，中低速磁浮占地面积少，转弯半径小，爬坡能力强，对城市复杂地形有较强的适应能力；⑤ 从环境角度看，磁浮列车使用电力牵引，无空气污染，有利于环境保护，特别适合那些对环境要求较高的城区和旅游景点，可作为市民出行和游客观光的交通工具；⑥ 从后期维护成本来说，磁浮列车运行时无轮轨磨损，寿命长，机械维修工作量少，因而运营维护费用相对于常规地铁方式较低。

综合来看，中低速磁浮交通技术具有良好的市场发展前景，是一种新型的轨道交通工具。

磁悬浮铁路在一些国家里取得了较大的发展，有的甚至已基本解决了技术方面的问题而开始进入实用研究乃至商业运营阶段，但是随着时间的推移，磁浮铁路并没有出现人们所期望的那种成为主要交通工具的趋势，反而越来越面临着来自其他交通运输方式，特别是高速型常规（轮轨黏着式）铁路强有力的挑战。与高速轮轨系统相比，磁悬浮有如下不足：

第一，磁浮铁路的造价十分昂贵。与高速铁路相比，修建磁浮铁路费用昂贵。根据日本方面的估计，磁浮铁路的造价每千米约需 60 亿日元，比新干线高 20%。根据德国在 20 世纪 80 年代初的这一项估算认为，修建一条复线磁浮铁路其造价每千米约为 659 万美元，而法国的巴黎至里昂和意大利的罗马至佛罗伦萨高速铁路每千米的造价分别为 226 万和 236 万美元。磁浮铁路所需的投入较大，利润回收期较长，投资的风险系数也较高，从而也在一定程度上影响了投资者的信心，制约了磁浮铁路的发展。

第二，磁浮铁路无法利用既有的线路，必须全部重新建设。由于磁浮铁路与常规铁路在原理、技术等方面完全不同，因而难以在原有设备的基础上进行利用和改造。高速铁路则不同，可以通过加强路基、改善线路结构、减少弯度和坡度等方面的改造，某些既有线路或某些区段就可以达到高速铁路的行车标准。在对既有线路进行高速铁路改造的过程中，还可以实现高、中速混跑，列车根据不同区段的最高限速以不同的速度行驶。因而，与磁浮铁路的全部重新建设相比，高速铁路的线路和运行成本就大大降低了。

第三，磁浮铁路在速度上的优势并没有凸显出来。半世纪前，许多人认为轮轨黏着式铁路的极限速度为 250 km/h，后来又认为是 300～380 km/h。但是，现在法国的"高速列车"（TGV）、德国的"城际快车"（ICE）和穿越英吉利海峡的"欧洲之星"列车以及日本的新干线，其运行速度都达到或接近 300 km/h。1990 年，在巴黎西部地区运行的法国第二代高速列车 TGV-A "大西洋"号更是创下了试验速度 515.3 km/h 的世界纪录。2007 年 4 月 3 日 13 点 13 分，在东部欧洲 LGV 高速铁路线的 191 km 处位置，创下 574.8 km/h 的最新高速列车纪录。更何况，即便是磁浮铁路的行车速度达到 450～500 km/h，在典型的 500 km 区间内的运行中，也只比速度为 300 km/h 的高速铁路节约半小时，其优势不是特别明显。

第四，磁悬浮列车技术仍然存在一些不足之处：① 由于磁悬浮系统是以电磁力完成悬浮、导向和驱动功能的，断电后磁悬浮的安全保障措施，尤其是列车停电后的制动仍然是要解决的问题，其高速稳定性和可靠性还需很长时间的运行考验；② 常导磁悬浮技术的悬浮高度较低，因此对线路的平整度、路基下沉量及道岔结构方面的要求较超导技术更高；③ 超导磁悬浮技术由于涡流效应悬浮能耗较常导技术更大，冷却系统重，强磁场对人体与环境都有影响。

5.3.3 国外磁悬浮技术

磁悬浮列车是自大约 200 年前斯蒂芬森的"火箭"号蒸汽机车问世以来铁路技术最根本的突破。磁悬浮技术的研究源于德国，磁悬浮列车设想起于 20 世纪 20 年代。1922 年德国人赫尔曼·肯佩尔（Hermann Kemper）提出电磁悬浮原理，并于 1934 年获得磁悬浮专利。从 20 世纪 60 年代起，经过几十年持续努力，德国工业界成功研究开发出 TR 高速磁悬浮列车技术。进入 70 年代以后，随着世界工业化国家经济实力的不断加强，为提高交通运输能力以适应其经济发展的需要，德国、日本、美国、加拿大、法国、英国等发达国家相继开始筹划进行磁悬浮运输系统的开发。而美国和苏联则分别在七八十年代放弃了这项研究计划，目前只有德国和日本仍在继续进行磁悬浮系统的研究，并均取得了令世人瞩目的进展。下面把各主要国家对磁浮铁路的研究情况作一简要介绍。

日本于 1962 年开始研究常导磁浮铁路。此后由于超导技术的迅速发展，从 20 世纪 70 年代初开始转而研究超导磁浮铁路。1972 年首次成功地进行了 2.2 t 重的超导磁浮列车实验，其速度达到 50 km/h。1977 年 12 月在宫崎磁浮铁路试验线上，最高速度达到了 204 km/h，到 1979 年 12 月又进一步提高到 517 km/h。1982 年 11 月，磁浮列车的载人试验获得成功。1995 年，载人磁浮列车试验时的最高速度达到 411 km/h。为了进行东京至大阪间修建磁浮铁路的可行性研究，于 1990 年又着手建设山梨磁悬浮铁路试验线，首期 18.4 km 长的试验线已于 1996 年全部建设完成，并于 1997 年 4 月开始进行运行试验，在当年 12 月创造了 550 km/h 的高速列车世界纪录，这标志着日本高速磁悬浮列车的技术问题已全部解决。日本第一条正式运营的磁悬浮铁路是名古屋市区通向爱知世博会会场的磁悬浮线路，这条铁路于 2005 年 3 月 6 日正式开通，全长约 9 km，中途设有 9 个站。该磁悬浮列车由 3 节车厢构成，全程无人驾驶，最高速度为 100 km/h，行驶全程需要 17 min。整条磁悬浮铁路投资约 500 亿日元（相当于 31 亿美元），在 2005 年爱知世博会期间累计运送 1 000 万乘客。日本于上世纪 90 年代初拟规划建立东京至大阪的磁悬浮铁路，并进行了可行性研究，但最终由于造价过高而搁置。

德国是最早获得磁悬浮专利的国家，基础方面的研究开始于 1962 年，对磁浮铁路的研究始于 1968 年（当时的联邦德国）。研究初期，常导和超导并重，到 1977 年，先后分别研制出常导电磁铁吸引式和超导电磁铁相斥式试验车辆，试验时的最高速度达到 400 km/h。后来经过分析比较认为，超导磁浮铁路所需的技术水平太高，短期内难以取得较大进展，因此决定以后只集中力量发展常导磁浮铁路。1978 年，决定在埃姆斯兰德修建全长 31.5 km 的试验线，并于 1980 年开工兴建，1982 年开始进行不载人试验。列车的最高试验速度在 1983 年底达到 300 km/h，1984 年又进一步增至 400 km/h。目前，德国在常导磁浮铁路研究方面的技术已趋成熟。1997 年，铁路公司决定采用常导磁悬浮技术，但德国交通部于 2000 年 2 月宣布，由于多种原因,柏林—汉堡磁悬浮项目未能实施。2000年6月,政府签署协议,支持对慕尼黑37 km长,以及多特蒙德—杜塞尔多夫80 km长两条线路开展可行性研究工作。2002年元月,联邦运输部宣布,这两个项目在技术、运营和经济上都是可行的。但之后德国北莱茵地区威斯特伐利亚州政府拒绝在杜塞尔多夫市—多特蒙德市中心的交通项目中采用磁悬浮技术,州政府倾向在这个项目中采用传统的S2Bahn轻轨铁路技术。至此,磁悬浮在德国仅剩慕尼黑一个项目。

5.3.4 我国磁悬浮技术的发展

磁悬浮技术代表着一种先进的趋势和先进的发展方向。磁浮交通具有高速灵活运送大运量客流的能力,同时还有选线灵活、绿色环保等优势,是现代综合交通运输体系的重要组成部分。高速磁浮交通系统提供了介于高速轮轨铁路和航空之间这一速度范围内经济、技术最佳的陆上高速交通方式,比较适合于中长距离客流运输。我国已基本掌握了常导高速磁浮交通核心技术,为自主研制系统设备的工程化应用奠定了坚实的基础。常导高速磁浮交通是我国高速磁浮交通工程应用的首选。真空管道交通系统将磁浮技术和真空管道技术相结合,是一种有望实现超高速且低能耗的地面轨道交通系统,但还处于研发初期,离工程化还有很长的路。高速磁浮交通技术在中国率先进入工程应用,为我国在该领域创造了巨大的发展空间,在未来几年内有可能形成完整的应用技术体系,并在世界上占据领先地位。

1) 我国中低速磁悬浮列车的研发与建设

世界首条运营的中低速磁浮线路在日本,这条8.9 km长的商业运行线连接了名古屋一个地铁车站和市郊的一个现代化居住区,目前运行良好。除此之外,韩国、美国等国家也在积极开展对中低速磁浮技术的研发。谁能迅速拥有该核心技术并使之产业化,就能在未来轨道交通领域占有重要的地位。

"八五"期间,国家科委将低速磁悬浮列车的关键技术攻关列入了计划,研制了试验室样车和关键部件。

在"八五""九五"科技攻关期间,国防科技大学、西南交通大学、铁道科学研究院、中国科学院电工所等科研机构已经开展了中低速磁浮技术的研究。当时的研发只是停留在实验室阶段,并不具备产业化实施的条件。

1994年,西南交通大学成功地进行了4个座位、自重4 t、悬浮高度为8 mm、速度为30 km/h的磁悬浮列车试验。之后,由铁科院主持,长客、中国科学院电工所、国防科技大学参加,共同研制的长6.5 m、宽3 m、自重4 t、内设15个座位的6 t单转向架磁悬浮试验车在铁科院环行试验线的轨距为2 m、长36 m、设计速度为100 km/h的室内磁悬浮实验线路上成功地进行了试验。6 t单转向架磁悬浮试验车的研制成功,为低速常导磁悬浮列车的研究提供了技术基础,填补了我国在磁悬浮列车技术领域的空白。

1999年,北控磁浮公司和国防科技大学及国内其他在相关领域内最具优势的研究及生产建设单位合作,进行中低速磁浮交通的系统工程化研发。北控磁浮公司和国防科技大学签订了长期、排他性合作协议,北控磁浮公司投入1亿元人民币,作为中低速磁浮列车交通系统工程化研发的投资、组织、运作和技术主体。由北京控股磁悬浮技术发展有限公司和国防科技大学等单位合作研制的中低速磁浮列车(见图5.4)在悬浮能力、悬浮控制、系统集成技术等方面均达到世界先进水平。

"中低速磁浮交通技术及工程化应用研究"被列入由原建设部组织实施的"十一五"国家科技支撑计划重点项目"新型轨道交通技术"中,作为未来轨道交通领域需要突破的三大核心技术之一。

依托已有的研发手段和建设完成的唐山工程化试验示范线以及新研制的实用型列车,北控磁浮公司-国防科大工程化体系根据中低速磁浮市场应用的要求,完成了 100 km/h 以上的运行速度,70‰ 坡道运行,不低于 40 km/h 速度通过 R100m 曲线和 R50m 曲线等运行试验,完全实现了中低速磁浮列车核心技术和系统集成技术的成熟掌握。

图 5.4 我国研制的中低速磁浮列车

2) 高速磁悬浮列车的研发与技术引进

1994 年 6 月,第十八次香山科学会议首次提出了要积极开展高速磁悬浮列车技术研究,促进我国磁悬浮列车的发展。1996 年,科技部组织了国家"九五"重大软课题"磁悬浮列车重大技术经济问题研究",对沪杭线建设日本超导磁悬浮列车进行了方案研讨。

1998 年 9 月,中国国际工程咨询公司组织了"京沪高速铁路立项评审",对京沪磁悬浮方案和高速轮轨方案进行评议、比选。1998 年底,中国工程院机械与运载学部组织了"磁悬浮列车和轮轨火车技术比较和分析"的主动咨询,就磁悬浮列车和轮轨高速列车进行大讨论。尽管"高速轮轨"与"高速磁浮"两种观点在会议和新闻媒体上都展开了异常激烈的争论,但是中国需要开展高速磁悬浮技术的研发,并且首先修建磁悬浮试验线是一致的共识。

2000 年 1 月,由电工所、国防科大、西南交大等单位组成的科技部"高速磁悬浮试验运营线预可行性研究"项目组正式成立。

2000 年 6 月,项目组向有关部门提交了"中国高速磁悬浮铁路试验运营线初步可行性研究报告",提出"德国的常导高速磁悬浮铁路技术不断完善,已经成熟;上海浦东机场候选方案,是一条比较理想的试验运营线,应尽快组织可行性研究,早日立项、实施。"

2000 年 6 月 30 日,中德"共同开展上海市磁悬浮列车示范运营线可行性研究协议书"在柏林签订。上海磁浮示范线引进德国 TR 技术,车辆、牵引供电和运行控制系统等全部设备由德国成套供应,土建工程则根据 TR 技术标准由中国建设。

中德经过长达数月的艰苦谈判,在 2001 年 1 月 23 日签订了"上海磁悬浮快速列车的设备供货及服务合同",3 月 1 日示范线正式开工建设。

2002 年 12 月 31 日,上海磁浮线通车。中国高速建成世界上第一条商业运营的高速磁悬浮。磁浮示范运营线西起上海轨道交通 2 号线龙阳路站,东到上海浦东国际机场站,主要解决连接浦东机场和市区的大运量高速交通需求。线路正线全长约 30 km，双线上下折返运行，设计最高运行速度为每小时 430 km，单线运行时间约 8 min。

2003 年 12 月，对国家 863 计划磁浮重大专项（第一阶段）进行咨询评估。评估意见认为：磁浮重大专项是我国重大工程项目引进、消化、吸收、再创新的一个范例。2004 年 11 月磁浮专项（第一阶段）通过了科技部组织的验收。

2004 年 2 月，科技部启动国家 863 磁浮重大专项第二阶段（2004—2006 年）工作。第二阶段的研究目标是全面开展磁浮交通系统技术与设备的国产化研究，以研制一列车、一条试验线路和一套配套的牵引供电和运行控制系统，形成磁浮交通试验系统（简称"三个一"工程）为载体，建设高速磁浮交通技术综合试验研究环境，全面开展整个磁浮系统技术的国产化研究工作，掌握系统分解和集成技术，初步建立高速磁浮交通技术标准体系和工程应用技术体系。

2007 年，中航工业成飞向上海磁悬浮中心交付了一辆我国自主知识产权的磁悬浮试验列车。2008 年 7 月，成飞与上海磁浮交通发展有限公司签订了《磁浮车辆许可制造及供货合同》：由中航工业成飞承担两节高速磁浮工程样车（一节端车、一节中车）研制任务，包括整车工程化设计、车体制造、整车总成、厂内静悬浮调试等。2010 年 3 月，上海至杭州磁悬浮项目立项已获批复。2010 年 4 月，中航工业成飞制造的我国首辆高速磁浮国产化样车在成都实现交付，并投入了上海世博会示范线的运营。我国在磁悬浮关键技术上取得了长足进步，达到了世界先进水平。2012 年，设立"十二五"科技支撑计划项目"高速磁悬浮交通技术集成示范"。2016 年，科技部设立"十三五"重点科技研发项目"高速磁悬浮交通关键技术研究与示范"，目标速度 600 km/h。2021 年 7 月，速度 600 km/h 高速磁浮车下线。2023 年 4 月，项目整体完成绩效评价。2022 年 10 月，电工研究所阶段性建成的世界首个电磁推进地面超高速试验设施"电磁橇"并实现了成功运行，对于吨级及以上物体最高推进速度可达 1030 km/h，创造了大质量超高速电磁推进技术的世界最高速度纪录。2023 年 3 月 31 日，国内首套高温超导电动悬浮全要素试验系统完成首次悬浮运行，该系统采用高温超导零磁通电动悬浮、无铁芯 LSM 牵引，同样可以实现自悬浮、自导向、自稳定。

在标准化方面，2022 年 9 月，市场监管总局批准成立了全国磁悬浮轴承技术基础与应用标准化工作组（SAC/SWG28），主要负责磁悬浮轴承技术以及磁悬浮轴承智能控制系统的基础与应用（不含磁悬浮交通运输系统）等领域国家标准制修订工作，秘书处承担单位为山东天瑞重工有限公司。目前，工作组已根据行业情况，编制了磁悬浮领域技术标准体系框图，提出了拟制定的国家标准清单。依托全国磁悬浮动力技术基础与应用标准化工作组，积极推动开展《磁悬浮动力技术术语 第 1 部分》国家标准项目立项预研。在计量方面，为加快磁悬浮节能降碳技术应用，积极调研各地磁悬浮技术在计量工作中的应用成果。2022 年，山东天瑞重工有限公司申报的"磁悬浮节能降碳计量服务"项目入选市场监督管理总局和国家发展改革联合开展的 2022 年能源资源计量服务示范活动的示范项目。山东天瑞重工有限公司不断加强计量能力建设，打造了磁悬浮能源计量实时数据平台，为全行业提供更加实时有效的计量保障服务，形成可复制、可推广、可借鉴的能源资源计量服务模式和路线。其磁悬浮动力技术采用国际前沿的磁悬浮轴承代替传统的机械轴承，消除了机械摩擦，形成了磁悬浮电机、磁悬浮泵、磁悬浮风机、磁悬浮压缩机等系列高效节能装备，节能 30% 以上，成为实现双碳目标的重要技术支撑。

"十四五"以来，工业和信息化部持续以行业标准为引领，不断推动磁悬浮动力技术转型升级。组织开展多项磁悬浮技术标准的研制和应用，发布《磁悬浮永磁同步电动机能效限定值及能效等级》《磁悬浮压缩机能效限定值及能效等级》《磁悬浮离心式制冷剂压缩机》《磁悬浮高速三相永磁同步电动机》等标准的立项和《真空技术磁悬浮分子泵》等标准，并加快组织实施。

科技部高度重视高速磁浮交通系统技术研发，连续多个五年计划支持高速磁浮交通科技攻关。"十三五"期间，国家重点研发计划"先进轨道交通"重点专项部署了"磁浮交通系统关键技术"项目，由中国中车股份有限公司牵头，聚集高铁、磁浮方面优势资源组建联合研发团队，在前三个五年计划研究成果基础上，攻克了速度 600 km/h 高速磁浮列车核心技术，形成了具有完全自主知识产权的成套技术和装备，并开展了高速仿真试验和低速运行试验。在先进制造领域，"十三五"期间，依托国家重点研发计划"制造基础技术与关键部件"重点专项部署"高速精密悬浮轴承"项目，研发了高速电主轴验证用磁悬浮柔性转子原理样机，实现跨临界工作转速≥70 000 r/min，回转精度优于 0.003 mm，为高端装备轴承技术升级提供支撑。在材料领域，依托"十四五"国家重点研发计划"稀土新材料"重点专项部署"磁悬浮等轨道交通系统用高可靠性稀土永磁材料制备技术"项目，研发制备低成本、高性能、高服役稳定性磁体，为磁悬浮等轨道交通用稀土永磁材料及应用提供理论指导和技术支撑。

5.4 发展真空管道式高速列车

进入新时代的十年期间，我国的铁路建设成绩斐然。中国已经完成了"四纵四横"高速铁路主骨架，加快了"八纵八横"高速铁路主干和普速高速铁路的建设步伐，川藏铁路全线开工，重点区域城际铁路快速推进，老少边及脱贫地区铁路建设加力提速，高铁网规模已居于全球之巅，初步形成了布局合理、覆盖面

发展真空管道式高速列车

广、层次性强、功能完善的高速铁路网。铁路在国家的经济和社会发展中扮演着不可替代的重要角色，随着国家铁路网不断完善和人们对交通时间的要求提高，铁路行业面临着提高列车运行速度的挑战。然而，当列车的速度超过 500 km/h 时，空气阻力就会占据运行阻力的 90%以上，这导致列车的能耗问题成为提高速度的一大难题。因此，如何解决列车能耗问题已成为提高列车速度的重要瓶颈。

低真空管道磁悬浮列车运输系统作为一种新型交通系统，也被称为第五种交通方式。它是非常具有前途且具有颠覆性的未来交通技术之一。2019 年 9 月，中共中央、国务院印发了《交通强国建设纲要》，纲要中提到科学地规划好时速 600 千米级低真空管（隧）道高速列车和高速磁悬浮系统等技术储备研发，要加大对具有前瞻性和颠覆性的技术的研究力度，使其具有改变交通产业的潜力，表明我国也要在低真空管道运输系统领域进行深入研究。

真空管道高速交通是一种高效、环保、节能的高速长途交通工具。在两个距离遥远的城市之间架设高架管道，管道内铺设双向轨道，并抽成真空，真空状态下，空气分子极少，空气阻力几乎为零，这种情况下列车的能量损失和阻力将会大大降低，增加运行速度，减少能耗。列车为气密性的，在真空管道内高速运行。车站与列车可进行类似太空舱间的对接，旅客可以通过密封的通道进入列车。高架桥上的真空管道的外壁可用透明的有机聚酯材料制造，不仅美观便于观察，且重量轻强度高。

真空管道运输系统是将低气压管道技术与悬浮列车技术相结合，它能够有效地降低列车在高速行驶时的摩擦阻力和气动阻力，具有可持续性，使列车运行速度可以相对经济地实现地面交通的超高速运行。速度高、能耗低、污染小是低真空管道交通运输系统最大的优势。推进区域绿色发展，构建绿色出行、安全高效、清洁低碳的新型交通方式对于着力解决当前突出的环境问题的意义重大。作为前沿技术的典型代表，低真空管道磁悬浮高速飞车相关技术的实际应用将有力地推动国家在该领域的科技创新。因此，低真空管道运输系统的研究和发展是我国推进创新驱动发展战略、加速建设创新型国家的重要举措，真空管道高速交通概念图如图 5.5 所示。

图 5.5　真空管道高速交通概念图

真空管道高速交通的优点：由于列车在高度真空的管道中悬浮运行，其所受的阻力甚至远小于高空飞行的飞机所受的阻力，其速度可以轻松超过声速，而所消耗的能量极少。在真空环境中运行，列车运行时产生的噪声极小。列车不会受风、霜、雨、雪、沙尘等恶劣天气影响。封闭管道可以彻底避免行人和其他交通车辆与列车发生碰撞，以及动物如鸟类与列车发生的碰撞，其安全性能极高。

瑞士最早将理念和技术用于"超高速地铁 Swissmetro"项目研究，为节省地面空间和提高系统气密性，将两条直径 5 m、平行的管道和交通设施建设在地面以下的隧道中。为减少车体运行时所受到的气动阻力，管道内被抽成压强为 0.01 MPa 的低压状态。如图 5.6 所示，管道间隔为 25 m，由一个水平的走廊连接起来，用以维持系统压强的真空泵就安装在这里。列车具有明显的流线型设计，断面近似圆形，直径 3.2 m，采用磁悬浮方式，设计运行速度 600 km/h。每节列车约 50 个座位，一般按 4 节车厢为一列进行编组，每列车可载客 200 人。

图 5.6　瑞士 Swissmetro 地下真空管道系统

2019 年 1 月，TransPod 公司宣布将在法国建设一条 3 km 长的测试跑道 TransPod 吊舱的结构类似于航空喷气式飞机机身。它们的前部有一个轴向压缩机，用于将气流转向车辆后部，从而降低空气阻力。磁悬浮列车推进是由线性感应电机进行的，完全电动，以减少目前运输对化石燃料的依赖。TransPod 车辆概念如图 5.7 所示。

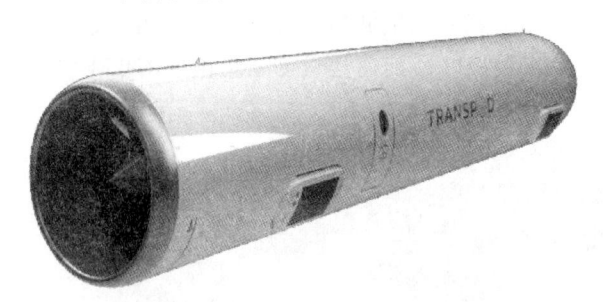

图 5.7　TransPod 车辆概念图

我国在 2013 年完成了首条载人高温超导磁悬浮车环形实验线的建设，该项目位于西南交通大学牵引动力实验室。并于 2014 年 6 月，搭建完成了国际上第一个集牵引、通信、降压测试为一体的真空管道高温超导磁悬浮车实验平台"Super-Maglev"。开展了一系列真空管道高温超导磁悬浮车动力学和气动性能研究。随后在 2020 年建造了一条长度为 140 m，直径为 4.2 m 的多功能低真空管道运输系统的模拟实验台。未来真空管道交通必将成为高速交通的重要组成部分，"Super-Maglev"实验平台如图 5.8 所示。

图 5.8　"Super-Maglev"实验平台

当前，真空管道列车系统的发展正处于迈向工程化阶段的关键环节，其可行性、经济性和应用潜力还存在争议，探索相关技术和提高效能的途径需求迫切，是突破"认知"至"调控"的关键一环，破除这些疑问需要对其中的关键问题进行系统、完备的研究。

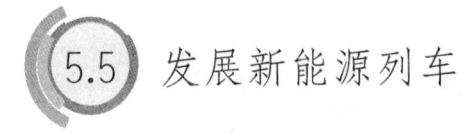

5.5　发展新能源列车

轨道交通作为世界上主要的交通方式之一，以其全天候、快速、运力大、成本低、安全可靠等优点，在经济和社会的快速发展中发挥着重要作用。虽然与其他交通方式相比，铁路运输对环境的影响相对较小，但火车

发展新能源列车

的温室气体排放依然是显而易见的。国际铁路联盟和欧洲铁路基础设施共同体决定在 2030 年减少 30%的能源消耗和 50%的二氧化碳排放，以帮助减少其对环境的影响，且轨道交通行业仍在寻求更绿色的能源。在面向碳中和的大背景下，目前国内外新能源动力列车的研究主流是混合动力模式列车以及氢燃料电池列车。

5.5.1 混合动力列车

所谓混合动力，就是结合了多种能源储存和转换技术，既可以 2 套动力系统混合使用，也可以由单一动力系统独立使用。当前铁路运输行业广泛应用的 2 种列车混合动力模式分别为接触网+蓄电池或柴油机+蓄电池的动力模式。马来西亚近年来向中国中车订购了一批采用超级电容与内燃动力混合的米轨动车组，超级电容提供大功率来辅助列车起动时的加速，降低废气排放。德国计划在 2038 年之前，通过推广接触网-蓄电池混合动力列车，建设所需配套基础设施，实现铁路领域的废气排放量大幅降低的目标。日本东海铁路于 2019 年研制了柴油机+蓄电池混合动力 HC85 系试验列车，牵引电动机所需电能由柴油机和蓄电池通过列车制动时动能回收存储的再生电能共同提供。

2008 年，中国南车成功研制出了 CKD6E5000 型混合动力交流传动内燃调车机车。2013 年，中车长客公司率先开始研制混合动力动车组，现阶段已试制了 EEMU 型 AC25 kV 弓网+动力电池组混合动力列车和 DEMU 型 AC25 kV 弓网+内燃牵引动力包+动力电池混合动力列车。2022 年，中车资阳公司成功下线了首次商用的 HXN6 型柴电混合动力机车，采用动力电池组+柴油发电机组组成的混合动力，柴油发电机组作为辅助动力源为机车提供动力。

1. 接触网-蓄电池混合动力列车

接触网-蓄电池混合动力系统如图 5.9 所示，由牵引变流器、DC/DC 变流器、动力电池箱、辅助电源箱及控制系统组成。列车的主电路从接触网接收电力，通过 DC/DC 变流器转换成 DC600 V 供应给牵引电机，当蓄电池的荷电状态较低时开始重新充电。其中，DC/DC 变流器控制来自接触网的所有电能，用于牵引、辅助动力单元和蓄电池，当蓄电池达到设计电压上限时，牵引和辅助动力装置的能量由接触网提供。

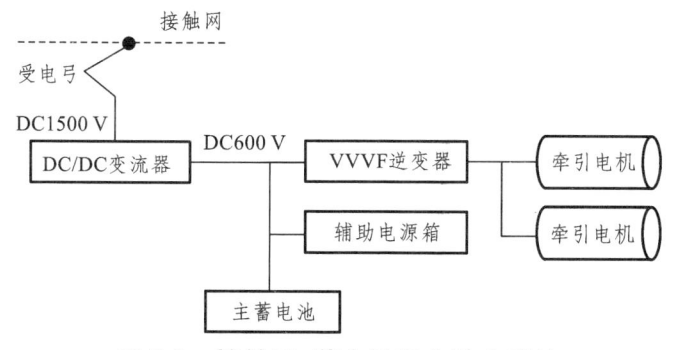

图 5.9 接触网-蓄电池混合动力系统

2. 柴油机-蓄电池混合动力列车

该混合动力模式的列车须同时具备柴油机动力源和电动机电力源，具有串联或并联 2 种混合动力系统。列车处于串联混合动力系统模式如图 5.10（a）所示，内燃发动机动力包产生的动力为列车行驶时的动力源，蓄电池根据车辆行驶所需功率的不同进行充放电，起到平衡串联混合动力系统中的功率的作用；并联混合动力系统模式如图 5.10（b）所示，柴油机动力源和电动机电力源同时为车辆提供动力，分别通过变速器将产生的动力传递到车轮上。

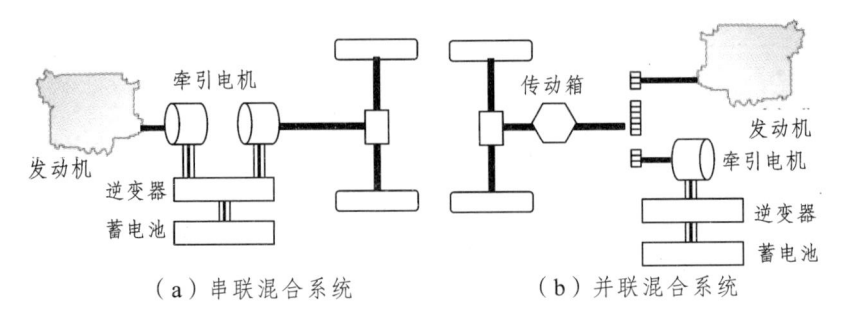

（a）串联混合系统　　　　　（b）并联混合系统

图 5.10　柴油机-蓄电池混合动力系统

5.5.2　氢燃料电池列车

氢燃料电池是一种将存在于燃料（氢气）和氧化剂（空气）中的化学能直接转化为电能的电化学装置。作为一种高效、清洁、安静的能源，氢气生产、储存和燃料电池技术的发展将在未来几年的能源供应安全和供需平衡方面发挥关键作用。日本于 2006 年试研了全球第一辆采用氢燃料电池的 E995 系新能源列车，此后包括德国西门子在内的世界铁路制造巨头开始推进氢燃料列车的研发与试验。阿尔斯通于 2016 年在德国国际轨道交通技术展览会上首次展出以氢燃料电池为主动力源的 Coradia iLint 列车，该型列车同时也是世界首列氢燃料电池低地板客运列车。

2013 年，我国第一辆由 PEMFC 电堆和永磁同步电机作为动力源的"蓝天号"燃料电池机车在西南交通大学下线。2015 年，中车青岛四方公司采用 PEMFC 模块、超级电容和钛酸锂电池组共同组成混合动力模块，研发出了世界首列氢能源现代有轨电车，并于 2019 年在广东佛山-高明线正式运营。

氢燃料电池列车将氢燃料电池与蓄电池相结合作为驱动列车行驶的混合动力，其工作原理如图 5.11 所示。首先向列车上的氢气存储罐中填充高压氢气，经管道向燃料电池输送氢气，经充分反应后，产生的电能经单向 DC/DC 转换器传递到电力转换设备驱动牵引电动机，最后带动车轮向前行驶。其中，由于燃料电池系统不具备高动态响应的特点，蓄电池主要用于支持瞬态情况，如加速和电动制动。

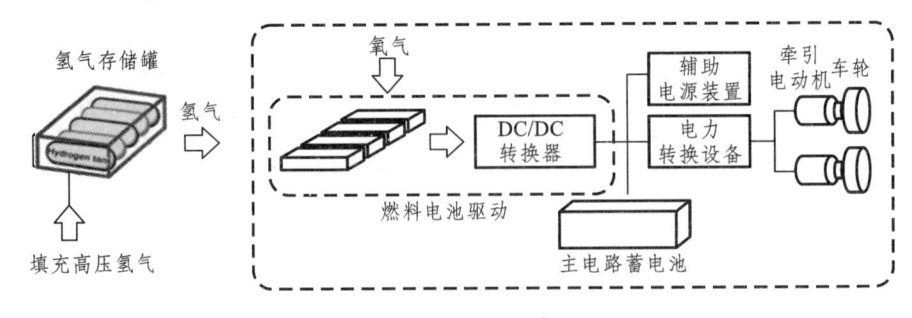

图 5.11　氢燃料电池列车工作原理

5.6 我国高速列车发展方向

我国高速列车发展方向

展望未来 10 年、20 年世界铁路的发展，基本不会改变轮轨黏着的状况，因此，铁路动车和动车组的扩大运用和技术水平的提高仍有广阔的空间和充分的余地。今后一个时期内，动车和动车组发展的基本方向仍然朝着更安全、更快速、更环保、更舒适和更便利的趋势发展，为此，进一步突破传统设计理念，大胆采用先进的电子技术和现代控制技术，进一步加强、加速和提高机械电子技术在铁路动车组设计、制造、运用、检修等各方面的应用，乃是不断提高高速铁路动车组技术水平的根本。

为了实现上述目标，铁路运输和铁路工业部门的科技人员，面临着许多技术难题有待解决，归纳起来主要体现在结构动力相互作用、轮轨作用力和控制系统方面。最简单的理解就是用电子控制取代机械控制，实现机电一体化。机电一体化技术在机车车辆研究开发中，主要用于悬挂系统、牵引系统和制动系统。机电一体化的内容就是充分利用电子控制技术，采用动作器、传感器、处理器和控制器等电子器件，创造出机械和电子最优协同工作的方式，而不是在原来的机械系统中，简单地增加某种电子控制器件。如主动和半主动悬挂技术、机电式车体强制倾摆技术、交流电力传动技术、电子防滑器、微机控制直通电空制动系统和柴油机电子燃油喷射系统等，都是机械电子技术在铁路动车组上应用的范例。

随着越来越多的电子技术和电子器件应用在铁路动车组上，出现更多的新系统和新产品将成为可能。如对驱动车轮转动的牵引电动机实行单独控制，并利用它来获得导向作用，同时取消笨重而复杂的机械驱动装置，于是便产生了"车轮电动机"这样的新概念。这种构思便是采用最先进的电子技术和控制技术，将车轮和牵引电动机进行机械集成的结果。

其次是"直接导向车轮"方案。这种车轮完全不同于传统轮对的车轮，该方案中取消了传统轮对上的车轴，车轮安装在大致垂直的枢轴上，用轨距杆来连接并保持 2 个独立车轮的平行。这样便有许多方法来实现对车轮导向的控制，导向角可以直接采用一个作动器来调节，也可通过控制转矩来实现。

动车和拖车的悬挂力、导向力、驱动力和制动力都是通过轮轨接触传递的。轮轨接触点大致是一个直径约为 2 cm 的金属压缩斑。目前的另一个趋向是：独立设计这部分轮轨接触系统。当在该系统内采用电子控制技术，那么就有可能通过集成控制系统来优化这个接触斑的使用。倘若在接触斑附近布置一系列传感器来实时监控这里发生的一切，另一组控制器则相应用来产生驱动、悬挂和导向控制，所有动作所产生的力都作用在动车或拖车的动力学系统上。

目前看来，意义特别重大的另一个独特构思是利用机械电子技术来设计一个特殊的整体走行部。它的目的是取消传统的道岔，将动车组的换轨改变方向运行改由车辆本身完成，而不是依靠扳动轨道道岔。当列车行驶在分岔的接续两个方向的轨道区段前时，由列车上的传感器来决定是继续朝原来方向直行还是转向换轨运行。如果这种构思变成现实，而且是以电子装置来实现，那么列车运行中的操纵灵活性将会大幅度提高。

当前动车组采用的机电一体化技术的产品可称为"第一代"产品或系统，这些产品或系统功能有限，控制规律适用范围局限性大，通常只用于局部作动器。但是这些缺点却为今后动车组的发展提供更多的机会和空间。

第二代产品或系统将会是一个具备更高功能以及具有高可靠性和容错性的集成系统，这个系统的控制规律会更加完善。

第三代产品或系统在功能上会进一步增强，并将牵引系统、制动系统、悬挂系统等高度集成化，并且有可能利用轨道参数数据库和卫星定位系统。

目前我国铁路在路网规模、运输密度、电气化里程、年旅客周转量和货物周转量等许多主要指标上跻身世界铁路前列。我国机车车辆的制造和运用形成了完整的体系和规模，水平不断提高。我国动车组的发展目前正处在引进先进技术、联合设计生产、打造中国品牌阶段，我们的最终目标是立足国产化，促进我国动车组的健康持续发展。为此，我国铁路运营部门和工业系统通过加强协作、相互支持，努力在我国动车组的发展中，逐步并尽快实现以跟踪模仿为主向以自主创新为主的深刻转变，努力提高产品的国产化率和整体水平，打造出在国内外市场上具有强劲竞争力的中国品牌。

参考文献

[1] 刘广武，姚玉侠，张晓玲. 高速铁路概论[M]. 成都：西南交通大学出版社，2021.
[2] 杨中平. 新干线纵横谈[M]. 北京：中国铁道出版社，2012.
[3] 董锡明. 高速动车组工作原理与结构特点[M]. 北京：中国铁道出版社，2007.
[4] 罗伟，李秋梅. 高速动车组技术[M]. 成都：西南交通大学出版社，2014.
[5] 李瑞淳，等. 德国高速列车综述[J]. 国外铁道车辆，2005，（6）：1-6.
[6] RIEGER H, et al. 西班牙新型高速列车 AVE S 103[J]. 国外铁道车辆，2005，（5）：8-14.
[7] 钱立新. 世界高速列车的最新发展[J]. 中国铁道科学，2003，（4）：1-11.
[8] 宋永增. 动车组制造工艺[M]. 北京：中国铁道出版社，2018.
[9] 张宝林. 高速铁路 CRH_1 型动车组操作技术[M]. 成都：西南交通大学出版社，2008.
[10] 中华人民共和国国家发展改革委. 中长期铁路网规划[R]. 北京：中华人民共和国国家发展改革委，2016.
[11] 北京铁路局. CTCS-2 级列车控制系统应用与维护[M]. 北京：中国铁道出版社，2007.
[12] 米彩盈. 铁道机车车辆结构强度[M]. 成都：西南交通大学出版社，2007.
[13] 董锡明. 高速列车维修及其保障技术[M]. 北京：中国铁道出版社，2008.
[14] 严隽耄，傅茂海. 车辆工程[M]. 北京：中国铁道出版社，2011.
[15] 张旺狮. 车辆制动装置[M]. 北京：中国铁道出版社，2015.
[16] 彭俊彬. 动车组牵引与制动[M]. 北京：中国铁道出版社，2007.
[17] 丁莉芬. 动车组工程[M]. 北京：中国铁道出版社，2018.
[18] 钱立新. 世界高速铁路技术[M]. 北京：中国铁道出版社，2003.
[19] 铁道科学研究院高速铁路技术研究总体组. 高速铁路技术[M]. 北京：中国铁道出版社，2005.
[20] 傅小日. 日本新干线高速列车[M]. 北京：中国铁道出版社，1999.
[21] 乔英忍. 世界铁路动车组的技术进步（七）——水平和展望[J]. 国外铁道车辆，2007（3）.
[22] 贾德民，林东. 高速列车轻量化技术[J]. 机车电传动，2004，（4）：1-2.
[23] 张红军等. 高速列车转向架技术[J]. 机车电传动，2004，（3）：1-4.
[24] 钱立新. 350 km/h 高速动车组制动技术的最新进展[J]. 电力机车与城轨车辆，2004，（1）：1-3.
[25] 马大炜. 日本高速列车的特点和发展动向概述[J]. 中国铁路，2003，（12）：66-67.
[26] 赵红卫. 列车通信网络的应用和发展：铁道科学技术新发展[M]. 北京：中国铁道出版社，2005.